수능시작

중학 **비문학**
영어 독해
실력

수능시작

중학 비문학
영어 독해 실력

- 수능에 잘 나오는 비문학 분야의 지문만 엄선해서 주제별로 제시
- 비문학 분야에 자주 나오는 주제별 필수 어휘 집중 학습
- 신지문 + 중학 수준에 맞는 기출 변형 지문 제공

학습자의 마음을 읽는 동아영어콘텐츠연구팀

동아영어콘텐츠연구팀은 동아출판의 영어 개발 연구원, 현장 선생님, 그리고 전문 원고 집필자들이

공동연구를 통해 최적의 콘텐츠를 개발하는 연구조직입니다.

원고 개발에 참여하신 분들

강남숙   김지현   김진경   안태윤   이윤희   차호윤   홍미정

수능시작

중학 **비문학**
영어 독해
실력

왜 비문학 영어 독해인가?

■ 비문학 영어 독해가 무엇일까요?

우리가 글을 읽는 이유는 여러가지이지만 지식이나 정보를 얻기 위해서 혹은 글쓴이의 생각이나 주장을 파악하기 위해 읽는 경우가 많습니다. 소설이나 이야기글이 아닌 지식 정보를 전달하는 글들이 비문학 분야에 속하는 글들입니다. 주로 과학, 기술, 사회, 심리, 역사 등의 분야를 다루는 글들이 여기에 해당합니다.

■ 비문학 영어 독해, 왜 해야 할까요?

학년이 올라갈수록 문학 분야보다는 설명문이나 논설문과 같은 비문학 분야의 글의 비중이 높아집니다. 이런 글들은 사실적 정보나 필자의 의견을 전달하는 특성이 있기 때문에 전체 글의 핵심 주제나 글쓴이의 관점을 이해하며 읽는 훈련을 해야 합니다. 게다가 비문학에 해당하는 설명문이나 논설문은 수능 독해 지문에서도 70~80%에 해당하는 큰 비중을 가지고 있습니다. 고등학교에 입학해서 보게 될 모의고사와 수능 형식의 지문에 당황하지 않기 위해서는 중등 단계부터 차근차근 비문학 독해 훈련이 필요합니다.

수능 영어 독해 지문 구성(총 28문항)

문학 영역
(4문항)

비문학 영역
(24문항)

설명문(12-14문항)
있는 그대로의 사실을 설명한 글

논설문(6-8문항)
글쓴이의 생각이나 주장을 나타낸 글

실용문(4문항)
편지글, 도표, 안내문 등 실용적 목적의 글

비문학 주요 문제 유형	비문학 주요 소재
대의 파악 I 글의 주제, 제목, 주장, 요지, 목적 등 **문맥 파악** I 글의 순서, 관계 없는 문장, 문장 삽입, 요약, 빈칸 등	인문, 사회, 경제, 과학, 기술, 심리, 의학, 예술, 역사, 환경 등

■□ 비문학 영어 독해, 어떻게 공부해야 할까요?

1 비문학 영어 지문의 소재와 글의 구조에 대한 적응력을 높여라!

수능과 모의고사에서 다루는 소재들에 익숙해질 필요가 있습니다. 수능에는 사회에서 일어나는 여러 현상이나 과학 개념, 경제 현상, 기후 환경 문제 등 우리가 살아가고 있는 이 사회에 대한 여러 이슈들이 소재로 나옵니다. 이 모든 내용을 미리 알고 대비할 수는 없지만 최소한 이런 비문학 분야의 글을 많이 접하다 보면 다양한 지식과 정보를 쌓게 되고 비문학 글의 구조에도 익숙해집니다.

2 비문학 영어 지문에 자주 나오는 분야별 어휘 학습에 충실하라!

concentrate는 흔히 '집중하다'라는 의미로 쓰이지만 과학적 지문에는 '농축시키다'라는 의미로 쓰일 때가 많습니다. key는 '열쇠'를 의미하지만 piano key로 쓰이면 '피아노 건반'을 의미합니다. 이렇듯 비문학 지문에는 어휘의 첫 번째 뜻이 아닌 두 번째, 세 번째 의미로 쓰이는 경우가 많습니다. 이는 어휘책만 암기해서는 파악하기 힘든 부분입니다. 즉, 비문학 지문을 통해 학습해야 자연스럽게 글에 맞는 의미를 추론할 수 있게 됩니다.

3 지문을 읽고 전달하고자 하는 핵심 내용을 먼저 파악하라!

비문학 지문은 정보 전달이 목적이기 때문에 어떤 내용을 설명하는지, 글쓴이가 이 글을 쓴 의도는 무엇인지를 간단명료하게 파악할 필요가 있습니다. 문제를 풀기 전에 지문에서 중심 소재 찾기부터 주제문 찾기, 요지 파악하기 등을 먼저 연습하는 것이 좋습니다.

4 기출 지문에서 실제로 어떻게 출제되는지 미리 체험해 보라!

중학 단계에서는 일부 쉬운 모의고사 기출 지문이나 쉽게 변형된 기출 지문을 접해보는 것이 도움이 됩니다. 실제로 어떤 지문들이 출제되는지 먼저 확인할 수 있고, 미리 이런 비문학 지문들에 익숙해질 수 있기 때문에 좀 더 자신있게 모의고사나 수능에 대비할 수 있습니다.

구성과 특징 STRUCTURES

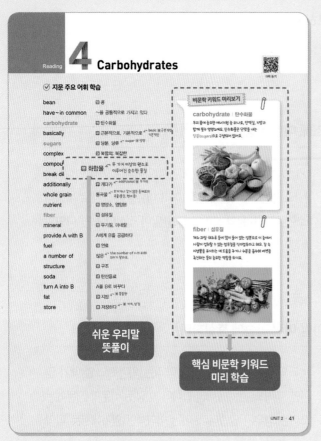

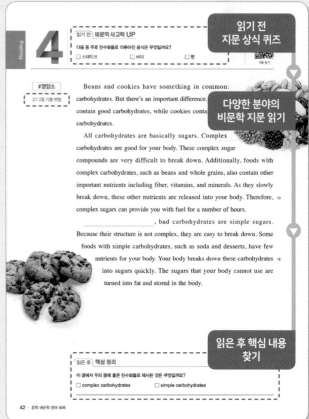

수능 시작

START

▶ POINT 1
주요 어휘 & 비문학 키워드 학습

❶ 지문에 나온 주요 어휘를 미리 학습합니다.
어려운 용어의 우리말 풀이, 유의어 및 반의어, 관련 표현 등 친절한 해설을 통해 어휘를 보다 확실하게 학습할 수 있습니다.

❷ 핵심 비문학 키워드를 더 자세히 알아봅니다.
수능 비문학에서 자주 쓰이는 단어의 정확한 의미나 쓰임, 또는 알아 두면 좋을 단어 관련 지식을 미리 익힐 수 있습니다.

▶ POINT 2
비문학 지문 읽기

❸ 수능에서 출제되는 다양한 분야의 비문학 지문을 읽어봅니다.
수능에서 출제되는 다양한 분야의 비문학 지문을 읽어보고, 중학 수준에 맞춘 기출 변형 지문을 통해 수능에 익숙해지는 연습을 할 수 있습니다.

❹ 읽기 전 비문학 퀴즈와 읽은 후 핵심 정리를 통해 지문을 더 쉽게 읽어봅니다.
지문을 읽기 전 간단한 상식 퀴즈를 통해 읽게 될 내용을 파악하고, 지문을 읽은 후에는 중심 소재나 주제문을 찾으며 핵심 내용을 파악할 수 있습니다.

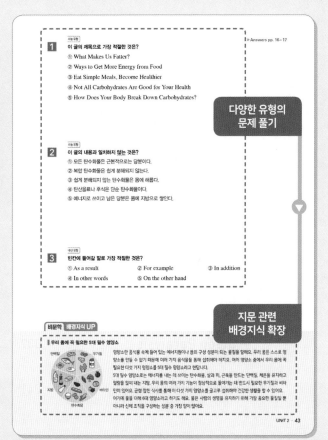

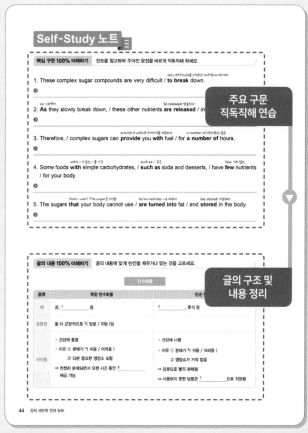

▶ POINT 3
문제 풀기 & 비문학 배경지식 UP

❺ **다양한 유형으로 구성된 문제를 풀어 봅니다.**
수능 유형, 내신 유형, 서술형으로 구성된 문제들을
풀어보며 문제 해결력을 키울 수 있습니다.

❻ **지문과 관련된 배경지식을 알아봅니다.**
흥미롭고 유용한 배경지식을 읽어보며 지문의 내용을
더 깊이 이해하고 관련 배경지식을 확장할 수 있습니다.

▶ POINT 4
스스로 정리하는 Self-Study

❼ **지문에 나온 주요 구문을 해석해 봅니다.**
주어진 힌트를 활용하여 주요 구문을 직독직해하며
필수 표현과 구문을 완벽하게 학습할 수 있습니다.

❽ **지문의 내용을 정리하며 완벽하게 마무리 합니다.**
읽었던 내용을 다시 한 번 정리하고 요약해 보며
글의 구조와 내용을 확실하게 이해할 수 있습니다.

목차 CONTENTS

Art 예술

예술
비문학
글 읽기

1 Spin-offs

✅ 지문 주요 어휘 학습

film	몡 영화 ↙ animated film 애니메이션, 만화 영화
TV series	TV 시리즈(연속물) ↙ series는 단수, 복수 형태가 같아요.
popular	혱 인기 있는
supporting	혱 조연의
character	몡 (책·영화 등의) 등장인물
related to	~와 관련 있는
original	혱 원래의 몡 원작, 원본
create	통 창조하다, 만들다
producer	몡 제작자 ↙ produce 통 생산하다, 만들다
separate	혱 별개의, 독립된
term	몡 용어
refer to	~을 가리켜 말하다
based on	~에 기반한(근거한)
existing	혱 기존의, 이미 존재하는
work	몡 작품 ↙ 통 일하다
focus on	~에 초점을 맞추다
aspect	몡 면, 측면
main	혱 주된; 가장 중요한
storyline	몡 줄거리
partly	튀 부분적으로, 어느 정도 ↙ part(부분)+ly
connect	통 ~와 관련이 있다; 연결하다
feature	통 특별히 포함하다, 특징으로 삼다
successful	혱 성공적인 ↙ success 몡 성공
nowadays	튀 요즘에는
novel	몡 소설
not only A but also B	A뿐만 아니라 B도
satisfy	통 만족시키다
attract	통 끌어들이다, 끌어모으다

비문학 키워드 미리보기

character | (책·영화 등의) 등장인물

소설이나 영화 속에 나오는 인물을 말해요. 이야기 속 사건의 주인공은 main character, 주변 인물로 주인공을 보조하는 역할을 하는 조연은 supporting character라고 해요.

feature | 특별히 포함하다, 특징으로 삼다

feature는 명사로 '특색, 특징'이라는 뜻이에요. 그래서 동사로 사용될 때에도 '어떠한 것을 특징으로 삼다'라는 의미예요. 뉴스나 신문에서 사건에 대해 심층적으로 다룬 특집(feature) 기사나 음악 분야에서 다른 가수나 연주자를 특별히 참여시켜 노래나 연주를 녹음하는 피처링(featuring)도 이런 뜻으로 쓰인 것입니다.

Reading

1

읽기 전 비문학 사고력 UP

149 words

다음 짝지어진 만화 영화들은 어떤 관계일까요?

☐ 슈퍼배드 – 미니언즈　　　　☐ 토이 스토리 – 버즈 라이트이어

지문 듣기

#영화

Some films or TV series have popular supporting characters. Many people love these characters and want to know more about them. When this happens, a new series related to the original one may be created. For example, *Puss in Boots was a very popular character from the animated film *Shrek*. So producers made a separate film about him. 　5

This is an example of a "spin-off." The term refers to new films or TV series _____. They focus on different aspects of the original story. Supporting characters in the originals become main characters in many spin-offs. <u>This</u> changes the storylines. Spin-offs are partly connected to the originals, but in most cases, they feature new 　10 stories. Successful spin-offs can even make the originals more popular.

Nowadays, spin-offs are also being made from novels and video games. They not only satisfy the original fans but also attract new ones.

*Puss in Boots 장화 신은 고양이

읽은 후 핵심 정리

이 글의 중심 소재로 알맞은 것은 무엇일까요?

☐ spin-offs　　　　☐ supporting characters

내신 유형

1 이 글에서 언급되지 <u>않은</u> 것은?

① spin-off 작품이 만들어지는 이유

② spin-off 작품이 만들어진 예

③ spin-off 작품의 정의

④ spin-off 작품 제작 시 어려운 점

⑤ spin-off 작품들이 만들어지는 분야

수능 유형

2 빈칸에 들어갈 말로 가장 적절한 것은?

① connected to real life

② based on existing works

③ related to popular actors

④ made into animated films

⑤ created by different producers

서술형

3 밑줄 친 This가 가리키는 내용을 우리말로 쓰시오.

_____

비문학 배경지식 UP

▌영화의 또 다른 이야기, 시퀄(sequel)과 프리퀄(prequel)

- **시퀄**: 원작 영화에 이어지는 이후의 이야기를 다루는 작품으로 후속편, 속편을 말합니다. 주로 원작 영화가 크게 흥행했을 경우 제작됩니다. 대부분 원작 영화의 제목을 그대로 쓰고 뒤에 숫자를 붙이거나 부제를 붙여서 제목을 만들며, 이미 검증된 등장인물과 줄거리를 바탕으로 하기 때문에 실패할 위험이 적은 편이에요. <토이 스토리>, <가디언즈 오브 갤럭시>, <해리포터> 시리즈 등이 대표적인 예입니다.
- **프리퀄**: 주인공의 과거 이야기나 원작 사건에 앞서 일어난 사건에 대해 말해주는 작품이에요. 원작에서 분량의 제한으로 담지 못한 내용이 들어가는 경우가 많고, 원작과 비교했을 때 설정상 오류가 발견되어서는 안 되죠. 그래서 프리퀄을 보고 원작을 보면 이야기가 자연스럽게 이어지는 것이 특징이에요. <호빗: 뜻밖의 여정>은 유명한 <반지의 제왕> 시리즈의 프리퀄이에요.

Self-Study 노트

힌트를 참고하여 주어진 문장을 바르게 직독직해 하세요.

related to: ~와 관련된   be created: 만들어지다 (수동태)

1. When this happens, / a new series **related to** the original one / may **be created**.

❯ _____

refer to: ~를 가리켜 말하다   based on: ~에 기반한

2. The term **refers to** / new films or TV series / **based on** existing works.

❯ _____

make + 목적어 + 목적격보어(형용사): ~을 …하게 만들다

3. Successful spin-offs can even **make** / **the originals** / **more popular**.

❯ _____

be동사 + being + p.p.: ~되고 있다

4. Nowadays, / spin-offs **are** also **being made** / from novels and video games.

❯ _____

not only A but also B: A뿐만 아니라 B도

5. They **not only** satisfy the original fans / **but also** attract new ones.

❯ _____

글의 내용에 맞게 다음 빈칸을 채우세요.

스핀 오프

정의	원작에 기반을 둔 새로운 작품
분야	1 _____, TV 시리즈, 소설, 2 _____
제작 이유	원작의 3 _____ 등장인물의 인기가 높아져서 별도의 작품이 만들어짐 (예) 만화 영화 "슈렉"에서의 '장화 신은 고양이')
특징	◆ 원작의 4 _____ 등장인물이 스핀 오프의 5 _____ 이 됨 ◆ 원작의 이야기와 일부 연관되어 있지만, 대개 새로운 이야기로 전개됨 ◆ 성공적인 스핀 오프는 6 _____ 의 인기를 끌어 올리기도 함

2 Docents and Curators

☑ 지문 주요 어휘 학습

museum	명 박물관, 미술관
usually	부 대개, 보통
artwork	명 예술 작품
position	명 (일)자리
visitor	명 방문객 ⌐ visit 통 방문하다 명 방문
appreciate	통 감상하다
collection	명 소장품, 수집품
role	명 역할
come from	~에서 생겨나다
tell from	~로부터 알다
provide	통 제공하다
informative	형 유익한, 유용한 정보를 주는 ⌐ information 명 정보
educational	형 교육적인 ⌐ education 명 교육
knowledge	명 지식
lead	통 안내하다, 이끌다
tour	명 견학; 관광
explain	통 설명하다
thanks to	~ 덕분에
viewer	명 관람객 ⌐ '시청자'라는 뜻도 있어요.
deeply	부 깊이 ⌐ deep 형 깊은
originate from	~에서 유래하다[생겨나다]
care	통 돌보다 ⌐ = take care of
exhibition	명 전시(회) ⌐ exhibit 통 전시하다
expert	명 전문가
research	명 연구, 조사
select	통 고르다
display	통 전시하다, 내보이다
prepare	통 준비하다

비문학 키워드 미리보기

artwork | 예술 작품

그림이나 조각 등 예술가에 의해 만들어진 작품을 뜻해요.

collection | 소장품, 수집품

대체로 비슷한 종류의 물건을 모은 것을 collection이라고 해요. 전시회에 전시된 작품들(artwork)의 모음을 일컬을 때에도 사용해요.

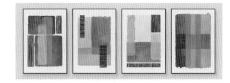

exhibition | 전시(회)

박물관이나 미술관에서 여러 소장품(collection)을 한곳에 모아 대중들에게 보여주는 것이나 그러한 행사를 뜻해요.

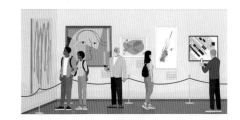

Reading

2

읽기 전 **비문학 사고력 UP**

156 words

다음 직업을 가진 사람들은 어디에서 일할까요?

☐ 관장 ☐ 큐레이터(학예사) ☐ 도슨트(해설사) ☐ 유물 관리사

지문 듣기

#미술

When we visit museums, we usually focus on the artwork. However, have you ever thought about the people ⓐ working there? There are two important positions: docent and curator. Both help visitors appreciate the collection. But their roles are a little different.

The word "docent" comes from the *Latin word *docere*, which means 5 "to teach." As you can tell from the name, they are ⓑ like teachers in the museum. Their role is ⓒ to provide informative and educational knowledge to visitors. They lead tours and explain the collection. Thanks to them, viewers can appreciate artwork more deeply. So what do curators do? "Curator" originates from the Latin word *cura*, meaning "to care." They 10 take care of the collection and exhibitions. Therefore, they are experts ⓓ who need deep knowledge of art. They do research, select the artwork to display, and ⓔ to plan exhibitions.

During your visit, you can enjoy all the things prepared by curators with the help of 15 docents!

*Latin 라틴어의

읽은 후 **핵심 정리**

이 글의 중심 소재로 알맞은 것 두 가지를 찾아 쓰세요.

❯ _____ and _____

수능 유형

1 이 글의 주제로 가장 적절한 것은?

① ways to enjoy artwork better

② examples of Latin words used in art

③ two important jobs related to museums

④ how to become successful in the art world

⑤ the process of preparing exhibitions in museums

수능 유형

2 이 글의 내용과 일치하지 <u>않는</u> 것은?

① docent와 curator의 역할은 다르다.

② docent와 curator라는 단어는 둘 다 라틴어에서 유래했다.

③ docent는 관람객들에게 소장품에 대한 정보를 제공한다.

④ curator는 전시를 기획하는 역할을 한다.

⑤ docent는 소장품을 관리하는 역할을 한다.

수능 유형

3 밑줄 친 @~@ 중 어법상 틀린 것은?

① @   ② ⓑ   ③ ⓒ   ④ ⓓ   ⑤ @

비문학 배경지식 UP

▌독특한 작품을 만날 수 있는 박물관·미술관 여행!

• 국립중앙박물관 '사유의 방'
우리나라의 구석기시대부터 조선 시대까지 많은 유물이 전시된 국립 중앙박물관에는 특별한 방이 있어 요. 바로 국보인 반가사유상 두 점 이 나란히 전시된 '사유의 방'입니 다. 깊은 생각에 빠져 있는 모습의 반가사유상을 보고 있으면, 마음이 차분해지며 우리도 함께 사유하게 된답니다.

• 국립현대미술관 '다다익선'
국립현대미술관 과천관에는 실험적인 비디오 아티스트였던 백남준의 작품 '다다익선'이 설 치되어 있어요. 브라운관 모니터 1,003대를 이 용한 대규모 영상 설치 작품인 '다다익선'은 서 울 올림픽이 개최된 1988년 완공되었어요. 한 국의 경복궁, 부채춤, 고려청자와 프랑스의 개 선문, 그리스의 파르테논 신전 등 세계의 문화 적 상징물을 담고 있는 영상 이미지는 백남준의 작품 세계를 담고 있습니다.

Self-Study 노트

have + 주어 + ever + p.p. ~?: ~해 본 적이 있는가?
1. However, / **have you ever thought** about the people / working there?

● _____

help + 목적어 + 목적격보어(동사원형): ~가 …하도록 돕다
2. Both **help visitors appreciate** the collection.

● _____

to부정사 (보어: ~하는 것)
3. Their role is **to provide** / informative and educational knowledge / to visitors.

● _____

who ~ art가 experts를 수식함
4. Therefore, / they are experts / **who** need deep knowledge of art.

● _____

prepared by: ~에 의해 준비된   with the help of: ~의 도움으로
5. During your visit, / you can enjoy all the things / **prepared by** curators / **with the help of** docents!

● _____

글의 내용 100% 이해하기   글의 내용에 맞게 다음 빈칸을 채우세요.

박물관의 두 주요 직책

	docent (해설사)	curator (학예사)
어원	라틴어 docere (의미: 1_____)	라틴어 4_____ (의미: 돌보다)
역할	방문객들에게 유익하고 교육적인 2_____ 제공	소장품과 전시회 관리
활동	◆ 3_____을 이끔 ◆ 소장품 설명	◆ 5_____ 수행 ◆ 전시할 예술 작품 선정 ◆ 6_____ 계획

3 AI Art Controversy

✅ 지문 주요 어휘 학습

designer	명 디자이너 ← design 동 디자인하다, 고안하다
win first place	일등을 하다, 우승하다
digital art	디지털 예술
category	명 부문, 범주 ← 동일한 성질을 가진 부류나 범위
competition	명 대회 ← compete 동 경쟁하다
reveal	동 밝히다, 폭로하다
AI	인공지능(artificial intelligence)
award-winning	형 상을 받은
artist	명 예술가
true	형 진정한, 참된
creative	형 창의적인, 창조적인 ← create 동 창조하다
process	명 절차, 과정
rely on	~에 의존하다
produce	동 생산하다, 만들다
what is worse	설상가상으로 ← 눈 위에 서리가 덮인다는 뜻으로, 나쁜 일이 잇따라 일어남을 이르는 말
countless	형 셀 수 없이 많은 ← count 동 세다
permission	명 허락, 허가 ← permit 동 허락하다
bring A to B	B에게 A를 가져오다
technology	명 기술
inspire	동 영감을 주다 ← 창조적인 일의 계기가 되는 새로운 생각이나 자극을 주다
powerful	형 강력한, 매우 효과적인
tool	명 도구, 수단
copy	동 따라 하다, 모방하다
controversy	명 논란 ← 여럿이 서로 다른 주장을 내며 다툼
probably	부 아마
continue	동 계속되다

3

162 words

인공지능에 대해 들어본 적이 있나요? 우리 주변에서 볼 수 있는 인공지능을 이용한 제품들은 어떤 것들이 있을까요?

지문 듣기

#디지털 예술

In 2022, Jason Allen, a game designer, won first place in the digital arts category of an art competition. But it was soon revealed that he used an *AI image generator to create his award-winning art. This made many artists angry. Can we call AI-generated images true art?

Some artists don't think AI-generated images are true art. True art is a creative process, but they don't think using an AI program is creative. AI programs rely on existing art to produce something new. What is worse, they often use the work of countless artists without permission.

On the other hand, other artists think AI programs could bring interesting changes to the art world. They believe that AI technology might inspire them in the creative process. They also think that the technology may help people produce art more easily.

Will AI programs be a powerful tool for artists or will they just copy their work? The controversy about AI-generated images will probably continue.

*AI image generator 인공지능 이미지 생성기

읽은 후 핵심 정리

이 글의 주제를 설명한 다음 내용의 빈칸에 알맞은 말을 찾아 쓰세요.

❯ a controversy about _____ _____

1 수능 유형

이 글의 제목으로 가장 적절한 것은?

① AI: Smarter Than Humans

② AI: The Best Image Creator Ever

③ Art Created by AI: Is It Still Art?

④ How to Make Artwork Using AI

⑤ AI: A Creative Tool for Countless Artists

2 내신 유형

다음은 이 글의 밑줄 친 질문에 대해 미나가 자신의 의견을 말한 문장이다. ⓐ, ⓑ에 알맞은 말을 고르시오.

> **Mina** We can't call AI-generated images true art. This is because making something from ⓐ digital / existing images is not ⓑ creative / possible .

3 내신 유형

이 글의 내용으로 보아 다음 질문에 대한 답으로 적절한 것을 모두 고르면?

> Why do some artists think that AI programs could bring interesting changes to the art world?

① 재미있는 인공지능 기술이 많기 때문에

② 인공지능 기술이 창작에 영감을 줄 수 있기 때문에

③ 인공지능 기술이 수많은 예술가의 작품을 참고하기 때문에

④ 인공지능 기술로 인해 그림 대회 수상 기준이 바뀌었기 때문에

⑤ 인공지능 기술이 예술 작품을 더 쉽게 만들 수 있게 해 주기 때문에

비문학 배경지식 UP

▎세계를 놀라게 한 AI의 그림

게임 디자이너인 제이슨 앨런(Jason Allen)은 2022년 미국 콜로라도 주립 미술대회에서 디지털 아트 부분 1위를 차지했습니다. 수상작의 제목은 '스페이스 오페라 극장'으로 한 가운데 커다란 빛을 인상적으로 사용한 멋진 작품이죠. 문제는 이 작품이 인공지능 이미지 생성기인 '미드저니 (Midjourney)'로 제작되었다는 것이었어요. 미드저니는 원하는 이미지의 주제나 특징을 텍스트로 입력하면 이 정보를 기반으로 몇 초 만에 해당하는 이미지를 만들어줘요. 앨런은 이 작품이 단순히 미드저니에 텍스트를 입력해 생성된 결과물이 아니라, 원하는 결과물을 얻기 위해 수많은 텍스트를 입력했고, 그 결과물을 수정 보완하는 과정에 80시간 이상 소요되었다고 말하며 이 그림이 디지털 예술 작품에 해당한다고 주장했습니다. 이 작품에 대한 여러분의 생각은 어떤가요?

Self-Study 노트

핵심 구문 100% 이해하기 힌트를 참고하여 주어진 문장을 바르게 직독직해 하세요.

it: 가주어(해석하지 않음)   that~art: 진주어   to부정사 (목적: ~하기 위해)

1. But **it** was soon revealed / **that** he used an AI image generator / **to create** his award-winning art.

❯ _____

make + 목적어 + 목적격보어(형용사): ~을 …하게 만들다

2. This **made** / **many artists** / **angry**.

❯ _____

call + 목적어 + 목적격보어(명사): ~을 …라고 부르다

3. Can we **call** / **AI-generated images** / **true art**?

❯ _____

주어로 쓰인 동명사구(~하는 것)

4. True art is a creative process, / but they don't think / **using an AI program** / is creative.

❯ _____

rely on: ~에 의존하다   to부정사 (목적: ~하기 위해)

5. AI programs **rely on** existing art / **to produce** something new.

❯ _____

help + 목적어 + 목적격보어(동사원형): ~가 …하도록 돕다

6. They also think / that the technology may **help** / **people produce** art more easily.

❯ _____

글의 내용 100% 이해하기 글의 내용에 맞게 다음 빈칸을 채우세요.

인공지능에 의해 생성된 이미지들은 진정한 예술 작품인가?

반대	찬성
◆ 인공지능 프로그램을 이용하는 것은 1 _____ 이지 않음	◆ 예술계에 흥미로운 4 _____ 들을 가져올 수 있음
◆ 이미 존재하는 예술 작품에 2 _____ 함	◆ 창의적인 과정에 5 _____ 을 줄 수 있음
◆ 다른 예술가들의 작품을 3 _____ 없이 사용함	◆ 예술 작품을 더 6 _____ 만들 수 있음

4 Frank Lloyd Wright

✓ 지문 주요 어휘 학습

architect	몡 건축가
century	몡 세기
style	몡 양식; 방식
organic	혱 유기적인
architecture	몡 건축 양식, 건축학 ← architectural 혱 건축학의
emphasize	통 강조하다 ← emphasis 몡 강조
harmony	몡 조화
surroundings	몡 환경 ← = environment
aim to-v	~하는 것을 목표로 하다
nature	몡 자연 ← natural 혱 자연의, 천연의
steep	혱 가파른, 비탈진
valley	몡 계곡
forest	몡 숲
waterfall	몡 폭포
flow	통 흐르다
right	뷔 바로 ← 혱 옳은
underneath	전 ~의 아래에
material	몡 재료 ← building material 건축 자재
blend in (with)	(~와) 조화를 이루다 ← blend 통 섞다
desert	몡 사막
harmonize	통 조화를 이루다, 어울리다
open	혱 개방된, 공개된
the public	일반 사람들, 대중
including	전 ~을 포함하여
experience	통 경험하다 ← 몡 경험

비문학 키워드 미리보기

organic | 유기적인

organic은 '생물의 장기나 기관을 통해 자연스럽게 만들어지는'이라는 의미를 가지고 있어요. 그래서 농사에서 인위적인 비료를 사용하지 않는 '유기농의'를 뜻하기도 하고, 생물의 장기 기관처럼 서로 밀접한 관련을 가진다는 '유기적인'을 의미하기도 해요.

architecture | 건축 양식, 건축학

건축 양식은 건축의 재료나 기술, 민족이나 시대 등에 따라 서로 다른 건축의 기본 형태를 말해요. 목조나 석조와 같이 재료에 따라 구분할 수도 있고 고딕식, 바로크식 등 시대 양식으로 구분할 수도 있어요. 현대 건축에서는 건축가의 개성을 반영해 '가우디 양식'과 같이 분류하기도 해요.

▲ 고딕 양식의 성당

Reading

4

읽기 전 · 비문학 사고력 **UP**

161 words

다음 이름들을 들어본 적이 있나요? 이 사람들의 공통점은 무엇일까요?

☐ 안토니 가우디 (스페인)　　☐ 구스타브 에펠 (프랑스)　　☐ 안도 타다오 (일본)

지문 듣기

#건축

Frank Lloyd Wright was a famous American architect in the early 20th century. He created a new architectural style called "organic architecture." This style emphasizes the harmony between buildings and their natural surroundings. (①) Wright aimed to make buildings look like a part of nature.

5

Two famous examples of organic architecture are Fallingwater and Taliesin West. Fallingwater was built in a steep valley in the forest. (②) A beautiful waterfall flows right underneath the house. To build the house, Wright used natural materials like stones and wood from around it. (③) Taliesin West was Wright's winter house in the desert of Arizona. (④) 10 When he built it, he used desert rocks and colors like yellow and red. It made the house harmonize with the desert.

Many of Wright's works are open to the public, including these two houses. So if you get a chance, visit them and experience the beautiful harmony that Wright created. (⑤)

15

▲ Fallingwater

▲ Taliesin West

읽은 후 · **핵심 정리**

이 글에서 Frank Lloyd Wright의 건축 양식을 일컫는 말을 찾아 쓰세요.

❯ _____

_____

1 〔수능 유형〕

이 글의 주제로 가장 적절한 것은?

① famous buildings in the forest

② the impact of new buildings on nature

③ an architectural style in harmony with nature

④ the harmony between new buildings and old ones

⑤ the importance of using natural building materials

2 〔수능 유형〕

글의 흐름으로 보아, 주어진 문장이 들어가기에 가장 적절한 곳은?

These building materials make the house blend in with its environment.

①   ②   ③   ④   ⑤

3 〔수능 유형〕

Frank Lloyd Wright에 관한 설명 중 이 글의 내용과 일치하지 <u>않는</u> 것은?

① 그는 전통적인 건축 양식을 되살려 작업했다.

② 그의 건축 양식은 건축물과 자연 간의 조화를 추구했다.

③ 그는 돌이나 나무 같은 천연 재료를 활용했다.

④ 그의 건축물 중 하나는 사막에 지어졌다.

⑤ 그의 많은 건축물들은 일반인들에게 공개되어 있다.

〔비문학〕〔배경지식 UP〕

∥프랭크 로이드 라이트의 또 하나의 걸작, 구겐하임 미술관

프랭크 로이드 라이트의 여러 작품 중 뉴욕에 위치한 구겐하임 미술관(Guggenheim Museum)은 독특한 외관과 파격적인 설계로 유명합니다. 달팽이처럼 생긴 구겐하임 미술관에는 계단이 없으며, 엘리베이터를 타고 곧장 꼭대기 층으로 올라간 뒤 나선형의 경사로를 따라 내려오며 미술품을 관람하도록 되어 있어요. 건물 내부 천장에서 바닥까지 가운데가 뻥 뚫려 있고, 이를 통해 천장에서 내부로 자연광이 쏟아지도록 했지요. 라이트는 왜 건물이 꼭 사각형이어야만 하는가, 건물 내부에 계단이 없으면 안 되는가 등 기존의 건축관에 의문을 품었고 여기에 더해 그의 건축관인 '인간과 건축의 조화로운 공존'을 바탕으로 구겐하임 미술관을 탄생시켰어요. 경사진 벽에 작품이 전시되어 있어 관객들이 작품을 즐기기에 적절하지 않다는 비판도 있지만, 건물 자체가 하나의 예술 작품으로 인정 받아 관람객이 끊이지 않으며 2019년 유네스코 세계문화유산으로도 선정되었어요.

핵심 구문 100% 이해하기 힌트를 참고하여 주어진 문장을 바르게 직독직해 하세요.

between A and B: A와 B 사이의

1. This style emphasizes the harmony / **between** buildings **and** their natural surroundings.

ⓢ _____

aim + to부정사: ~하는 것을 목표로 하다   look like: ~처럼 보이다

2. Wright **aimed to** make / buildings / **look like** a part of nature.

ⓢ _____

to부정사(목적: ~하기 위해)   like: ~ 같은   from: ~에서 온

3. **To build** the house, / Wright used natural materials / **like** stones and wood / **from** around it.

ⓢ _____

Many of + 복수명사: ~ 중 많은 것들   be open to: ~에 개방되어 있다   including: ~을 포함하여

4. **Many of** Wright's works / **are open to** the public, / **including** these two houses.

ⓢ _____

that ~ created가 the beautiful harmony를 수식함

5. So if you get a chance, / visit them / and experience the beautiful harmony / **that** Wright created.

ⓢ _____

글의 내용 100% 이해하기 글의 내용에 맞게 다음 보기에서 알맞은 단어를 골라 빈칸에 쓰세요.

보기

rocks	waterfall	organic	desert	nature	wood

Frank Lloyd Wright's ¹ _____ architecture		
작품	Fallingwater	Taliesin West
목표	harmony between buildings and ² _____ around them	
위치	over a ³ _____ in a steep valley in the forest	in the ⁵ _____ of Arizona
재료 및 색상	stones and ⁴ _____ near the house	◆ ⁶ _____ ◆ yellow and red colors

UNIT 2

Medical Science & Health **의학·건강**

1 Pandemics

✓ 지문 주요 어휘 학습

disease	명 질병
affect	동 영향을 미치다
across	전 ~에 걸쳐; 가로질러
multiple	형 많은, 다수의
familiar	형 익숙한, 친숙한
exactly	부 정확히, 틀림없이
definition	명 정의 ⌐ 어떤 말이나 사물의 뜻을 명백히 밝혀 규정함
spread	동 퍼지다, 확산되다
limit	동 제한하다, 한정하다
certain	형 어떤, 무슨
whole	형 전체의
range	명 범위
the number of	~의 수
infected	형 감염된 ⌐ infect 동 감염시키다
unusually	부 대단히; 평소와 달리 ⌐ ↔ usually 부 보통, 대개
continent	명 대륙
control	동 통제하다
declare	동 선언하다, 공표하다 ⌐ 여러 사람에게 널리 드러내어 알리다
lead to	~로 이어지다
significant	형 (영향을 줄 정도로) 커다란, 상당한
chaos	명 혼돈, 혼란
economic	형 경제의 ⌐ economy 명 경제
loss	명 손실 ⌐ lose 동 잃어버리다
millions of	수백만의 ~
infection	명 감염; 전염병

비문학 키워드 미리보기

disease | 질병

우리는 다양한 질병과 함께 살고 있어요. 그 중에서 코로나바이러스감염증-19 (Coronavirus disease 2019)는 2019년에 발생한 호흡기 감염질환으로, 공식 명칭은 COVID-19예요. 이때 CO는 코로나(COrona), VI는 바이러스(VIrus), D는 질병(Disease)을 의미해요.

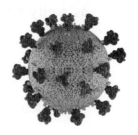

infected | 감염된

세균이나 바이러스와 같은 미생물이 우리 몸에 들어와 그 수가 갑자기 늘어나는 것을 감염(infection)이라고 해요. 감염을 일으키는 질병 중에서 다른 사람과의 접촉이나 공기 등을 통해 옮기거나 옮을 수 있는 질병을 '전염병'이라고 하지요.

읽기 전 비문학 사고력 UP

다음 중 전염병이 아닌 것은 무엇일까요?

☐ 흑사병(페스트)　　　　☐ 신종 플루　　　　☐ 아토피

#질병

What is a *pandemic? It's a disease that affects many people across multiple countries. Because of COVID-19, this word has become familiar. Exactly like the definition says, COVID-19 spread around the world.

When COVID-19 was limited to Wuhan, China, it was an **epidemic. An epidemic is a disease that spreads really quickly in a certain area, such as a city or even a whole country. Although the range of an epidemic is limited, (of, unusually, people, the number, is, infected, high). When an epidemic spreads to other countries and continents, it becomes a pandemic.

Pandemics are much harder to control than epidemics. In March 2020, the ***World Health Organization (WHO) declared COVID-19 a pandemic. As we saw, the COVID-19 pandemic led to significant social chaos and economic loss. _____, it caused millions of infections and countless deaths.

5

10

* pandemic 팬데믹(전 세계적인 유행병)　** epidemic 에피데믹(유행성 전염병)
*** World Health Organization (WHO) 세계 보건 기구

읽은 후 핵심 정리

이 글에서 pandemic의 정의에 해당하는 문장을 찾아 밑줄 치세요.

1 수능유형

이 글의 제목으로 가장 적절한 것은?

① Vaccines: The Key to Ending COVID-19

② What Made COVID-19 Spread So Fast?

③ The Effects of COVID-19 on Our Society

④ COVID-19: From an Epidemic to a Pandemic

⑤ Epidemics: A Bigger Problem than Pandemics

2 서술형

밑줄 친 우리말과 일치하도록 이 글의 괄호 안의 단어를 바르게 배열하시오.

> 에피데믹의 범위가 제한적이긴 하지만, 감염된 사람들의 수는 대단히 많다.

Although the range of an epidemic is limited, _____

_____ .

3 내신유형

빈칸에 들어갈 말로 가장 적절한 것은?

① However　　　② Moreover　　　③ Otherwise

④ Nevertheless　　　⑤ On the other hand

비문학 | 배경지식 UP

또 하나의 감염병, 엔데믹(endemic)

엔데믹은 팬데믹이나 에피데믹과 달리 특정 지역의 주민들 사이에서 주기적으로 발생하거나 풍토병이 된 감염병을 말해요. 발병 지역이 한정되어 있고 주기적으로 발생하기 때문에 감염자 수를 어느 정도 예측할 수 있어요. 동남아시아나 남미, 아프리카 등에서 많이 발생하는 말라리아나 뎅기열이 바로 엔데믹에 속하지요.

참고로, 팬데믹, 에피데믹, 엔데믹의 'demic'은 그리스어로 '한 지역의 사람들'을 뜻합니다. 그래서 pandemic은 'all the people(모든 사람들),' epidemic은 'among the people(사람들 간에),' 그리고 endemic은 'within the people(사람들 내에)'을 의미해요.

Self-Study 노트

핵심 구문 100% 이해하기   힌트를 참고하여 주어진 문장을 바르게 직독직해 하세요.

1. It's a disease / **that** affects many people / **across** multiple countries.
   > that~countries가 a disease를 수식함   across: ~에 걸쳐

   ➤ _____

2. An epidemic is a disease / **that** spreads really quickly / in a certain area, / **such as** a city or even a whole country.
   > that~country가 a disease를 수식함   such as: ~같은

   ➤ _____

3. **Although** the range of an epidemic is limited, / **the number of** infected people / is unusually high.
   > although: 비록 ~이지만   the number of: ~의 수

   ➤ _____

4. Pandemics are **much harder** / **to control** / than epidemics.
   > much + 비교급: 훨씬 더 ~   harder를 수식하는 to부정사(~하기에)

   ➤ _____

5. **As** we saw, / the COVID-19 pandemic **led to** / significant social chaos and economic loss.
   > as: ~한 대로   lead to: ~로 이어지다

   ➤ _____

글의 내용 100% 이해하기   글의 내용에 맞게 다음 보기에서 알맞은 단어를 골라 빈칸에 쓰세요.

보기

infected	multiple	more difficult	spread	limited

Two Different Types of Diseases

종류	Epidemics	Pandemics
범위	spread in a ¹_____ area	spread to ³_____ countries
예시	when COVID-19 was only in Wuhan, China	when COVID-19 ⁴_____ around the world
특징	There can be more ²_____ people than usual.	They are ⁵_____ to control than epidemics.

2 Endorphins

어휘 듣기

☑ 지문 주요 어휘 학습

contain	통 ~을 가지고 있다, ~이 들어 있다
hormone	명 호르몬
chemical	명 화학 물질 ⟋ 형 화학의, 화학적인
be associated with	~와 관련되다
pain	명 통증, 아픔, 고통
mood	명 기분
play a role in	~에서 역할을 하다
release	통 분비하다, 방출하다 ⟋ 가둬둔 것을 내놓다
block	통 막다, 차단하다
reduce	통 줄이다, 낮추다
signal	명 신호
act	통 작용하다, 영향을 미치다
drug	명 약물
natural	형 천연의 ⟋ nature 명 자연
painkiller	명 진통제 ⟋ pain + killer
boost	통 북돋우다 ⟋ (기운이나 정신을) 더욱 높여주다
promote	통 촉진하다 ⟋ 다그쳐 빨리 나아가게 하다
positive	형 긍정적인
athlete	명 운동선수
rush	명 폭발, 급격히 몰림
energetic	형 활기 있는, 활동적인 ⟋ energy 명 활기, 기운
lack	명 부족
depression	명 우울증 ⟋ depress 통 우울하게 만들다
meditate	통 명상하다

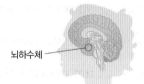

hormone | 호르몬

뇌하수체나 갑상선 등에서 만들어지며 체액이나 혈액을 통해 여러 기관으로 전달되어 우리 몸의 각 기능을 정상적인 상태로 유지시켜주는 중요한 기능을 하는 화학 물질이에요.

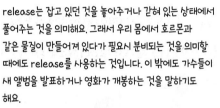

뇌하수체

release | 분비하다, 방출하다

release는 잡고 있던 것을 놓아주거나 갇혀 있는 상태에서 풀어주는 것을 의미해요. 그래서 우리 몸에서 호르몬과 같은 물질이 만들어져 있다가 필요시 분비되는 것을 의미할 때에도 release를 사용하는 것입니다. 이 밖에도 가수들이 새 앨범을 발표하거나 영화가 개봉하는 것을 말하기도 해요.

- **release** a prisoner 죄수를 풀어주다
- hormones **are released** 호르몬이 분비되다
- **release** a solo album 솔로 앨범을 발매하다

Reading

2

읽기 전 비문학 사고력 UP

다음 중 우리 몸에서 분비되는 호르몬이 아닌 것은 무엇일까요?

☐ 헤모글로빈   ☐ 아드레날린   ☐ 엔도르핀

151 words

지문 듣기

#호르몬

The human body contains many hormones and chemicals. Some of them are associated with stress, pain, and mood.

(a) *Endorphins are brain chemicals that play important roles in our body. They are produced in our brain and released when we feel pain or stress. Endorphins can block or reduce pain signals to the brain. So when 5 we get hurt, (b) they act like drugs to reduce our pain. This is why (c) they are called natural painkillers.

Endorphins can also boost our mood. (d) They promote positive feelings during activities such as eating sweets or exercising. When athletes run for more than half an hour, they often experience a "**runner's high." This is 10 caused by a rush of endorphins. (e) They feel happy and energetic when this happens.

A lack of endorphins may cause health problems such as pain and depression. Therefore, we need to _____ through activities such as laughing, exercising, and meditating. 15

*endorphin 엔도르핀
**runner's high 러너스 하이
(격렬한 운동 후에 맛보는 행복감)

읽은 후 핵심 정리

이 글의 내용을 바탕으로 빈칸에 알맞은 말을 쓰세요.

Endorphins are _____ _____ that play important roles in our body.

수능 유형

1 이 글의 요지로 가장 적절한 것은?

① 신체 내의 호르몬 균형을 이루는 것이 건강에 중요하다.

② 지나치게 격렬한 운동은 정신적 스트레스가 될 수 있다.

③ 엔도르핀은 스트레스와 통증을 줄여주고 기분을 좋게 해준다.

④ 운동이나 명상 같은 활동을 통해 긍정적인 삶의 태도를 가질 수 있다.

⑤ 정신적 스트레스와 육체적 통증은 엔도르핀을 만드는 데 방해가 된다.

수능 유형

2 밑줄 친 (a)~(e) 중에서 가리키는 대상이 나머지 넷과 다른 것은?

① (a)   ② (b)   ③ (c)   ④ (d)   ⑤ (e)

수능 유형

3 빈칸에 들어갈 말로 가장 적절한 것은?

① avoid getting hurt   ② boost our endorphins

③ keep changing our mood   ④ stop the release of endorphins

⑤ get enough natural chemicals

비문학 **배경지식 UP**

┃ 여러 종류의 호르몬

• **세로토닌**: 기분을 좋게 하고 행복감을 높이는 신경 전달 물질로, 부족하면 우울하고 불안한 기분이 들어요. 햇빛이 눈을 통해 들어오면 세로토닌이 분비되어 정서가 안정되고 편안해져요.

• **옥시토신**: 사랑, 공감, 배려심, 유대감 등을 느끼게 하는 호르몬이에요. 엄마가 아기에게 깊은 유대감을 느끼는 것도 옥시토신 때문이지요. 사랑하는 사람과의 대화, 포옹 같은 애정 표시 등을 통해 방출되어요.

• **도파민**: 도파민은 쾌락 및 보상과 관련된 신경 전달 물질이에요. 예를 들면 좋아하는 게임을 할 때 느끼는 기쁘고 통쾌한 느낌도 도파민과 관계가 있죠. 이렇게 도파민으로 얻어지는 쾌감은 어떤 일을 해내고 싶은 동기부여에도 결정적 역할을 해요. 하지만 너무 많이 분비되어 과다한 도파민 양에 익숙해지면 위험할 수 있어요.

Self-Study 노트

핵심 구문 100% 이해하기 힌트를 참고하여 주어진 문장을 바르게 직독직해 하세요.

that ~ body가 brain chemicals를 수식함 / play a role in: ~에서 역할을 하다

1. Endorphins are brain chemicals / **that play** important **roles in** our body.

❷ _____

get hurt: 다치다　　　like: ~처럼　　　drugs를 수식하는 to부정사 (~하는)

2. So when we **get hurt**, / they act **like** drugs / **to reduce** our pain.

❷ _____

this is why: 이것이 ~한 이유이다　be called: ~라고 불리다

3. **This is why** / they **are called** natural painkillers.

❷ _____

during: ~ 동안　　　such as: ~ 같은

4. They promote positive feelings / **during** activities / **such as** eating sweets or exercising.

❷ _____

through: ~을 통해　　　such as: ~ 같은

5. Therefore, / we need to boost our endorphins / **through** activities / **such as** laughing, exercising, and meditating.

❷ _____

글의 내용 100% 이해하기 글의 내용에 맞게 다음 빈칸을 채우세요.

엔도르핀

종류	뇌에서 만들어져 분비되는 뇌 1 _____
역할	◆ 2 _____ 을 줄여줌 → 천연 3 _____ 라고 불림 ◆ 4 _____ 을 북돋아주고 긍정적인 감정을 촉진시킴
부족 시 문제점	통증과 5 _____ 유발
분비를 돕는 방법	웃기, 운동하기, 6 _____ 등의 활동

3 Sleep Paralysis

어휘 듣기

✅ 지문 주요 어휘 학습

imagine	통 상상하다, 생각하다
wake up	(잠에서) 깨어나다
situation	명 상황
seem	통 ~처럼 보이다
scary	형 무서운, 겁나는
mysterious	형 설명하기 어려운, 신비한 ← mystery 명 수수께끼, 신비
paralysis	명 마비
commonly	부 흔히, 보통 ← common 형 흔한
asleep	형 잠이 든, 자고 있는 ← fall asleep 잠들다
go through	(어떤 절차·과정 등을) 거치다
occur	통 일어나다, 발생하다
vivid	형 생생한, 선명한
remain	통 (~인 채로) 남아 있다
relaxed	형 긴장을 푼, 편안한
muscle	명 근육
despite	전 ~에도 불구하고
awake	형 깨어 있는, 잠들지 않은
irregular	형 불규칙적인 ← → regular 형 규칙적인
schedule	명 스케줄, 계획
make sure	반드시 ~하다
habit	명 습관
enough	형 충분한

비문학 키워드 미리보기

paralysis | 마비

팔다리나 몸의 일부분의 감각을 느낄 수 없거나 움직일 수 없는 상태를 말해요.

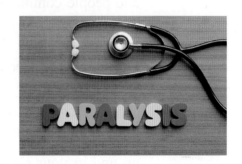
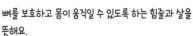

muscle | 근육

뼈를 보호하고 몸이 움직일 수 있도록 하는 힘줄과 살을 뜻해요.

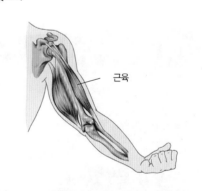

근육

읽기 전 | **비문학 사고력 UP**

다음 세 가지 증상들은 무엇과 관련이 있을까요?

☐ 불면증　　　　☐ 몽유병　　　　☐ 악몽

#수면

Imagine you have just woken up. Your eyes are open, but you can't move your body. Have you experienced this kind of situation? It may seem scary, but there is nothing mysterious about it. It is called sleep paralysis, and people commonly experience it when waking up or falling asleep.

When you're asleep, your body goes through *NREM and **REM sleep. 5 During NREM sleep, you experience deep sleep. After NREM sleep, REM sleep occurs. Your eyes move quickly and you have vivid dreams, but your body remains relaxed. Your muscles stop working so that you don't move around in your sleep. But if you wake up before REM sleep is over, you may experience sleep paralysis. You cannot ＿＿＿＿＿＿＿ despite being 10 awake.

So what causes sleep paralysis? Lack of sleep, an irregular sleep schedule, or stress can cause it. So make sure you have good sleep habits and get enough sleep. 15

*NREM(Non-Rapid Eye Movement) sleep
비(非)렘수면(렘수면 이전의 수면 단계)
**REM(Rapid Eye Movement) sleep
렘수면(안구가 급속히 움직이는 것이 관찰되는 단계의 수면)

읽은 후 | **핵심 정리**

이 글의 중심 소재로 알맞은 것을 찾아 쓰세요.

❯ ＿＿＿＿＿＿＿＿＿＿＿＿＿＿＿＿＿

＿＿＿＿＿＿＿＿＿＿＿＿＿＿＿＿＿＿

1 이 글의 내용과 일치하는 것은?

① sleep paralysis는 흔치 않은 증상이다.

② NREM 수면 단계에서는 깊은 잠을 자기 어렵다.

③ REM 수면 단계에서는 꿈을 꾼다.

④ REM 수면 단계에서 우리 몸은 긴장된 상태를 유지한다.

⑤ 스트레스는 sleep paralysis와 관련이 적다.

2 빈칸에 들어갈 말로 가장 적절한 것은?

① wake up   ② go to sleep

③ see anything   ④ have dreams

⑤ move or speak

3 영영 풀이에 해당하는 단어를 이 글에서 찾아 쓰시오.

> a loss of the ability to move; a loss of feeling in part or most of your body

---

비문학 배경지식 UP

렘수면(REM sleep)과 비렘수면(NREM sleep)

잠은 낮 동안 몸 안에 쌓인 피로 물질을 분해하고 뇌의 활동을 회복시켜 주는 중요한 역할을 해요. 우리는 보통 하루에 여덟 시간 정도 자는데, 그 시간 동안 내내 깊은 잠을 자는 것은 아니랍니다. 잠을 자는 동안에는 눈동자가 빠르게 움직이는 렘수면과 이와 같은 빠른 안구 운동이 나타나지 않는 비렘수면이 반복되어요. 렘수면-비렘수면은 약 90분에서 120분 주기로 반복되어 하룻밤에 약 5회 정도 일어나게 됩니다. 이렇게 두 종류의 수면이 반복되기 때문에 뇌의 활동이 활발해져서 꿈을 많이 꾸기도 했다가, 꿈을 거의 꾸지 않고 푹 잠든 상태가 되었다가 하게 되지요. 이는 잠을 자는 동안에도 어느 정도 의식이 깨어 있어 뇌가 외부 상황의 변화나 몸의 상태에 대처할 수 있도록 하기 위해서랍니다.

Self-Study 노트

힌트를 참고하여 주어진 문장을 바르게 직독직해 하세요.

seem + 형용사: ~하게 보이다   there is nothing: 아무것도 없다

1. It may **seem scary**, / but **there is nothing** mysterious / about it.

⊙ _____

be called: ~라고 불리다   when + 현재분사(v-ing): ~할 때

2. It **is called** sleep paralysis, / and people commonly experience it / **when waking** up or **falling** asleep.

⊙ _____

stop + 동명사: ~하는 것을 멈추다   so that + 주어 + 동사: ~가 …하도록 (목적)   in one's sleep: 자는 동안, 수면 중

3. Your muscles **stop working** / **so that** you don't move around / in your sleep.

⊙ _____

despite + 동명사: ~에도 불구하고

4. You cannot move or speak / **despite being** awake.

⊙ _____

make sure + that절: 반드시 ~하도록 하다(that 생략)

5. So **make sure** / you have good sleep habits / and get enough sleep.

⊙ _____

글의 내용 100% 이해하기 글의 내용에 맞게 다음 빈칸을 채우세요.

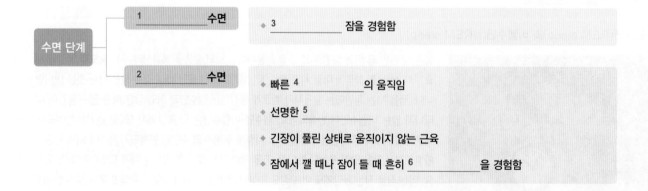

수면 단계

1 _____ 수면
- 3 _____ 잠을 경험함

2 _____ 수면
- 빠른 4 _____의 움직임
- 선명한 5 _____
- 긴장이 풀린 상태로 움직이지 않는 근육
- 잠에서 깰 때나 잠이 들 때 흔히 6 _____을 경험함

4 Carbohydrates

어휘 듣기

✅ 지문 주요 어휘 학습

bean	명 콩
have ~ in common	~을 공통적으로 가지고 있다
carbohydrate	명 탄수화물
basically	부 근본적으로, 기본적으로 ← basic 형 근본적인, 기본적인
sugars	명 당분, 당류 ← sugar 명 설탕
complex	형 복합의; 복잡한
compound	명 화합물 ← 두 가지 이상의 원소로 이루어진 순수한 물질
break down	분해하다, 분해되다
additionally	부 게다가 ← additional 형 추가의
whole grain	통곡물 ← 쪼개거나 갈지 않은 통째로의 곡물(통밀, 현미 등)
nutrient	명 영양소, 영양분
fiber	명 섬유질
mineral	명 무기질, 미네랄
provide A with B	A에게 B를 공급하다
fuel	명 연료
a number of	많은 ← the number of (~의 수)와 의미가 달라요.
structure	명 구조
soda	명 탄산음료
turn A into B	A를 B로 바꾸다
fat	명 지방 ← 형 뚱뚱한
store	동 저장하다 ← 명 가게, 상점

비문학 키워드 미리보기

carbohydrate | 탄수화물

우리 몸에 중요한 에너지원 중 하나로, 단백질, 지방과 함께 필수 영양소예요. 탄수화물은 단맛을 내는 당분(sugars)으로 구성되어 있어요.

fiber | 섬유질

채소·과일·해조류 등에 많이 들어 있는 성분으로 이 중에서 사람이 섭취할 수 있는 섬유질을 식이섬유라고 해요. 장 속 미생물을 유지하는 데 도움을 주거나 수분을 흡수해 배변을 촉진하는 등의 중요한 역할을 하지요.

4

읽기 전 | **비문학 사고력 UP**

다음 중 주로 탄수화물로 이루어진 음식은 무엇일까요?

☐ 스테이크   ☐ 버터   ☐ 빵

#영양소

고1 3월 기출 변형

Beans and cookies have something in common: carbohydrates. But there's an important difference. Beans contain good carbohydrates, while cookies contain bad carbohydrates.

All carbohydrates are basically sugars. Complex carbohydrates are good for your body. These complex sugar compounds are very difficult to break down. Additionally, foods with complex carbohydrates, such as beans and whole grains, also contain other important nutrients including fiber, vitamins, and minerals. As they slowly break down, these other nutrients are released into your body. Therefore, 10 complex sugars can provide you with fuel for a number of hours.

_____, bad carbohydrates are simple sugars. Because their structure is not complex, they are easy to break down. Some foods with simple carbohydrates, such as soda and desserts, have few nutrients for your body. Your body breaks down these carbohydrates 15 into sugars quickly. The sugars that your body cannot use are turned into fat and stored in the body.

읽은 후 | **핵심 정리**

이 글에서 우리 몸에 좋은 탄수화물로 제시된 것은 무엇일까요?

☐ complex carbohydrates   ☐ simple carbohydrates

1 수능 유형

이 글의 제목으로 가장 적절한 것은?

① What Makes Us Fatter?

② Ways to Get More Energy from Food

③ Eat Simple Meals, Become Healthier

④ Not All Carbohydrates Are Good for Your Health

⑤ How Does Your Body Break Down Carbohydrates?

2 수능 유형

이 글의 내용과 일치하지 않는 것은?

① 모든 탄수화물은 근본적으로는 당분이다.

② 복합 탄수화물은 쉽게 분해되지 않는다.

③ 쉽게 분해되지 않는 탄수화물은 몸에 해롭다.

④ 탄산음료나 후식은 단순 탄수화물이다.

⑤ 에너지로 쓰이고 남은 당분은 몸에 지방으로 쌓인다.

3 내신 유형

빈칸에 들어갈 말로 가장 적절한 것은?

① As a result   ② For example   ③ In addition

④ In other words   ⑤ On the other hand

비문학 배경지식 UP

▌우리 몸에 꼭 필요한 5대 필수 영양소

단백질 무기질
지방 비타민
탄수화물

영양소란 음식물 속에 들어 있는 에너지원이나 몸의 구성 성분이 되는 물질을 말해요. 우리 몸은 스스로 영양소를 만들 수 없기 때문에 여러 가지 음식물을 통해 섭취해야 하지요. 여러 영양소 중에서 우리 몸에 꼭 필요한 다섯 가지 영양소를 5대 필수 영양소라고 한답니다.

5대 필수 영양소로는 에너지를 내는 데 쓰이는 탄수화물, 살과 피, 근육을 만드는 단백질, 체온을 유지하고 열량을 많이 내는 지방, 우리 몸의 여러 가지 기능이 정상적으로 돌아가는 데 반드시 필요한 무기질과 비타민이 있어요. 균형 잡힌 식사를 통해 이 다섯 가지 영양소를 골고루 섭취해야 건강한 생활을 할 수 있어요.

여기에 물을 더해 6대 영양소라고 하기도 해요. 물은 사람의 생명을 유지하기 위해 가장 중요한 물질일 뿐 아니라 신체 조직을 구성하는 성분 중 가장 양이 많아요.

Self-Study 노트

힌트를 참고하여 주어진 문장을 바르게 직독직해 하세요.

1. These complex sugar compounds are very difficult / **to break** down.
   <small>very difficult를 수식하는 to부정사(~하기에)</small>

   ⊙ _____

2. **As** they slowly break down, / these other nutrients **are released** / into your body.
   <small>as: ~하면서</small>　<small>be released: 방출되다</small>

   ⊙ _____

3. Therefore, / complex sugars can **provide** you **with** fuel / for **a number of** hours.
   <small>provide A with B: A에게 B를 제공하다</small>　<small>a number of+복수명사: 많은</small>

   ⊙ _____

4. Some foods **with** simple carbohydrates, / **such as** soda and desserts, / have **few** nutrients / for your body.
   <small>with: ~가 있는, ~를 가진</small>　<small>such as: ~ 같은</small>　<small>few: 거의 없는</small>

   ⊙ _____

5. The sugars **that** your body cannot use / **are turned into** fat / and **stored** in the body.
   <small>that~use가 The sugar를 수식함</small>　<small>be turned into: ~로 바뀌다</small>　<small>(be) stored: 저장되다</small>

   ⊙ _____

글의 내용에 맞게 빈칸을 채우거나 맞는 것을 고르세요.

탄수화물

종류	복합 탄수화물	단순 탄수화물
예	콩, 1_____ 등	2_____, 후식 등
공통점	둘 다 근본적으로 3(당분 / 지방)임	
차이점	◆ 건강에 좋음 ◆ 이유 ① 분해가 4(쉬움 / 어려움) 　　　② 다른 중요한 영양소 포함 ⇒ 천천히 분해되면서 오랜 시간 동안 5_____ 제공 가능	◆ 건강에 나쁨 ◆ 이유 ① 분해가 6(쉬움 / 어려움) 　　　② 영양소가 거의 없음 ⇒ 당분으로 빨리 분해됨 ⇒ 사용하지 못한 당분은 7_____으로 저장됨

UNIT **3**

Economy 경제

경제
비문학
글 읽기

1 Opportunity Cost

✅ 지문 주요 어휘 학습

limited	형 한정된, 제한된 ← limit 통 제한하다
resource	명 자원
make a choice	선택하다 ← =choose
give up	포기하다
value	명 가치
opportunity	명 기회
cost	명 비용, 값; 대가
part-time job	시간제 근무, 아르바이트
spend time on	~에 시간을 보내다
schoolwork	명 학교 공부
decide to-v	~하기로 결정하다
benefit	명 혜택, 이득 ← 이익을 얻음, 또는 그 이익
lose	통 잃다, 잃어버리다
experience	명 경험 ← 통 경험하다
extra	형 추가의, 여분의
grade	명 성적
decision	명 결정 ← decide 통 결정하다
carefully	부 주의 깊게, 신중하게 ← careful 형 조심스러운
compare	통 비교하다

비문학 키워드 미리보기

resource | 자원

땅 속에 묻혀 있는 석탄이나 석유 같이 자연 상태에서 얻을 수 있는 천연자원(natural resources) 외에도 시간이나 돈, 노동력과 같이 우리가 무언가를 얻기 위해 활용할 수 있는 것도 자원이라고 해요.

cost | 비용, 값; 대가

물건의 값을 지불할 때의 비용도 cost로 나타내지만 우리가 어떤 선택을 할 때 그 대가로 잃게 되는 것 또한 cost로 나타낼 수 있어요.

읽기 전 **비문학 사고력 UP**

식당에서 직접 음식을 사 오면 1만 5천 원이고 배달을 시키면 2만 원일 때, 어느 쪽을 선택하는 편인가요?

☐ 비용을 아끼기 위해 직접 사온다.　　　☐ 편리함을 위해 배달을 시킨다.

141 words

지문 듣기

#경제 용어

Because time and money are limited resources, we can't do or have everything we want. That means we have to make choices. When we choose one thing, we have to give up others. The value of the things we give up is called the "opportunity cost."

Imagine you're trying to choose between taking a part-time job and 　5 ⓐ spend / spending more time on schoolwork. If you decide ⓑ to study / studying , you can't take the part-time job. So the opportunity cost is the benefits you lose, such as money and work experience. On the other hand, if you choose the part-time job, the opportunity cost is the extra time for your schoolwork. ⓒ Lose / Losing that time could affect your grades. 　10

Every decision we make has an opportunity cost. So if you want to make better decisions, you should carefully compare the opportunity cost of each choice.

읽은 후 **핵심 정리**

이 글에서 opportunity cost의 정의에 해당하는 문장에 밑줄 치세요.

1 수능 유형

이 글의 요지로 가장 적절한 것은?

① 시간과 돈은 누구에게나 한정적인 자원이다.

② 모든 선택에는 포기한 것에 대한 대가가 따른다.

③ 학업에 쏟는 시간은 장기적으로는 투자에 해당한다.

④ 많은 경험을 쌓는 것이 좋은 선택을 위한 지름길이다.

⑤ 눈에 보이지 않는 가치가 보이는 것보다 더 중요하다.

2 수능 유형

이 글의 ⓐ~ⓒ에 들어갈 말로 어법상 알맞게 짝지어진 것은?

	ⓐ	ⓑ	ⓒ
①	spend	┈┈ to study	┈┈ Lose
②	spend	┈┈ studying	┈┈ Lose
③	spending	┈┈ to study	┈┈ Losing
④	spending	┈┈ studying	┈┈ Losing
⑤	spending	┈┈ to study	┈┈ Lose

3 서술형

다음은 각각 학업과 시간제 근무를 선택했을 때의 기회비용을 정리한 것이다. 빈칸에 들어갈 알맞은 말을 우리말로 쓰시오.

선택	기회 비용
학업	(1) _____
시간제 근무	(2) _____

비문학 배경지식 UP

▌우리는 왜 선택을 해야 할까?

맛있는 음식을 먹고 싶거나 친구들과 함께 게임을 하고 싶을 때가 있죠? 이처럼 우리는 무언가 갖고 싶거나 하고 싶은 '욕구'를 가지고 있고, 이 욕구를 충족시키려면 '자원'이 필요합니다. 예를 들어 물건을 만드는데 필요한 재료나 돈, 노동력 같은 것이지요. 하지만 이러한 자원은 무한정 있는 것이 아니에요. 자원은 제한되어 있는데 반해, 갖고 싶은 것이나 하고 싶은 마음은 끝이 없지요. 이렇게 인간의 욕구는 무한한 데 반해 자원의 양은 상대적으로 부족한 현상을 '자원의 희소성'이라고 해요. 그리고 바로 이 자원의 희소성 때문에 우리는 선택을 해야만 합니다. 예를 들어, 돈은 만 원 밖에 없는데 영화도 보고 싶고 게임도 하고 싶다면 어느 쪽에 돈을 쓸지 선택해야 하는 문제가 생기게 되는 거죠.

Self-Study 노트

힌트를 참고하여 주어진 문장을 바르게 직독직해 하세요.

1. Because time and money are **limited**(한정된) resources, / we can't do or have everything / **we want**.
   (we want가 everything을 수식함)

   ⮕ _____

2. The value of the things / **we give up** / **is called** the "opportunity cost."
   (we give up이 the things를 수식함 / be called: ~라고 불리다)

   ⮕ _____

3. Imagine you're trying to choose / **between** taking a part-time job **and spending** more time **on** schoolwork.
   (between A and B: A와 B 사이에서 / spend + 시간 + on: ~에 시간을 보내다)

   ⮕ _____

4. So the opportunity cost is / the benefits **you lose**, / **such as** money and work experience.
   (you lose가 the benefits를 수식함 / such as: ~ 같은)

   ⮕ _____

5. Every **decision we make** / has an opportunity cost.
   (we make가 Every decision을 수식함 / make a decision: 결정을 내리다)

   ⮕ _____

글의 내용에 맞게 다음 빈칸을 채우세요.

기회비용이란?	우리가 하나를 1_____ 할 때 2_____ 하는 다른 것들의 가치
기회비용이 발생하는 이유	시간과 돈이 3_____ 인 자원이기 때문
기회비용의 예시	① 학교 공부를 선택할 때 　– 기회비용: 4_____ 과 5_____ 을 잃음 ② 시간제 근무를 선택할 때 　– 기회비용: 학교 공부를 위한 6_____ 을 빼앗김

2 Inflation

어휘 듣기

✓ 지문 주요 어휘 학습

cost	통 (값·비용이) ~이다 명 값, 비용
product	명 제품, 상품
gradual	형 점진적인, 서서히 일어나는 ┌ gradually 부 서서히
increase	명 증가 통 증가하다 ┌ ↔ decrease 명 감소 통 줄어들다, 감소하다
inflation	명 인플레이션
demand	명 수요
supply	명 공급
case	명 경우, 사례
raise	통 올리다 ┌ 뒤에 목적어를 쓰는 동사로, rise(오르다)와 헷갈리지 않도록 유의하세요.
customer	명 손님, 고객
be willing to-v	기꺼이 ~하다
cause	명 원인, 이유 ┌ 통 야기하다
ingredient	명 재료
generally	부 일반적으로, 대개, 보통 ┌ general 형 일반적인, 보통의
wage	명 급여, 임금 ┌ 근로자가 노동의 대가로 받는 돈
tend to-v	~하는 경향이 있다
be likely to-v	~할 것 같다, ~할 가능성이 있다
continue v-ing	계속해서 ~하다
make money	돈을 벌다
consider	통 (~를 …라고) 여기다; 고려하다
harmful	형 해로운 ┌ harm 명 해, 피해, 손해
economy	명 경제
moderate	형 적당한; 보통의
completely	부 완전히
normal	형 정상인; 보통의

화폐 가치가 떨어지고, 물가가 전반적으로 그리고 지속적으로 상승하는 현상을 의미해요. 여기서 물가란 여러 가지 상품들의 가격을 종합하여 평균을 낸 가격 수준을 말해요.

demand & supply
수요와 공급

상품을 구입할 때 사람들이 가장 중요하게 고려하는 사항은 바로 상품의 가격이에요. 이것을 결정하는 게 수요와 공급입니다. 수요란 구매자가 특정 상품을 사고자 하는 수량, 즉 수요량을 말하고, 공급이란 판매자가 어떤 가격으로 시장에 팔려고 하는 상품의 양을 뜻해요. 수요와 공급이 일치하는 지점에서 가격과 거래량이 결정되는 것을 '수요와 공급의 법칙'이라고 합니다.

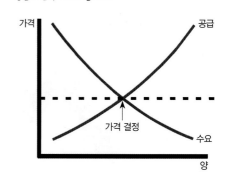

#경제 현상

Let's say a pen cost $1 two years ago. But now the price of the same pen is $1.20. This means you need more money ⓐ<u>to buy</u> the same product. A gradual increase in prices like this ⓑ<u>is called</u> inflation.

Inflation usually happens when there is more demand than supply. For example, imagine 10 people want to buy a cake. But the bakery can make 5 only seven. In this case, the bakery may raise the price of the cake. They know that some customers will be willing to pay more for it. Inflation also has other causes. When the cost of ingredients like butter and eggs ⓒ<u>increase</u>, the bakery has to raise the prices of its products, including the cake. Generally, as prices rise, wages also tend to rise. So the bakery is 10 likely to raise its prices even more to continue ⓓ<u>making</u> money.

Is inflation a bad thing? Very high inflation is generally ⓔ<u>considered</u> harmful to the economy. But moderate inflation is completely normal.

읽은 후 | **핵심 정리**

이 글의 중심 소재로 알맞은 것을 찾아 쓰세요.

❯ _____

수능 유형
1 이 글의 주제로 가장 적절한 것은?

① how to set prices　　*set a price 가격을 정하다

② how to stop price increases

③ what causes prices go up gradually

④ why there is more demand than supply

⑤ why inflation is harmful to the economy

수능 유형
2 이 글의 내용과 일치하지 <u>않는</u> 것은?

① 제품 가격이 올라가는 것을 inflation이라 부른다.

② 공급이 수요보다 많을 때 inflation이 발생한다.

③ 제품의 원자재 가격 인상은 inflation의 원인 중 하나이다.

④ 제품 가격들이 상승함에 따라 급여도 인상되는 경향이 있다.

⑤ 어느 정도의 inflation은 경제에 해가 되지 않는다.

수능 유형
3 밑줄 친 ⓐ~ⓔ 중 어법상 틀린 것은?

① ⓐ　　　　② ⓑ　　　　③ ⓒ　　　　④ ⓓ　　　　⑤ ⓔ

비문학 배경지식 UP

가격이 내려가도 문제, 디플레이션(deflation)

디플레이션은 경제 성장이 경제 전반에 걸쳐 둔화되는 현상을 뜻합니다. 전반적인 상품과 서비스의 가격이 지속적으로 하락하는 것이지요. 가격이 내려간다고 하니 좋은 것으로 생각할 수 있지만, 경제적으로는 좋은 현상이 아니에요. 디플레이션이 발생하면 사람들이 소비를 줄여 물가가 떨어지고, 이에 따라 기업은 고용 및 투자를 포기해 급여가 오르지 않거나 심하면 대규모 구조조정이 일어나기도 해요. 실업자가 늘게 되면 소비는 더 위축되고, 소비가 위축되면 기업이 도산하거나 시장에 돈이 돌지 않게 되는 것이지요. 이와 같은 현상이 반복되면 사회 전반적인 분위기도 침체됩니다. 디플레이션을 해결하기 위해서는 중앙은행이나 정부가 나서서 금리를 낮추거나 세금을 인하하는 등 경제 활동을 촉진하는 정책을 시행해야 해요.

핵심 구문 100% 이해하기　힌트를 참고하여 주어진 문장을 바르게 직독직해 하세요.

to부정사 (목적: ~하기 위해)

1. This means / you need more money / **to buy** the same product.

❯ _____

like: ~같은　　be called: ~라고 불리다

2. A gradual increase in prices **like** this / **is called** inflation.

❯ _____

more A than B: B보다 많은 A

3. Inflation usually happens / when there is **more** demand **than** supply.

❯ _____

like: ~같은　　　　　　　　　　　　　　　　have to + 동사원형: ~해야 한다

4. When the cost of ingredients / **like** butter and eggs / increases, / the bakery **has to** raise / the prices of its products, / including the cake.

❯ _____

be likely to + 동사원형: ~할 가능성이 있다　　even + 비교급: 훨씬 더 ~　　continue + 동명사: 계속해서 ~하다

5. So the bakery **is likely to** raise its prices / **even** more / to **continue making** money.

❯ _____

글의 내용 100% 이해하기　글의 내용에 맞게 다음 빈칸을 채우세요.

인플레이션의 정의	점진적으로 1_____이 상승하는 것을 말함
인플레이션의 원인	① 2_____가 3_____보다 많을 때 (예) 케이크는 7개인데 케이크를 사려는 사람이 10명일 때) ② 4_____들의 비용이 올라갈 때 (예) 케이크를 만들기 위한 버터, 달걀 등의 비용이 올라갈 때) ③ 급여가 인상되는 경우 → 계속해서 돈을 벌기 위해 생산자가 제품 가격을 올림
인플레이션의 영향	◆ 매우 높은 인플레이션은 경제에 해가 됨 ◆ 5_____ 인플레이션은 정상적임

3 The Left Digit Effect

✓ 지문 주요 어휘 학습

digit	명 (0에서 9까지의) 숫자
influence	통 영향을 주다
be related to	~와 관계가 있다
process	통 처리하다 ⟋ 명 과정, 절차
while	접 ~인 데 반하여, ~인 반면에
since	전 ~ 이래로, ~ 이후로
century	명 세기
shopkeeper	명 가게 주인 ⟋ shop(가게) + keeper(지키는 사람)
survey	명 (설문) 조사
a third	3분의 1 ⟋ = one-third
retail price	소매가 ⟋ 물건을 소비자에게 직접 팔 때의 가격
trick	명 속임수, 장난
fool	통 속이다
researcher	명 연구원, 조사원 ⟋ research 통 연구하다, 조사하다
monitor	통 추적 관찰하다 ⟋ 명 화면, 모니터
local	형 지역의, 현지의
lower	통 낮추다
sale	명 판매 ⟋ sales 명 판매량, 매출
total	명 총액, 합계
half	명 절반

비문학 키워드 미리보기

digit | (0에서 9까지의) 숫자

어떤 수를 만드는 0에서 9까지의 각각의 숫자를 뜻해요. 예를 들어 168이라는 수는 1, 6, 8이라는 digit으로 만들 수 있어요.

digit   digit   digit

a third | 3분의 1

영어로 분수를 나타낼 때는 분자는 one, two, three, four와 같은 기수로, 분모는 third, fourth, fifth와 같은 서수로 나타내요. 분자가 1인 경우는 one 또는 a로 나타낼 수 있고, 분자가 2 이상인 경우 분모인 서수에 s를 붙여야 해요.

$\frac{1}{3}$ ⇒ one (또는 a)
⇒ third

(one-third)

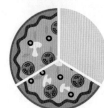

$\frac{2}{3}$ ⇒ two
⇒ thirds

(two-thirds)

#마케팅

고1 11월 기출 변형

When we read numbers, the first digit influences us more than the last one. This is related to the way we read and process numbers. _____(A)_____, $799 feels much cheaper than $800 because it starts with a 7, while the first digit of $800 is 8. Since the 19th century, shopkeepers have used prices that end in a 9. They do this to make their products look cheaper. Surveys show that about a third to two-thirds of all retail prices end in a 9. _____(B)_____ we know this is a trick, we are still fooled. In 2008, researchers in France monitored a local pizza restaurant. It sold five types of pizza at €8.00 each. However, when it lowered the price of one of the pizzas to €7.99, its sales rose from a third of the total to half. 10

읽은 후 | **핵심 정리**

이 글의 내용을 바탕으로 핵심 내용을 정리할 때 알맞은 것을 고르세요.

➤ 숫자를 읽을 때 (첫 번째 / 마지막) 자리 숫자보다 (첫 번째 / 마지막) 자리 숫자가 우리에게 더 많이 영향을 준다.

1 수능유형

이 글의 제목으로 가장 적절한 것은?

① Useful Tips for Getting a Discount *discount 할인

② Math Skills Help Us When Shopping

③ An Interesting Trick Used to Set Prices

④ How to Find Cheaper Products in Stores

⑤ The Importance of Marketing for Local Businesses

2 내신유형

빈칸 (A), (B)에 들어갈 말로 가장 적절한 것은?

	(A)	(B)		(A)	(B)
①	However	Because	②	As a result	When
③	In addition	If	④	Nevertheless	After
⑤	For example	Even though			

3 내신유형

이 글의 내용을 바탕으로 ⓐ, ⓑ에 알맞은 말을 고르시오.

Shopkeepers use prices ⓐ starting with a seven / ending in a nine to make their products look ⓑ better / cheaper .

비문학 배경지식 UP

소비자의 마음을 움직이는 여러 가지 가격 정책

기업이나 가게들은 소비자의 마음을 움직여 제품을 판매하기 위해 여러가지 가격 정책을 펼치기도 해요. 흥미로운 가격 정책의 예를 살펴보아요.

• **스키밍 가격 전략**: 기업에서는 스마트폰과 같이 기술력이나 차별성이 뛰어난 제품을 출시할 때 스키밍 가격 전략을 사용하기도 해요. 처음에 높은 가격을 책정해 수익을 올린 후 가격을 내려 소비자층을 넓히는 방식으로 이윤을 극대화하는 것이죠. 우유 표면의 지방층이나 크림을 걷어내는 것을 스키밍(skimming)이라고 하는데, 초기 구매자들로부터 이익을 얻는 것을 비유한 이름이에요.

• **최저가격 보상제**: 소비자가 구매한 상품과 동일한 상품을 다른 점포에서 더 싼 값에 팔고 있다는 사실이 입증되면 차액을 현금으로 돌려주는 제도예요. 이를 통해 소비자들은 말 그대로 최저가격에 제품을 구입할 수 있습니다. 기업에서는 이 정책을 브랜드 충성도를 높이기 위해 사용해요. 잠재적인 고객들이 이 정책을 통해 기업에 관심을 가지고 신뢰를 쌓게 되면 이후에도 계속 구매하기 때문이에요.

Self-Study 노트

be related to: ~와 관련되다   we ~ numbers가 the way를 수식함(~하는 방식)

1. This **is related to** the way / **we read and process numbers**.

> _____

much + 비교급: 훨씬 더~   while: ~인 반면에

2. For example, / $799 feels **much cheaper** than $800 / because it starts with a 7, / **while** the first digit of $800 is 8.

> _____

현재완료 (계속: ~해오다)   that ~ 9이 prices를 수식함

3. Since the 19th century, / shopkeepers **have used** prices / **that** end in a 9.

> _____

to부정사 (목적: ~하기 위해) / make + 목적어 + 목적격보어(동사원형): ~가 …하게 하다

4. They do this / **to make their products look** cheaper.

> _____

one of the + 복수명사: ~들 중 하나   from A to B: A에서 B로

5. However, / when it lowered the price of **one of the pizzas** / to €7.99, / its sales rose / **from** a third of the total **to** half.

> _____

보기

19th	changed	cheaper	increased	retail

Why do shopkeepers use prices ending in a 9?

목적	to make their products look ¹_____ (e.g. $799 vs. $800)
역사	Shopkeepers have used them since the ²_____ century.
사례	① According to surveys: About 1/3 to 2/3 of all ³_____ prices end in a 9. ② An example of a local pizza restaurant: The sales of one type of pizza ⁴_____ after its price was ⁵_____ from €8.00 to €7.99.

4 Division of Labor

✓ 지문 주요 어휘 학습

look for	~을 찾다
productivity	명 생산성
output	명 생산량
amount	명 양
manufacture	동 제조하다, 생산하다
industry	명 산업 ← manufacturing industry 제조업
economist	명 경제학자 ← economy 명 경제
describe	동 설명하다, 묘사하다
production	명 생산 ← produce 동 생산하다
efficient	형 효율적인
be known as	~로 알려져 있다
division	명 분할, 나누기
labor	명 노동
goods	명 상품, 제품
involve	동 포함하다
require	동 필요로 하다, 요구하다
skill	명 기술
straighten	동 곧게 하다 ← straight (곧은, 똑바른) + en
sharpen	동 날카롭게 하다(깎다) ← sharp(날카로운) + en
traditional	형 전통의, 전통적인 ← tradition 명 전통
single	형 단 하나의
task	명 업무, 과제
divide	동 나누다
perform	동 수행하다, 실시하다
specialize in	~을 전문적으로 하다
thousands of	수천의

비문학 키워드 미리보기

productivity | 생산성

생산(production)이 얼마나 효율적인지를 나타내는 지표예요. 생산이란 우리가 생활하는 데 필요한 각종 물건을 만들어 내는 것을 뜻해요. 예를 들어, 더 적은 노동력으로 같은 양을 생산하거나, 같은 노동력으로 더 많이 생산할 때 생산성이 높다고 말해요.

manufacture
제조하다, 생산하다

주로 공장에서 제품을 대량으로 생산하는 것을 말해요. manual(손으로 하는)과 같은 어원을 가지고 있어 making by hand(손으로 만드는)이라는 의미를 담고 있어요. 과거에 손으로 물건을 만들던 것이 공장에서의 대량 생산으로 바뀌며 뜻이 확장되었죠. 섬유나 의복, 플라스틱 제품, 자동차나 기계 등을 만드는 산업이 제조업에 해당해요.

#경제 이론

고1 6월 기출 변형

Companies are always looking for ways to increase productivity. Increasing productivity means getting (a) more output with (b) the same amount of resources. When the manufacturing industry first began, the famous economist Adam Smith described a way of making production more efficient. It is known as the "division of labor."　　5

Manufacturing goods involves several different processes requiring different skills. Smith gave the example of the process of making pins: straightening the wire, sharpening it, putting on a head, and *polishing it. In the traditional way, a single worker would do all these tasks and make 20 pins in a day. But this work can be divided into separate tasks. Each　10 task is performed by a different worker. Because each worker specializes in

one job, they can _____ without changing from one task to another. Now 10 workers can produce thousands of pins in a day — a huge increase in productivity　15 from the 200 pins that could be produced before.

*polish (빛이 나도록) 닦다

읽은 후 | 핵심 정리

이 글의 중심 소재로 알맞은 것을 찾아 쓰세요.

➲ the _____ _____ _____

_____

1 수능유형

이 글의 주제로 가장 적절한 것은?

① how to specialize in making pins

② traditional ways of making goods

③ the process of manufacturing pins

④ the importance of working in a group

⑤ a way of working that increases production

2 수능유형

빈칸에 들어갈 말로 가장 적절한 것은?

① rest more   ② get more money

③ work much faster   ④ learn different skills

⑤ produce better products

3 서술형

이 글의 내용을 바탕으로 밑줄 친 (a), (b)에 해당하는 예시를 정리할 때, 빈칸에 들어갈 알맞은 말을 보기에서 골라 쓰시오.

> 보기
>
> 10   20   200   thousands of

(a) more output: _____ pins

(b) the same amount of resources: _____ workers

비문학 **배경지식 UP**

▌'보이지 않는 손'을 주장한 경제학자 애덤 스미스(Adam Smith)

애덤 스미스는 '경제학의 아버지'라 불리는 경제학자예요. 그의 저서 <국부론(The Wealth of Nations)>은 최초의 근대적 경제학 저서로 알려져 있어요. 이 책에서 스미스는 부의 원천은 노동이며, 부를 늘리기 위해서는 생산의 기초를 분업으로 삼아 노동 생산성을 개선해야 한다고 주장했어요. 또한 분업을 위해서는 이기심에 의한 자유경쟁으로 자본을 축적해야 한다고도 했습니다.

이 책을 통해서 그는 각자 자신의 이익을 추구하는 개인의 이기적인 행동이 비록 그들이 의도하지는 않았지만 '보이지 않는 손'에 의해 결국 사회 전체의 이익을 가져오게 된다는 것을 밝히려고 했어요. 시장에서는 낮은 가격을 원하는 구매자와 높은 가격으로 판매하고자 하는 판매자의 욕구가 서로 충돌하지만, 놀랍게도 결국 각자가 만족하는 어느 정도의 균형에 도달하게 됩니다. 애덤 스미스는 바로 이것을 '보이지 않는 손'의 작용으로 보았던 것입니다.

Self-Study 노트

핵심 구문 100% 이해하기 힌트를 참고하여 주어진 문장을 바르게 직독직해 하세요.

look for: ~을 찾다   ways를 수식하는 to부정사 (~할)
1. Companies are always **looking for** ways / **to increase** productivity.

> _____

주어로 쓰인 동명사구(~하는 것은)   목적어로 쓰인 동명사구(~하는 것을)   with: ~을 가지고
2. **Increasing productivity** means / **getting more output** / **with** the same amount of resources.

> _____

주어로 쓰인 동명사구(~하는 것은)   requiring ~ skills가 several different processes를 수식함
3. **Manufacturing goods** involves / several different processes / **requiring** different skills.

> _____

would + 동사원형: ~하곤 했다   would do ~와 (would) make ~가 and로 연결됨
4. In the traditional way, / a single worker **would do** all these tasks / **and make** 20 pins in a day.

> _____

specialize in: ~을 전문적으로 하다   without + 동명사: ~하지 않고
5. Because each worker **specializes in** one job, / they can work much faster / **without changing** from one task to another.

> _____

글의 내용 100% 이해하기 글의 내용에 맞게 빈칸을 채우거나 맞는 것을 고르세요.

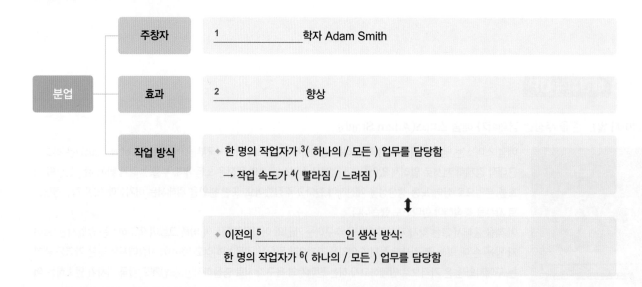

UNIT 4

Science 과학

과학
비문학
글 읽기

1 The Maillard Reaction

✅ 지문 주요 어휘 학습

roast	통 (오븐이나 불에) 굽다
toast	통 (빵 등을) 토스트하다, 굽다
turn	통 (~한 상태로) 변하다, (~하게) 되다
smell	통 (~한) 냄새가 나다
delicious	형 아주 맛있는
result	명 결과
reaction	명 반응
interact with	~와 상호 작용하다 ← 두 가지 이상이 만나 어떤 현상을 일으키거나 서로 영향을 미치다
protein	명 단백질
temperature	명 온도
flavor	명 맛, 풍미
aroma	명 향기
negative	형 부정적인 ← positive 형 긍정적인
effect	명 영향, 결과
compound	명 화합물
cancer	명 암
nutrition	명 영양 ← nutritious 형 영양가가 높은
destroy	통 파괴하다
quality	명 질
decrease	통 줄어들다, 감소하다 ← increase 통 증가하다
to the fullest	최대한으로

비문학 키워드 미리보기

reaction | 반응

화학에서 다루는 반응은 대부분 화학적 변화예요. 화학적 변화란 어떤 물질의 성질이 반응 후에 완전히 달라지는 것을 말해요.

compound | 화합물

두 종류 이상의 다른 화학 원소가 결합하여 만들어진 화학 물질을 화합물이라고 해요. 예를 들면, 물도 화합물이에요. 두 개의 수소와 한 개의 산소가 만나 물을 만들어요.

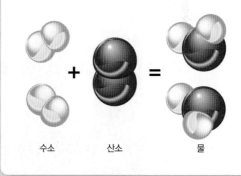

수소   산소   물

#화학

What happens when we cook things at high heat? Think of roasted meat or toasted bread. They turn brown and smell delicious! This is the result of the *Maillard reaction. The Maillard reaction occurs when sugars interact with the **amino acids of proteins. It often occurs at high temperatures. This reaction gives food its nice flavors and aromas. 5

But here's one thing you should know. _____ it makes food delicious, it can have a negative effect on our health. When you cook at high temperatures, such as when you fry or roast, it can produce harmful compounds. Large amounts of these compounds can cause cancer. The Maillard reaction can also affect nutrition. Some amino acids are destroyed 10 by high heat. As a result, the quality of the protein in food decreases.

Well-cooked food can make you happy and healthy. Cook food carefully and enjoy it to the fullest in a safe way!

*Maillard reaction 마이야르 반응 **amino acid 아미노산(단백질을 구성하는 기본 성분)

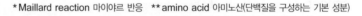

읽은 후 | 핵심 정리

이 글의 중심 소재로 알맞은 것은 무엇일까요?

☐ the Maillard reaction   ☐ amino acids

1 수능 유형

이 글의 주제로 가장 적절한 것은?

① the nutrition of roasted or toasted food
② a new way to make food more delicious
③ the relationship between food and cancer
④ a reaction caused by cooking at high heat
⑤ reasons why cooking at high heat is important

2 내신 유형

빈칸에 들어갈 말로 가장 적절한 것은?

① If   ② As   ③ Before
④ Because   ⑤ Although

3 내신 유형

이 글의 내용으로 보아, 빈칸 (A), (B)에 들어갈 말로 알맞게 짝지어진 것은?

> The Maillard reaction makes roasted or fried food brown and _____(A)_____, but it can also make us _____(B)_____.

	(A)		(B)			(A)		(B)
①	safe	·····	positive		②	sweet	·····	happy
③	small	·····	healthy		④	delicious	·····	sick
⑤	nutritious	·····	unhealthy					

비문학 배경지식 UP

▌마이야르 반응을 발견한 루이 카미유 마이야르 (Louis Camille Maillard)

프랑스의 의사이자 화학자인 마이야르는 1912년 마이야르 반응을 처음 발견해 보고한 사람이에요. 하지만 그가 음식에 관해 연구하다가 이를 발견한 것은 아니었습니다. 그는 생물 세포 분야를 연구한 의사로, 세포 속 아미노산과 당이 어떻게 반응하는지에 대해 연구했지요. 나중에서야 음식에서도 이와 마찬가지로 아미노산과 당의 반응이 일어난다는 것이 알려져 '마이야르 반응'으로 불리게 되었습니다.

▌달콤한 갈색의 비밀, 캐러멜라이징(Caramelizing)

마이야르 반응과 캐러멜라이징은 둘 다 요리에서 맛과 색을 내기 위한 화학 반응이에요. 하지만 마이야르 반응과 달리, 캐러멜라이징은 순전히 당만을 고온에서 가열했을 때 일어납니다. 당이 녹아서 갈색으로 변하는 캐러멜라이징이 일어나면 달콤하고 고소한 맛이 나며, 이것은 과자나 캔디 등을 만들 때 많이 사용돼요.

Self-Study 노트

give + 간접 목적어 + 직접목적어: ~에게 …을 주다
1. This reaction **gives food** / **its nice flavors and aromas**.

> _____

make + 목적어 + 목적격보어(형용사): ~을 …하게 만들다   have an effect on: ~에 영향을 미치다
2. Although it **makes food delicious**, / it can **have a** negative **effect** / **on** our health.

> _____

such as: ~ 같은
3. When you cook at high temperatures, / **such as** when you fry or roast, / it can produce harmful compounds.

> _____

주어: the quality ~ food
4. As a result, / **the quality of the protein in food** / decreases.

> _____

make + 목적어 + 목적격보어(형용사): ~을 …하게 만들다
5. Well-cooked food can **make you happy and healthy**.

> _____

the Maillard reaction

마이야르 반응이란?	음식을 1_____ 온도에서 요리할 때 2_____으로 변하며 맛있는 3_____가 나는 현상
마이야르 반응의 원리	4_____이 단백질의 아미노산과 반응할 때 일어남
마이야르 반응의 부정적 영향	① 해로운 화합물이 만들어질 수 있음 → 5_____을 유발할 수 있음 ② 영양가를 감소시킴 → 일부 아미노산을 파괴하여 6_____의 질을 저하시킴

2 Pluto

☑ 지문 주요 어휘 학습

planet	명 행성
solar system	태양계 ⌐ 태양과 태양의 주위를 도는 행성, 위성, 소행성 등의 집합
decade	명 10년
ninth	형 아홉 번째의 ⌐ nin(e) + th
Pluto	명 명왕성
officially	부 공식적으로
define	통 정의하다 ⌐ definition 명 정의
according to	~에 따르면
standard	명 기준 ⌐ meet standards 기준에 맞다, 기준을 충족시키다
orbit	통 궤도를 돌다 명 궤도
clear A out of B	A를 B에서 없애다(치우다)
object	명 물체
travel	통 이동하다; 여행하다
gravity	명 중력 ⌐ 질량을 가지고 있는 모든 물체가 서로를 잡아당기는 힘
pull	통 끌다, 당기다
push	통 밀다
crash into	~와 충돌하다
moon	명 위성
enough	부 충분히 ⌐ 형 충분한
no longer	더 이상 ~이 아닌
title	명 호칭, 직함; 제목
agree with	~에 동의하다

비문학 키워드 미리보기

orbit | 궤도를 돌다; 궤도

어떤 물체가 중력과 같은 힘의 영향을 받아 다른 물체 주위를 도는 것을 궤도 운동이라고 하는데, 이때 이러한 운동을 하는 길을 궤도라고 불러요. 대표적인 예로, 태양계의 행성들이 태양 주위를 도는 길이 바로 궤도이며 이 길은 원에 가까운 타원형이에요.

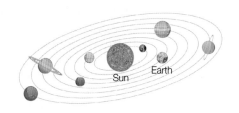

moon | 위성

moon이라고 하면 흔히 '달'을 떠올리지만, 지구 주위를 도는 달과 같이 행성 주위를 도는 천체도 moon(위성)이라고 해요. 지구의 위성은 달 하나이지만, 커다란 목성은 수십 개의 위성을 거느리고 있답니다.

#천문

There are eight planets in our solar system. But only two decades ago, there were nine planets. The ninth planet was Pluto. So what happened to it?

In 2006, the *IAU officially defined the term "planet." According to this definition, a planet must meet three standards. First, it must orbit the sun. Second, it must be round. Third, it must have cleared small objects out of its orbit. As a planet travels, its gravity pulls other objects into its orbit or ⓐ push / pushes them away. Then the objects may crash into the planet or become moons. But Pluto doesn't meet this third standard. It isn't ⓑ big enough / enough big , so there are still small objects in its orbit. Because of this, Pluto is no longer considered a planet.

Now Pluto has a new title: **dwarf planet. Some scientists don't agree with this. But ⓒ that / whether Pluto is a planet or not, nothing about Pluto itself has changed!

*IAU(International Astronomical Union) 국제천문연맹　**dwarf planet 왜소행성

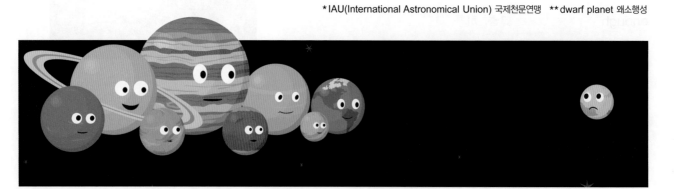

읽은 후 | **핵심 정리**

이 글의 중심 소재로 알맞은 것을 찾아 쓰세요.

❥ _____

1

이 글의 제목으로 가장 적절한 것은?

① Why Does Pluto Orbit the Sun?

② The Planets of Our Solar System

③ Why is Pluto No Longer a Planet?

④ Scientists Discovered a New Planet

⑤ Pluto Meets the Standards of Planets

2

이 글의 내용으로 보아, Pluto에 관한 다음 설명의 빈칸에 들어갈 알맞은 말을 쓰시오.

Pluto (1) _____ the sun, and it is (2) _____. But there are still other (3) _____ in its orbit.

3

이 글의 ⓐ~ⓒ에 들어갈 말로 어법상 알맞게 짝지어진 것은?

	ⓐ	ⓑ	ⓒ
①	push	big enough	that
②	push	enough big	whether
③	pushes	big enough	whether
④	pushes	enough big	that
⑤	pushes	big enough	that

비문학 배경지식 UP

▌태양계 행성 너머에는 무엇이 있을까?

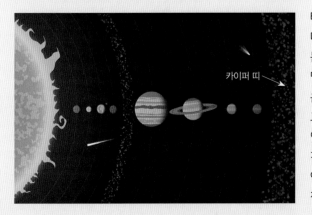

카이퍼 띠

태양계의 마지막 행성인 해왕성 바깥에는 무엇이 있을까요? 그곳에는 카이퍼 띠(Kuiper Belt)가 있는데, 이것은 해왕성 바깥쪽에서 태양의 주위를 돌고 있는 작은 천체들의 집합체예요. 1951년에 미국 천문학자인 카이퍼는 태양에서 멀리 떨어진 거리에 수많은 소천체들이 분포한다고 주장했는데, 1992년 새로운 천체가 발견된 것을 시작으로 비슷한 천체들이 200여 개나 발견되었어요. 그의 주장이 입증된 것이지요. '카이퍼 띠'라는 이름도 그의 이름에서 유래하였습니다. 천문학자들은 카이퍼 띠에 속한 작은 천체들이 3만 5천 개가 넘을 것으로 추정하고 있어요. 주로 물과 얼음으로 된 이 작은 천체들은 아마도 50억 년 전 태양계가 만들어질 때 행성으로 성장하지 못하고 남은 천체들로 추정되고 있습니다.

Self-Study 노트

핵심 구문 100% 이해하기 힌트를 참고하여 주어진 문장을 바르게 직독직해 하세요.

according to: ~에 따르면   meet standards: 기준을 충족시키다

1. **According to** this definition, / a planet must **meet** three **standards**.

> _____

as: ~할 때   pull A into B: A를 B 안으로 끌어당기다   push ~ away: ~을 멀리 밀어내다

2. **As** a planet travels, / its gravity **pulls** other objects / **into** its orbit / or **pushes** them **away**.

> _____

형용사 + enough: 충분히 ~한   there are + 복수명사: ~들이 있다

3. It isn't **big enough**, / so **there are** still small objects / in its orbit.

> _____

because of: ~ 때문에   no longer: 더 이상 ~이 아닌

4. **Because of** this, / Pluto is **no longer** considered a planet.

> _____

whether ~ or not: ~이든 아니든   nothing: 아무것도 (~이 아니다)

5. But **whether** Pluto is a planet **or not**, / **nothing** about Pluto itself / has changed!

> _____

글의 내용 100% 이해하기 글의 내용에 맞게 다음 빈칸을 채우세요.

명왕성이 행성이 되지 못하는 이유

	행성	명왕성
기준 1	1 _____ 주위를 돌아야 함	
기준 2	2 _____ 모양이어야 함	
기준 3	자신의 3 _____ 안에 작은 물체들이 없어야 함 – 안으로 끌려들어와 부딪치거나 4 _____ 이 됨 – 밖으로 멀리 밀려 나감	세 번째 기준을 충족시키지 못해서 행성에서 제외됨 ⇒ 5 _____ 으로 분류됨

3 Colors of Light

어휘 듣기

✔ 지문 주요 어휘 학습

study	명 연구 ↗ 통 공부하다
physical	형 물리적인; 물질의
characteristic	명 특징
a set of	~의 한 세트
prism	명 프리즘
country	명 지역; 국가
fair	명 박람회
experiment	명 실험 ↗ 통 실험하다
pair	명 쌍 ↗ a pair of 한 쌍의 ~
ray	명 광선, 선 ↗ a ray of 한 줄기의 ~
sunlight	명 햇빛
fall	통 (어떤 방향·위치에) 오게[가게] 되다
as soon as	~하자마자
pass through	~을 통과하다
separate	통 나누어지다 ↗ 형 별개의
rainbow	명 무지개
be familiar with	~을 잘 알다, ~에 익숙하다
path	명 길, 경로
combine	통 결합하다; 결합시키다
conclude	통 결론을 내리다

prism | 프리즘

빛을 휘게 하거나 파장에 따라 빛을 여러 광선으로 나눌 때 쓰는 여러 면을 가진 물체예요. 주로 유리나 수정으로 만들어져요.

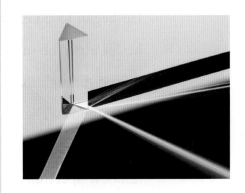

ray | 광선, 선

광선을 의미하는 ray는 어떤 공간을 통과하는 빛의 선이예요. 태양 광선은 the sun's rays로, 인체 내부를 찍는 엑스선은 X-ray로 표현한답니다.

Reading

3

읽기 전 | 비문학 사고력 **UP**

145 words

빛의 삼원색은 빨강, 초록, 파랑이에요. 이 색들이 모두 합쳐지면 무슨 색이 될까요?

☐ 흰색   ☐ 검정색

지문 듣기

#물리

고1 6월 기출 변형

Many of you may already know about Isaac Newton's *laws of gravity. However, did you know that the study of the physical characteristics of colors also started with Newton?

One day, Newton saw a set of prisms at a country fair and bought them. He began to do experiments with a pair of them at home. In a dark room, 5 he let a ray of sunlight fall on the first prism. As soon as the white light passed through the prism, it separated into the **spectrum, or the colors of the rainbow. There was nothing new about this, as people were familiar with rainbows. But when he put the second prism in the path of this rainbow spectrum, he found something new. The rainbow colors combined 10 and became white again. He concluded that white light can be created by

_____.

*laws of gravity (물리학자 Newton이 발견한) 중력 법칙   **spectrum (빛의) 스펙트럼, 빛띠(빛을 파장에 따라 나누어 배열한 것)

읽은 후 | **핵심 정리**

이 글에서 Newton이 실험한 연구의 주제로 알맞은 것을 찾아 밑줄 치세요. (5단어)

1 수능 유형

이 글의 주제로 가장 적절한 것은?

① new characteristics of prisms

② an experiment that created rainbows

③ how Newton came up with the laws of gravity

④ Newton's discovery related to the colors of light

⑤ the reasons why light can be separated into many colors

2 수능 유형

빈칸에 들어갈 말로 가장 적절한 것은?

① replacing a prism with a new one

② looking at prisms on a sunny day

③ separating sunlight through a prism

④ combining the colors of the spectrum

⑤ letting sunlight come into a dark room

3 서술형

밑줄 친 this가 의미하는 바를 다음과 같이 설명할 때, 빈칸에 알맞은 우리말을 쓰시오.

흰 빛이 (1) _____을 통과할 때, (2) _____의 색상들로 분리되는 것

비문학 배경지식 UP

▌무지개에 숨겨진 수많은 색들

무지개는 몇 가지 색으로 이루어져 있을까요? 아마도 대부분 일곱 가지 색이라고 답할 거예요. 하지만 사실 무지개는 빨강에서 보라까지 수많은 다양한 색이 연속적으로 이어져 있답니다. 실제로 우리 조상들은 일곱 가지 색 대신 여러 빛깔의 무지개라는 의미로 '오색 무지개'라는 표현을 썼어요. 무지개의 색을 일곱 가지로 나눈 사람은 바로 뉴턴(Newton)이었어요.

햇빛은 흰색처럼 보이지만 사실 여러 가지 빛들이 섞여 있어요. 이 빛들 중에서 우리가 눈으로 볼 수 있는 빛, 즉 무지개처럼 빨강에서부터 보라에 이르는 빛을 '가시광선'이라고 불러요. 빨강보다 파장이 긴 빛은 적외선, 보라보다 파장이 짧은 빛을 자외선이라고 하는데 이들은 눈으로는 볼 수 없답니다.

핵심 구문 100% 이해하기   힌트를 참고하여 주어진 문장을 바르게 직독직해 하세요.

that ~ Newton: 목적어로 쓰인 명사절 (~라는 것을)

1. However, / did you know / **that** the study of the physical characteristics of colors / also started with Newton?

❯ _____

let + 목적어 + 목적격보어(동사원형): ~이 …하게 하다 / a ray of: 한 줄기의 ~ / fall: (어떤 위치에) 오게 되다

2. In a dark room, / he **let a ray of sunlight** / **fall** on the first prism.

❯ _____

As soon as: ~하자마자   pass through: ~을 통과하다

3. **As soon as** the white light **passed through** the prism, / it separated into the spectrum, / or the colors of the rainbow.

❯ _____

as: ~이므로 (이유)   be familiar with: ~을 잘 알다

4. There was nothing new about this, / **as** people **were familiar with** rainbows.

❯ _____

by + 동명사: ~함으로써

5. He concluded / that white light can be created / **by combining** the colors of the spectrum.

❯ _____

글의 내용 100% 이해하기   글의 내용에 맞게 다음 빈칸을 채우세요.

빛의 색상이 가지는 물리적 특징

발견자	◆ 1 _____
실험 준비물	◆ 2 _____, 어두운 방, 햇빛
실험 방법	1단계: 햇빛을 3 _____에 통과시킴 ⇒ 흰 빛이 4 _____(무지개의 색상)으로 분리됨 2단계: 분리된 무지개 색상을 다른 5 _____에 통과시킴 ⇒ 색상이 결합되어 다시 6 _____ 빛이 됨

4 Bacteria

어휘 듣기

✅ 지문 주요 어휘 학습

bacteria	몡 박테리아, 세균 〜 복수 명사예요.
soil	몡 토양, 흙
actually	뷔 사실은, 실제로는
digest	동 소화시키다 〜 digestive system 소화기관
environment	몡 환경
oxygen	몡 산소
breathe	동 숨을 쉬다, 호흡하다 〜 breath 몡 숨, 호흡
unfortunately	뷔 불행히도, 유감스럽게도 〜 unfortunate 혱 운이 없는, 불행한
see a doctor	병원에 가다, 진찰을 받다
a kind of	일종의
medicine	몡 약
control	동 (무엇이 번지는 것을) 막다, 억제하다
fight	동 (나쁜 것을 막기 위해) 맞서 싸우다
antibiotics	몡 항생제 〜 세균의 번식을 억제하거나 죽여서 세균 감염을 치료하는 약
against	전 ~에 맞서
either A or B	A 또는 B (둘 중의 하나)
stop A from v-ing	A가 ~하는 것을 막다
grow	동 (크기·수 등이) 늘어나다, 증가하다
immune system	면역 체계
be able to-v	~할 수 있다
situation	몡 상황
useful	혱 유용한

비문학 키워드 미리보기

digest | 소화시키다

사람이나 동물이 섭취한 먹이나 음식물을 흡수할 수 있는 형태로 분해하는 과정을 소화라고 해요. 이러한 소화와 흡수를 담당하는 신체 기관이 소화기관(digestive system)이에요. 소화기관은 구강(입)에서부터 식도, 위, 소장, 대장을 지나 항문까지를 모두 말해요.

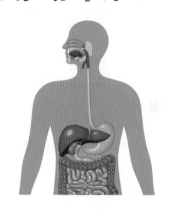

immune system | 면역 체계

우리 몸에 들어온 세균이나 바이러스 등으로부터 스스로를 방어하는 시스템이에요. 우리 몸에 상처가 났을 때.그 부위가 부어 오르고 고름이 생기는 것도 면역 체계가 작동한 결과예요.

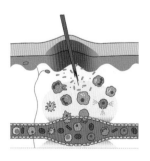

4

읽기 전 | 비문학 사고력 UP

다음 중 우리 몸에 이로운 박테리아는 무엇일까요?

☐ 살모넬라균   ☐ 유산균   ☐ 헬리코박터균

지문 듣기

#생물

고1 9월 기출 변형

Bacteria are almost everywhere. They live in air, soil, and our bodies. They are even found in some of the foods we eat! But don't worry! Most bacteria are actually good for us. Some live in our digestive systems and help us digest our food. Others live in the environment and produce oxygen for us to breathe. 5

Unfortunately, (can, sick, us, are, some bacteria, make, there, that). They produce harmful *toxins and can cause infections. When this happens, you need to see a doctor and get a kind of medicine that can control infections.

But what exactly is this medicine and how does it fight bacteria? It 10 is called "antibiotics." This name means "against the life" of bacteria. Antibiotics either kill bacteria or stop them from growing. Our immune system is often able to kill bacteria before they spread. However, if the number of harmful bacteria increases, the immune system may not be able to kill them all. In these situations, antibiotics are useful. 15

*toxin 독소(생물에서 생기는 강한 독성의 물질)

읽은 후 | 핵심 정리

이 글의 중심 소재로 알맞은 것은 무엇일까요?

☐ antibiotics   ☐ bacteria

1 [수능 유형]

이 글의 제목으로 가장 적절한 것은?

① Not All Bacteria Make You Sick

② How Do Antibiotics Fight Bacteria?

③ What Kinds of Bacteria Live in Our Bodies?

④ The Importance of a Strong Immune System

⑤ Roles of Bacteria and How to Fight Bad Ones

2 [수능 유형]

이 글의 내용과 일치하지 <u>않는</u> 것은?

① 박테리아는 음식 안에도 존재한다.

② 일부 박테리아는 우리가 숨을 쉬는 데 도움이 된다.

③ 해로운 박테리아는 우리 몸 안에 감염을 일으키기도 한다.

④ antibiotics는 유익한 박테리아의 성장을 돕는다.

⑤ 우리 몸의 면역 체계만으로는 해로운 박테리아를 상대하기 어려울 때도 있다.

3 [서술형]

밑줄 친 우리말과 일치하도록 이 글의 괄호 안의 단어를 바르게 배열하시오.

> 불행히도, <u>우리를 아프게 만들 수 있는 일부 박테리아가 있다.</u>

Unfortunately, _____.

[비문학] [배경지식 **UP**]

▌박테리아와 바이러스는 다르다!

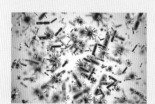

코로나 바이러스 등과 같이 여러 질병을 일으키는 바이러스는 박테리아와는 달라요. 바이러스는 박테리아보다 더 작고 다른 생물의 세포 안에서만 번식이 가능해요. 바이러스는 매우 작기 때문에 세포 안에 있을 때는 표시가 나지 않지만, 번식해서 세포벽을 뚫고 나오면 감염 증상이 나타나요. 지금까지 과학자들이 발견한 바이러스는 수천 종에 이르지만, 대부분의 바이러스는 아직 알려져 있지 않아요.

▌바이러스로 바이러스를 막는다?

백신(vaccine)은 박테리아(세균)나 바이러스에 의한 감염을 예방하기 위해 인위적으로 병원체를 주입하여 우리 몸의 면역 체계를 활성화시키는 것을 말해요. 질병을 일으키는 바이러스 등을 약하게 만들어 주사하면 우리 몸의 면역 세포가 항체를 만들고 면역력을 갖게 되어 피해를 최소화하거나 질병을 예방할 수 있어요.

Self-Study 노트

be found: 발견되다　　　　　　　　　　　　　we eat가 some ~ foods를 수식함

1. They **are** even **found** / in some of the foods **we eat**!

 ➡ _____

for + 목적격: to부정사의 의미상 주어 / oxygen을 수식하는 to부정사(~하는)

2. Others live in the environment / and produce oxygen / **for** us **to breathe**.

 ➡ _____

that ~ sick이 some bacteria를 수식함　　make + 목적어 + 목적격보어(형용사): ~을 …하게 만들다

3. Unfortunately, / there are some bacteria / **that** can **make us sick**.

 ➡ _____

either A or B: A 또는 B　　　　　stop + 목적어 + from + 동명사: ~가 …하는 것을 막다

4. Antibiotics **either** kill bacteria / **or stop** them **from growing**.

 ➡ _____

be able to + 동사원형: ~ 할 수 있다

5. Our immune system **is** often **able to kill** bacteria / before they spread.

 ➡ _____

박테리아

구분	유익한 박테리아	해로운 박테리아
발견할 수 있는 곳	공기, 토양, 우리의 몸, 1. _____ 등 거의 모든 곳에 존재	
영향	◆ 우리 몸 속에서 2. _____ 를 도움 ◆ 우리가 호흡할 수 있는 3. _____ 를 만듦	◆ 해로운 4. _____ 를 만듦 ◆ 감염을 유발시킴 ⇒ 대처법 ① 우리 몸의 5. _____ 가 박테리아를 죽임 ② 수가 증가하는 경우, 6. _____ 를 사용

UNIT 5

Psychology 심리

심리
비문학 글 읽기

1 The Halo Effect

✓ 지문 주요 어휘 학습

take a look at	~을 보다
religious	형 종교의 ← religion 명 종교
glow	동 빛나다
saint	명 성인, 성자 ← (종교 등에서) 지혜와 덕이 높은 사람
effect	명 효과, 영향
trait	명 (성격상의) 특성
judgement	명 판단
attractive	형 매력적인, 멋진 ← attract 동 마음을 끌다
be satisfied with	~에 만족하다
brand	명 상표, 브랜드
quality	명 품질, 질
opposite	명 반대되는 일(것)
horn	명 뿔
notice	동 알아채다, 인지하다
negative	형 부정적인
aspect	명 면, 측면
positive	형 긍정적인
opinion	명 의견
inaccurate	형 부정확한 ← → accurate 형 정확한
perception	명 인식, 인지 ← perceive 동 인식하다
judge	동 판단하다

비문학 키워드 미리보기

trait | (성격상의) 특성

trait은 한 사람의 타고난 특성을 말해요. 주로 사람의 성격을 묘사할 때 사용되지요. 예를 들어 honesty(정직함), patience(인내심), selfishness(이기심) 등이 있어요.

perception | 인식, 인지

인식한다는 것은 사물을 분별하고 판단하여 알게 되는 것을 뜻해요. 예를 들어, 사과가 있을 때 빨간색을 보고, 그 모양과 크기를 파악하며, 향기를 맡을 수 있어요. 이러한 각각의 인식들을 합해 우리는 사과를 알아보게 됩니다. 이처럼 우리의 감각들이 함께 작용하여 우리가 알게 되는 것을 perception이라고 해요.

#심리 용어

Take a look at some religious paintings. You'll probably see glowing circles, known as *halos, around some of the people's heads. Halos are usually given to good people such as saints.

The halo effect is related to this. It occurs when a single good trait influences our judgement. For 5 example, if someone is attractive, we may think they are also kind and smart. In the same way, if we are satisfied with our smartphones, we might think other products from the same brand also have good qualities. 10

The opposite can also happen. This is known as the "horn effect." After we notice a bad trait, we may focus only on the negative aspects of the person. Even if we find some positive things about them later, we may not _____.

As you can see, the halo effect can 15 lead to inaccurate perceptions. So when you meet someone new, don't judge them too quickly!

*halo (그림 등에서 인물의 머리나 몸 주위에 둥글게 그려지는) 후광

읽은 후 | 핵심 정리

the halo effect와 반대되는 효과를 이 글에서 찾아 쓰세요.

❯ the _____ _____

1 수능 유형

이 글의 요지로 가장 적절한 것은?

① 종교는 우리의 판단에 많은 영향을 끼친다.

② 부정적인 사고 방식을 갖는 것은 좋지 않다.

③ 긍정적인 판단은 늘 긍정적인 결과로 이어진다.

④ 어떤 것을 판단할 때는 다른 이들의 의견에 귀 기울여야 한다.

⑤ 한 가지 특성만으로 성급하게 전체를 판단하지 않는 것이 좋다.

2 내신 유형

이 글에 따르면 the halo effect에 해당하지 않는 것은?

① 저 제품이 품절 임박이라고 하니 얼른 사야겠어.

② 키가 크고 잘생긴 저 사장님은 리더십도 좋겠군.

③ 신입 사원의 말끔한 용모를 보니 일을 무척 잘하겠어.

④ 이 선물의 포장지가 고급스러운 것을 보니 내용물도 고급이겠는걸?

⑤ 이 브랜드의 의류는 품질이 좋아. 그러니 이번에 출시하는 시계의 품질도 좋을 거야.

3 수능 유형

빈칸에 들어갈 말로 가장 적절한 것은?

① think they are negative

② want to know their name

③ change our negative opinion

④ find good people around us

⑤ understand the meaning of the halo effect

비문학 배경지식 UP

▌처음과 마지막, 더 잘 기억나는 것은?

우리가 정보를 기억할 때 발생하는 대표적인 심리 효과로는 초두 효과와 최신 효과가 있어요.

• **초두 효과**: 처음에 제시된 정보가 나중에 제시된 정보보다 더 오래 기억에 남는 현상으로, 첫인상 효과라고도 해요. 공부할 때 간혹 자료의 앞부분에 제시된 항목이 기억에도 잘 남고 다시 생각해 내기도 더 쉬운 현상이 나타나는데, 이게 바로 초두효과 때문이에요.

• **최신 효과**: 가장 나중에 혹은 가장 최근에 제시된 정보를 더 잘 기억하는 현상은 최신 효과라고 합니다. 미국 심리학 교수 로버트 라나에 따르면 관심이 높고 친숙한 내용일 경우 초두 효과가 더 잘 나타나고, 비교적 낯설고 무관심한 내용의 경우 최신 효과가 더 잘 나타난다고 해요. 면접관이 마지막 면접자와의 대화를 가장 잘 기억하는 현상이 최신 효과의 예라고 할 수 있어요.

Self-Study 노트

known as: ~로 알려진

1. You'll probably see glowing circles, / **known as** halos, / around some of the people's heads.

❯ _____

be given: 주어지다   such as: ~같은

2. Halos **are** usually **given** to good people / **such as** saints.

❯ _____

be satisfied with: ~에 만족하다   목적어절의 주어: other products ~ brand

3. In the same way, / if we **are satisfied with** our smartphones, / we might think / **other products from the same brand** / also have good qualities.

❯ _____

even if: (비록) ~라 할지라도

4. **Even if** we find some positive things about them later, / we may not change our negative opinion.

❯ _____

as: ~듯이, ~처럼   lead to: ~로 이어지다

5. **As** you can see, / the halo effect can **lead to** / inaccurate perceptions.

❯ _____

> 보기
>
> inaccurate   positive   horn   opinions   negative   halo

the ¹_____ effect	the ³_____ effect
• happens when one good trait influences our judgement	• happens when one bad trait influences our judgement
• makes us focus on the ²_____ aspects of the person	• makes us focus on the ⁴_____ aspects of the person

• can lead to ⁵_____ perceptions

• can make it hard to change our ⁶_____

2 Gaslighting

☑️ 지문 주요 어휘 학습

sensitive	휑 예민한, 민감한
fault	명 잘못
control	통 지배하다, 통제하다
victim	명 피해자, 희생자
doubt	통 의심하다
thought	명 생각 ⟵ think 통 생각하다
memory	명 기억
British	휑 영국의
play	명 연극; 희곡 ⟵ 공연이 목적인 연극 대본
question	통 의문을 갖다, 의심하다 ⟵ 명 질문
go crazy	미치다
possible	휑 가능한 ⟵ impossible 휑 불가능한
dependent on	~에게 의존하고 있는
close	휑 가까운
relationship	명 관계
trust	명 신뢰 ⟵ 통 믿다, 신뢰하다
friendship	명 우정
recognize	통 알아보다, 인식하다
intention	명 의도, 목적 ⟵ intend 통 의도하다
confused	휑 혼란스러워하는
helpless	휑 무력한
issue	명 (걱정거리가 되는) 문제
damage	통 손상시키다, 훼손하다
seek	통 구하다, 찾다

비문학 키워드 미리보기

doubt | 의심하다

어떠한 것에 대해 확실히 알 수 없어서 확신하지 못하거나 의심하는 것을 뜻해요.

question | 의문을 갖다, 의심하다

doubt과 비슷한 의미로 쓰일 수 있어요. 어떤 것의 정확성이나 신뢰성 등에 대해 비판적인 태도를 가지고 의문을 갖는 것을 뜻해요.

helpless | 무력한

help(도움, 지원) + less(~이 없는)

무력하다는 것은 스스로를 돌볼 힘이 없다는 뜻이에요.

#심리 현상

"You're too sensitive." "It's your fault." "That's not what happened." Some people try to control others with words like these. Their victims begin to ⓐ boxed{doubt / trust} their own thoughts, perceptions, and memories. This is called "gaslighting."

The term "gaslighting" comes from the 1938 British play *Gas Light*. ₅ In it, a husband controls his wife by ⓑ boxed{accepting / questioning} what she sees and hears. He tells her that she is imagining things. Finally, she begins to think that she is going crazy. How can this be possible? As the victims keep listening to the gaslighters, they become more dependent on them. Additionally, gaslighting often happens in close relationships based on trust, 10 love, and friendship. So the victims may not recognize the ⓒ boxed{good / bad} intentions of the gaslighters.

If the gaslighting continues, the victims feel confused and helpless. It is a serious issue that can damage a person's *self-esteem. Therefore, victims should seek help from others and change the 15 situation before it gets worse.

* self-esteem 자존감

읽은 후 **핵심 정리**

이 글에서 '가스라이팅'이라는 말의 유래를 언급한 문장을 찾아 밑줄 치세요.

1 수능 유형

이 글의 제목으로 가장 적절한 것은?

① Gaslighting: How to Control Your Feelings

② Gaslighting: What It Is and How It Happens

③ Gaslighting: Stop Depending on Your Friends

④ Gaslighting: Close Relationships Based on Love

⑤ Gaslighting: The Best Way to Build Good Relationships

2 수능 유형

이 글의 ⓐ~ⓒ에 들어갈 말로 문맥상 알맞게 짝지어진 것은?

	ⓐ	ⓑ	ⓒ
①	doubt	accepting	good
②	doubt	questioning	bad
③	doubt	questioning	good
④	trust	accepting	bad
⑤	trust	questioning	good

3 서술형

질문에 대한 답이 되도록 빈칸에 들어갈 말을 이 글에서 찾아 쓰시오.

Q What happens to the victims if the gaslighting continues?

A They feel (1) _____ and (2) _____. Also, their
(3) _____ can be damaged.

비문학 배경지식 UP

▌어두워진 가스등의 비밀

'가스등(Gas Light)'은 1938년 작가 패트릭 해밀턴의 희곡을 바탕으로 한 스릴러 연극이에요. 이 연극에서 남편 잭은 보석을 훔치기 위해 윗집 부인을 살해해요. 그 뒤 그는 보석을 찾기 위해 아내 벨라 몰래 위층에 올라가 가스등을 켰는데, 그때마다 아래층 잭과 벨라의 집안이 어두워졌어요. 이는 그 당시에는 한 집에서 가스등을 켜면 가스를 나눠 쓰던 다른 집의 불이 어두워졌기 때문이었죠. 벨라가 위층에서 소리가 나고 집안이 어두워졌다고 말하자 잭은 들키지 않기 위해 아내를 탓하고 심지어 미쳤다고 몰아세우죠. 이 일이 거듭되자 벨라는 점차 불안해지고 판단력이 흐려지며 잭에게 의존하게 되었어요. 가스라이팅이 벌어지는 과정을 그대로 보여주고 있는 이 연극의 제목을 따라 이런 정신적인 가해 행위를 '가스라이팅'이라 부르게 되었습니다.

Self-Study 노트

힌트를 참고하여 주어진 문장을 바르게 직독직해 하세요.

try + to부정사: ~하려고 애쓰다   with: ~로, ~을 가지고   like: ~와 같은

1. Some people **try to** control others / **with** words **like** these.

◎ _____

by + 동명사: ~함으로써   what: ~하는 것

2. In it, / a husband controls his wife / **by questioning what** she sees and hears.

◎ _____

based on: ~을 바탕으로 한, ~에 근거한

3. Additionally, / gaslighting often happens in close relationships / **based on** trust, love, and friendship.

◎ _____

that ~ self-esteem이 a serious issue를 수식함

4. It is a serious issue / **that** can damage a person's self-esteem.

◎ _____

should 뒤에 seek ~ others와 change ~ worse가 and로 연결됨   get + 비교급: (점점) 더 ~해지다

5. Therefore, / victims **should seek** help from others / and **change** the situation / before it **gets worse**.

◎ _____

글의 내용에 맞게 다음 빈칸을 채우세요.

가스라이팅

정의	다른 이들을 말로 1_____하여 그들 자신의 생각, 인식, 기억을 2_____하게 만드는 것
유래	1938년 영국의 3_____ Gas Light(가스등)
특징	◆ 피해자가 가스라이팅을 하는 사람에게 심리적으로 4_____하게 됨 ◆ 신뢰, 사랑, 우정을 바탕으로 한 5_____ 관계에서 일어남
결과	◆ 피해자가 혼란과 무력함을 느낌 ◆ 피해자의 6_____이 훼손됨

3 FOBO

어휘 듣기

✓ 지문 주요 어휘 학습

decision	몡 결정 ⌐ make a decision 결정을 내리다
worry	동 걱정하다
option	몡 선택(할 수 있는 것), 선택지
suffer from	~로 고통받다
fear	몡 두려움, 무서움
anxiety	몡 불안, 염려 ⌐ anxious 혱 불안해 하는
come along	나타나다, 생기다
avoid	동 피하다
take a risk	위험을 무릅쓰다 ⌐ risk 몡 위험
range from A to B	(범위가) A부터 B까지 이르다
select	동 선택하다
spend time v-ing	~하는 데 시간을 보내다
career	몡 직업
path	몡 길, 방향
apply for	~에 지원하다
at once	동시에
miss out	놓치다
paralysis	몡 마비 ⌐ decision paralysis 의사결정 마비
manage	동 관리하다, 다루다
confident	혱 자신감 있는, 확신하는 ⌐ confidence 몡 자신감

비문학 키워드 미리보기

career path | 진로

career(직업) + path(길, 방향)

목표로 하는 직업을 향해 나아가는 길을 의미해요.
청소년기에 하는 선택에 따라 진로가 달라질 수 있어요.

miss out | 놓치다

어떤 즐거운 경험이나 좋은 기회 등을 놓치는 것을 말해요.
놓친 대상을 말할 때는 on을 함께 사용해요.

• miss out on a great opportunity
좋은 기회를 놓치다

3

155 words

여러분은 일상생활에서 사소한 일을 결정하는 데 어려움을 겪는 편인가요?

☐ 어려움을 자주 겪는 편이다.　　　　☐ 그다지 어려움을 겪지 않는 편이다.

지문 듣기

#심리 현상

고1 11월 기출 소재

　　　Making decisions can be hard. Maybe you worry that you didn't choose the best option. If so, you might suffer from FOBO. FOBO, or "fear of a better option," is a feeling of anxiety that ＿＿＿＿＿＿＿＿＿＿＿＿＿＿＿＿＿＿ .
This can make you want to keep all your options open and avoid taking risks.

　　　FOBO can affect decisions ranging from choosing what to buy to 5 selecting a new job. When you shop, (a lot of, spend, might, comparing, time, you, prices). And when you try to choose a career path, you might apply for many jobs at once. This is because you worry about missing out on a better option.

　　　It's important to know that FOBO can lead to decision paralysis. It may 10 stop you from making choices that could make you happy. But if you learn how to recognize and manage FOBO, you can become more confident and satisfied with the choices you make.

FOBO가 무엇의 줄임말인지 이 글에서 찾아 쓰세요.

▶ ＿＿＿＿＿＿＿ ＿＿＿＿＿＿＿ ＿＿＿＿＿＿＿ ＿＿＿＿＿＿＿

＿＿＿＿＿＿＿＿＿＿＿＿＿＿＿＿＿＿＿＿＿＿＿＿＿＿＿＿＿＿＿＿＿

» Answers pp. 38~39

1 이 글의 주제로 가장 적절한 것은?

① how to be more confident

② how to choose the best option

③ characteristics of people who take risks

④ things to consider when we make decisions

⑤ why some people have difficulty making decisions

2 빈칸에 들어갈 말로 가장 적절한 것은?

① accidents might happen

② you should try new things

③ decisions might be made too late

④ something better might come along

⑤ you should spend more time at work

3 밑줄 친 우리말과 일치하도록 이 글의 괄호 안의 단어를 바르게 배열하시오.

물건을 살 때, 여러분은 가격들을 비교하는 데 많은 시간을 보낼지도 모른다.

When you shop, _____.

비문학 배경지식 UP

소셜 미디어가 야기한 불안, 포모증후군(FOMO)

miss out은 '놓치다'라는 뜻이에요. 이와 관련된 불안 증상을 나타내는 말이 바로 FOMO입니다. FOMO는 'fear of missing out'의 줄임말로, 자신만 무언가 놓치고 있는 것 같은 불안감 또는 세상에서 자신만 소외되고 있다는 두려움을 나타내요. 고립공포증이라고도 하지요. 내가 없는 어딘가에서 멋지고 흥미로운 일이 일어나고 있을 것이라는 불안감을 느끼는 이 말은 주로 소셜 미디어 게시물을 보며 느끼는 경우가 많아요. 다른 사람들이 무엇을 하며 어떻게 지내는지를 보면서 나만 뒤처지고, 좋은 것을 놓치고 있다는 불안감, 여러분도 느껴본 적이 있나요? 만약 그런 경험이 있다면 스마트폰을 손에서 놓고 나만의 시간을 즐기는 JOMO(joy of missing out)를 느껴보는 것은 어떨까요?

핵심 구문 100% 이해하기 힌트를 참고하여 주어진 문장을 바르게 직독직해 하세요.

or: 즉 *동격의 that (~라는)*

1. FOBO, **or** "fear of a better option," / is a feeling of anxiety / **that** something better might come along.

❯ _____

make + 목적어 + 목적격보어(동사원형): ~이 …하게 하다 *avoid + 동명사: ~하는 것을 피하다*

2. This can **make you want** / to keep all your options open / and **avoid taking** risks.

❯ _____

range from A to B: A부터 B까지 이르다 / what + to부정사: 무엇을 ~할지

3. FOBO can affect decisions / **ranging from** choosing **what to** buy / **to** selecting a new job.

❯ _____

stop + 목적어 + from + 동명사: ~이 …하는 것을 막다 *make + 목적어 + 목적격보어(형용사): ~을 …하게 만들다*

4. It may **stop you from making** choices / that could **make you happy**.

❯ _____

how + to부정사: ~하는 법 *become satisfied with: ~에 만족하게 되다*

5. But if you learn / **how to** recognize and manage FOBO, / you can **become** more confident / and **satisfied with** the choices you make.

❯ _____

글의 내용 100% 이해하기 글의 내용에 맞게 다음 빈칸을 채우세요.

FOBO의 정의	1 _____ 선택지를 놓치게 될지 모른다는 불안감 → 모든 선택지들을 열어 두고 2 _____ 을 무릅쓰지 않으려 함

FOBO의 예시	① 물건을 살 때
	  – 3 _____ 을 비교하는 데 많은 시간을 보냄
	② 새 일자리를 고를 때
	  – 동시에 4 _____ 직장에 지원함

FOBO의 문제점	의사결정 5 _____ 로 이어짐 → 6 _____ 해질 수 있는 선택들을 하지 못하게 됨

4 The Zeigarnik Effect

✅ 지문 주요 어휘 학습

take a moment	(잠깐) 시간을 가지다(내다)
task	명 일, 과제
complete	동 완료하다, 끝마치다
tend to-v	~하는 경향이 있다
incomplete	형 완료되지 않은
subconscious	형 잠재의식적인
mind	명 마음, 정신
remind A of B	A에게 B를 생각나게 하다
psychologist	명 심리학자
name	동 이름을 지어주다 ⌐ named ~라는 이름의
leave	동 (~한 상태로) 두다
unfinished	형 끝내지 않은 ⌐ un + finished(끝낸)
order	명 주문 ⌐ 동 주문하다
serve	동 (식당에서 음식을) 내다(차려 주다)
complicated	형 복잡한
have difficulty v-ing	~하는 데 어려움을 겪다
further	형 추가의, 더 이상의
subject	명 주제
both A and B	A와 B 둘 다
interrupt	동 방해하다, 중단시키다 ⌐ interruption 명 방해, 중단

비문학 키워드 미리보기

complete ǀ 완료하다, 끝마치다

complete는 동사로 '완료하다'라는 뜻이에요. 형용사로는 '완료된'이라는 의미로 쓰여요.

incomplete ǀ 완료되지 않은

in(부정) + complete(완료된)

incomplete는 형용사 complete의 반대말로 '완료되지 않은, 미완성의' 라는 뜻의 형용사예요.

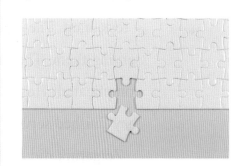

subconscious ǀ 잠재의식적인

sub(아래의) + conscious(의식적인, 의도하는)

잠재되어 있다는 것은 겉으로 드러나지 않고 숨겨져 있다는 뜻이에요. 우리가 인식하지는 못하지만 우리의 내면에 존재하고 있어 어느 순간 우리의 행동에 영향을 미치는 정신 상태를 말해요.

읽기 전 **비문학 사고력 UP**

다음 제시된 두 가지를 떠올려 보세요. 여러분은 어느 것이 더 금방 생각났나요?

☐ 어제 끝낸 숙제　　　　　☐ 오늘 해야 하는 숙제

#심리 용어

고1 9월 기출 변형

Before going to bed, take a moment to think about your day. Which do you remember more easily, the tasks you have completed or the ones you haven't? According to the Zeigarnik effect, we tend to remember incomplete tasks better. This is because the subconscious mind often reminds us of incomplete tasks until (a)they are finished. 5

In the 1920s, a psychologist named Bluma Zeigarnik wrote about the effect of leaving tasks unfinished. She noticed it while watching waiters in a restaurant. The waiters could easily remember orders while (b)they were serving them. They remembered the orders even when (c)they were very complicated. However, they had difficulty remembering the orders after 10 they finished serving (d)them.

Zeigarnik did further studies on this subject. She gave both adults and children puzzles to complete. Then she interrupted (e)them during some of the tasks. She found that both adults and children remembered incomplete tasks with interruptions better than the ones that they had completed. 15

읽은 후 **핵심 정리**

이 글의 중심 소재로 알맞은 것은 무엇일까요?

☐ complicated tasks　　　　　☐ the Zeigarnik effect

1 수능 유형

이 글의 요지로 가장 적절한 것은?

① 기억은 우리의 잠재의식에 저장된다.

② 수면 전 훈련으로 기억력을 강화할 수 있다.

③ 끝내지 못한 일이 끝마친 일보다 더 잘 기억난다.

④ 기억에 큰 영향을 미치는 것은 과제의 난이도이다.

⑤ 과제를 가끔씩 중단하는 것이 기억력 향상에 도움이 된다.

2 내신 유형

밑줄 친 (a)~(e)가 가리키는 대상이 바르게 연결되지 않은 것은?

① (a) : incomplete tasks　　　　　② (b) : the waiters

③ (c) : the orders　　　　　　　　④ (d) : the waiters

⑤ (e) : adults and children

3 내신 유형

이 글의 내용으로 보아, 빈칸 (A), (B)에 들어갈 말로 알맞게 짝지어진 것은?

> According to Zeigarnik's studies, we are likely to remember _____(A)_____ tasks
> with _____(B)_____ better.

(A)	(B)		(A)	(B)
① finished	····· orders		② ordered	····· waiters
③ unfinished	····· puzzles		④ complicated	····· difficulties
⑤ incomplete	····· interruptions			

비문학 **배경지식 UP**

┃ 우리가 인식하지 못하는 잠재의식의 영향력

우리의 행동은 모두 의식적인 것일까요? 여러 연구에 따르면, 외부 자극을 받아들이기에는 충분하지만 이 자극의 의미가 무엇인지를 파악하기에는 모자랄 만큼 아주 짧은 시간 동안 자극을 제시하면 상대가 의식하지 못한 채로 행동의 변화를 일으킬 수 있다고 합니다. 1959년 미국 심리학자 돈 바이른은 실험 대상자들에게 단편 영화를 보여주며 중간에 여러 번 'beef(소고기)'라는 단어를 0.005초 동안 보여주었어요. 그 후 영화를 다 본 사람들에게 얼마나 배가 고픈지 물었더니 단어에 노출된 대상자들이 훨씬 더 배가 고프다고 답했습니다. 이들이 눈치 채지는 못했지만 이들의 잠재의식에 beef라는 단어가 영향을 미친 것이지요. 그리고 이들은 이러한 잠재의식의 영향을 받아 더 배가 고프다고 느끼게 된 것입니다. 이는 우리가 의식하지 못할 뿐 잠재의식이 우리의 반응과 행동에 영향을 미치고 있다는 증거인 셈입니다.

Self-Study 노트

you ~ completed가 the tasks를 수식함　　ones: 앞에 나온 tasks를 대신함

1. Which do you remember more easily, / the tasks **you have completed** / or the **ones** you haven't?

⊘ _____

this is because ~: 이것은 ~ 때문이다　　　　　　　　　　remind A of B: A에게 B를 생각나게 하다

2. **This is because** / the subconscious mind often **reminds** us / **of** incomplete tasks / until they are finished.

⊘ _____

named ~: ~라는 이름의　　　　　　　　leave + 목적어 + 목적격보어(과거분사): ~을 …한 채로 두다

3. In the 1920s, / a psychologist **named** Bluma Zeigarnik / wrote about the effect / of **leaving tasks unfinished**.

⊘ _____

have difficulty + 동명사: ~하는 데 어려움을 겪다　　　　　　finish + 동명사: ~하는 것을 끝내다

4. However, / they **had difficulty remembering** the orders / after they **finished serving** them.

⊘ _____

give + 간접목적어 + 직접목적어: ~에게 …를 주다　　　puzzles를 수식하는 to부정사 (~할)

5. She **gave** both adults and children / puzzles **to complete**.

⊘ _____

자이가르닉 효과

	연구 1	연구 2
대상	식당의 1 _____ 들	어른들과 아이들
과제	주문 내오기	2 _____ 맞추기
완료되지 않은 일	아직 내오지 않은 주문	3 _____ 가 있어 끝내지 못한 과제
결론	◆ 우리는 4(완료된 / 완료되지 않은) 일을 5(완료된 / 완료되지 않은) 일보다 더 잘 기억한다. → 이유: 6 _____ 적인 마음이 일을 끝낼 때까지 계속해서 생각나게 하기 때문	

Technology 기술

이런 내용이
**수능·모의고사에
나왔어요!**

[저작권]　저작권의 보호를 받는 것은 아이디어의 표현임_'21학년도 수능

[컴퓨터]　인간의 창의성과 기계의 능력 사이의 경계는 계속해서 변화함_'20 고2 3월

[기술사]　기술 발전이 항상 편의성과 보안을 향상시키는 것은 아님_'22 고3 9월

　　　　　기술 발전의 이점에도 불구하고 사람들은 변화를 불편해 함_'19 고1 9월

[기술 용어]　현대 사회에서 알고리즘의 중요성_'22 고1 6월

기술
비문학 글 읽기

1 Digital Watermarks

✓ 지문 주요 어휘 학습

paper money	지폐
hidden	형 숨겨진 ← hide 동 숨다, 숨기다
appear	동 나타나다, 생기다
watermark	명 워터마크 ← 일부 종이를 빛에 비춰 보았을 때 보이는 투명무늬
prevent A from v-ing	A가 ~하는 것을 막다(방지하다)
copy	동 베끼다, 복제하다
include	동 포함하다
document	명 문서
protect	동 보호하다
copyright	명 저작권
logo	명 로고
source	명 출처 ← 사물이나 말 따위가 생기거나 나온 곳
mark	동 표시하다 ← 명 표시
owner	명 주인 ← own(소유하다) + er
cover	동 덮다
entire	형 전체의
visible	형 (눈에) 보이는 ← ↔ invisible 형 보이지 않는
remove	동 없애다, 제거하다
material	명 자료
illegally	부 불법적으로 ← ↔ legally 부 합법적으로
solve	동 해결하다, 풀다
share	동 공유하다, 함께 쓰다
track	동 추적하다, 뒤쫓다
effective	형 효과적인 ← effect 명 효과
means	명 수단, 방법

비문학 키워드 미리보기

copyright | 저작권

창작물을 만든 사람이 자신이 창작한 것에 대해 가지는 법적인 권리를 저작권이라고 해요. 저작권의 대상이 되는 저작물에는 음악, 미술, 문학과 같은 예술 작품이나, 영화나 비디오 같은 영상물, 소프트웨어와 같은 컴퓨터 프로그램 등이 포함돼요. 저작권은 창작물을 만든 사람의 노력과 가치를 인정하고, 그에 따른 권리를 보호하고자 하는 것이랍니다.

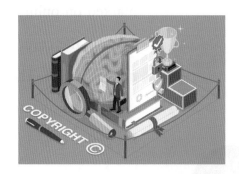

logo | 로고

회사나 기관 등의 조직이나 상품에 적용되는 특별한 디자인을 말해요. 원래는 글자로 디자인한 것을 의미했지만 현재는 상표나 브랜드를 나타내는 이미지도 포함해요. 제품이나 기업의 이미지를 쉽게 전달하고 호감을 주어 기억에 남기는 것이 그 목적이에요.

1

읽기 전 | 비문학 사고력 UP

165 words

다음 중 위조 지폐와 진짜 지폐를 구별하기 위한 장치나 방법을 모두 고르세요.

☐ 홀로그램　　　　☐ 워터마크　　　　☐ 컬러 인쇄

지문 듣기

#저작권

There's a secret on paper money. When you hold it up to light, a hidden image appears. (①) This is known as a "watermark." It prevents money from being copied.

Today, watermarks are also included in digital data, such as documents, images, audio, and videos. These digital watermarks are used to protect the ⁵ copyright of the data. (②) For example, you might see a logo or source marked on online images. They show the owners of the images. They are often at the corner or in the center, and sometimes they even cover entire images. (③) These are examples of visible watermarks.

However, some people try to remove watermarks to use the materials ¹⁰ illegally. (④) They are hidden and can be read only with a special program. If someone uses or shares the data without permission, their owners can track them using the hidden watermarks. (⑤) Whether ¹⁵ they are visible or not, watermarks are an effective means of protecting online copyrights.

▲ 워터마크가 있는 이미지　　　▲ 워터마크가 없는 이미지

읽은 후 | 핵심 정리

이 글의 중심 소재로 알맞은 것을 찾아 쓰세요.

❯ _____ _____

1 수능유형

이 글의 주제로 가장 적절한 것은?

① the difficulty of protecting online data

② special programs used to copy digital data

③ problems caused by sharing data with others

④ how to get permission to use someone else's data

⑤ special marks that protect copyrighted digital data

2 수능유형

글의 흐름으로 보아, 주어진 문장이 들어가기에 가장 적절한 곳은?

> To solve this problem, some data have invisible watermarks.

①   ②   ③   ④   ⑤

3 내신유형

이 글의 내용과 일치하면 T, 일치하지 않으면 F를 쓰시오.

(1) watermark는 지폐에서 발견할 수 있다. _____

(2) digital watermark는 자료의 일부분 또는 전체에 표시되어 있다. _____

(3) digital watermark는 특수한 프로그램을 이용해서만 확인할 수 있다. _____

비문학 배경지식 UP

▌왜 워터마크라고 부르는 걸까?

예전에는 종이를 만들 때 섬유질을 물(water)에 풀어 틀에 넣고 흔들어 얇게 만들어 모직 천 등에 대고 압축하는 과정을 거쳤어요. 이때 틀에 있는 작은 틈에 섬유질이 들어가면 종이가 다른 부분보다 도톰해지기도 하고, 틀의 튀어나온 부분 위에는 섬유질이 덜 남게 되어 다른 부분보다 종이가 얇아지게 됐어요. 이런 차이 때문에 종이를 만드는 과정에서 종이에 남게 되는 무늬(mark)가 생기게 된 것이죠. 이렇게 생긴 무늬를 워터마크(watermark)라고 불렀어요. 제지업자들은 이를 이용해 틀에 있는 얇은 철사를 구부려 왕관이나 검, 사자 등과 같은 고유한 무늬를 만들어 자신들이 만들었다는 것을 표시하기도 했어요. 이러한 워터마크는 중세 시대에는 기밀 문서에 보이지 않는 기호를 표시하기 위해 활용되기도 했답니다.

핵심 구문 100% 이해하기 힌트를 참고하여 주어진 문장을 바르게 직독직해 하세요.

prevent + 목적어 + from + 동명사: ~가 …하는 것을 막다(방지하다)

1. It **prevents** / money / **from being** copied.

❥ _____

marked ~ images가 a logo or source를 수식함

2. For example, / you might see a logo or source / **marked on online images**.

❥ _____

try + to부정사: ~하려고 애쓰다(노력하다)　　　　to부정사 (목적: ~하기 위해)

3. However, / some people **try to remove** watermarks / **to use** the materials illegally.

❥ _____

without: ~없이

4. If someone uses or shares the data / **without** permission, / their owners can track them / using the hidden watermarks.

❥ _____

whether ~ or not: ~이든 아니든　　　　　　　　　　　　　　　means of + 동명사: ~하는 수단

5. **Whether** they are visible **or not**, / watermarks are an effective **means** / **of protecting** online copyrights.

❥ _____

글의 내용 100% 이해하기 글의 내용에 맞게 다음 보기에서 알맞은 단어를 골라 빈칸에 쓰세요.

보기

owners	illegally	protect	removed	source	without

디지털 워터마크

목적	◆ to ¹_____ the copyright of digital data ◆ to show the ²_____ of digital data
눈에 보이는 워터마크	◆ a logo or ³_____ on online images ◆ marked on parts of the images or entire images ◆ sometimes can be ⁴_____
눈에 보이지 않는 워터마크	◆ hidden ◆ can't be read ⁵_____ a special program ◆ can help track those who use the data ⁶_____

2 Alan Turing

✅ 지문 주요 어휘 학습

see	통 알아보다
pass	통 통과하다, 합격하다
artificial intelligence	인공지능(AI) ⌐ 인간의 지능이 가지는 학습, 추리 등의 기능을 갖춘 컴퓨터 시스템
suggest	통 제안하다
mathematician	명 수학자 ⌐ mathematics 명 수학 mathematical 형 수학의
be born	태어나다
method	명 방법
come up with	~을 제안하다(생각해 내다)
universal	형 보편적인, 일반적인
concept	명 개념 ⌐ 어떤 사물이나 현상에 대한 일반적인 지식
essential	형 본질적인, 근본적인
modern	형 현대의, 근대의
government	명 정부
German	형 독일의 명 독일인 ⌐ Germany 명 독일
code	명 암호
unbreakable	형 해독할 수 없는 ⌐ un + break(풀다) + able
break	통 (암호 등을) 풀다; 깨다, 부수다
attack	명 공격
save	통 구하다
brilliant	형 (재능이) 뛰어난, 우수한
talented	형 (타고난) 재주가 있는 ⌐ talent 명 재주, 재능
inspire	통 영감을 주다 ⌐ 창조적인 일의 계기가 되는 기발한 생각을 하게 돕다

비문학 키워드 미리보기

mathematician | 수학자

mathematic(s) (수학) + ian

수학은 mathematics 또는 줄여서 math라고 해요.
여기에 사람을 뜻하는 -ian을 붙여 수학자를 나타내지요.
이와 비슷하게 -ist 또는 -er을 붙여 다음과 같이 어떤
과목이나 분야를 담당하는 사람 또는 연구하는 학자를
나타낼 수 있어요.

science(과학) → scientist(과학자)
politics(정치학) → politician(정치가)
economics(경제학) → economist(경제학자)
philosophy(철학) → philosopher(철학자)

code | 암호

통신의 내용을 제3자가 이해할 수 없는 글자나 부호,
숫자 등으로 변형한 것을 암호라고 해요. 영어로 '암호를
해독하다'는 break the code라고 말해요. 그래서
unbreakable code라고 하면 '해독할 수 없는 암호'라는
뜻이 되지요.

#컴퓨터

Have you heard of the "Turing test?" It is used to see if a computer can think like a human. If the computer passes the test, it is considered to have artificial intelligence. It was suggested by Alan Turing, a British mathematician and computer scientist.

5

Turing was born in 1912. He studied mathematics at the University of Cambridge. He tried to find an effective method for solving important mathematical problems. During his work, he came up with the idea for a "universal Turing machine." He imagined "one machine for all possible tasks," a concept that is essential to modern computers.

10

Turing also worked for the British government during *the Second World War. The German government used a special code machine called Enigma. The Germans thought its codes were unbreakable. However, Turing and other mathematicians _____. This helped stop attacks and save many lives.

15

▲Enigma

Turing was a brilliant code breaker and talented mathematician. Moreover, his ideas about computer science still inspire people who study artificial intelligence today.

*the Second World War 제2차 세계대전

읽은 후 | 핵심 정리

이 글에 언급된 Alan Turing의 직업이나 역할로 알맞은 것을 모두 고르세요.

☐ mathematician   ☐ computer scientist   ☐ code breaker

1 이 글의 제목으로 가장 적절한 것은?

① An Essential Concept for AI

② Why Are Computers Important?

③ The Father of Modern Computers

④ The Future of Artificial Intelligence

⑤ People Who Passed the Turing Test

2 Alan Turing에 관한 설명 중 이 글의 내용과 일치하지 <u>않는</u> 것은?

① 컴퓨터의 지능 여부를 판별할 수 있는 테스트를 제안했다.

② 영국 태생의 컴퓨터 과학자이다.

③ 대학에서 수학을 전공했다.

④ 오늘날 컴퓨터의 기반이 되는 기계를 구상했다.

⑤ 제2차 세계대전 때 Enigma라는 암호 생성 기계를 개발했다.

3 빈칸에 들어갈 말로 가장 적절한 것은?

① worked very hard   ② failed to pass the test

③ broke the Enigma code   ④ made the Enigma code famous

⑤ helped the German government

비문학 배경지식 UP

❙ 인공지능을 판별하는 튜링 테스트(Turing test)

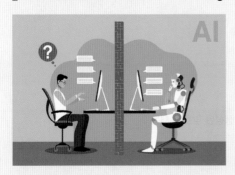

영국의 수학자 앨런 튜링은 1950년에 발표한 논문에서 '기계가 생각할 수 있을까?(Can machines think?)'라는 질문을 던지며 현재는 튜링 테스트라고 알려진 '이미테이션 게임(imitation game)'을 제안했어요. 이는 컴퓨터와 대화를 나누어 대화 상대가 사람인지 컴퓨터인지 구별할 수 없다면, 그 컴퓨터는 사고(think)할 수 있는 것으로 간주해야 한다는 개념이었죠. 튜링은 구체적인 실험 방법과 판별 기준을 제시하지는 않았지만 인공지능의 개념적 기반을 제공했습니다. 그는 2000년경이 되면 컴퓨터가 발달되어 일반인들이 5분 간 컴퓨터와 대화한 뒤 그것이 컴퓨터인지 아닌지 알아낼 수 있는 확률이 70%를 넘지 않을 것이라고 예견했어요. 하지만 아직까지 이 기준에 도달한 컴퓨터는 존재하지 않는답니다.

Self-Study 노트

to부정사 (목적: ~하기 위해) / if: ~인지   like: ~처럼
1. It is used **to see** / **if** a computer can think **like** a human.

❷ _____

that ~ computers가 a concept를 수식함
2. He imagined "one machine for all possible tasks," / a concept **that** is essential to modern computers.

❷ _____

called: ~라고 불리는
3. The German government used a special code machine / **called** Enigma.

❷ _____

help+(to) 동사원형: ~하는 것을 돕다 / stop attacks와 save many lives가 and로 연결됨
4. This **helped stop** attacks / and **save** many lives.

❷ _____

주어: his ideas ~ science   who ~ today가 people을 수식함
5. Moreover, / **his ideas about computer science** / still inspire people / **who** study artificial intelligence today.

❷ _____

글의 내용 100% 이해하기   글의 내용에 맞게 빈칸을 채우거나 맞는 것을 고르세요.

Alan Turing

직업 및 역할	업적
컴퓨터 과학자	◆ 튜링 테스트 개발 – 컴퓨터의 1_____ 여부 판별 가능
수학자	◆ 만능 튜링 기계 구상 – 모든 가능한 과제들을 위한 하나의 기계 – 현대 2_____의 기본이 되는 개념
암호 해독가	◆ 암호 해독 – 제2차 세계대전 당시 3(영국 / 독일) 정부를 도움 – 4(영국 / 독일)의 암호 생성 기계인 5_____로 생성된 암호를 해독

3 The QWERTY Keyboard

어휘 듣기

✅ 지문 주요 어휘 학습

type	통 타자 치다 명 종류, 유형
letter	명 글자
keyboard	명 (컴퓨터·타자기의) 키보드, 자판
alphabetical	형 알파벳 순서의 ⌐ alphabet 명 알파벳
order	명 순서 ⌐ 통 명령하다
row	명 열, 줄
frequently	부 자주, 흔히 ⌐ frequent (잦은, 빈번한) + ly
close to	~에 가까운
each other	서로
jam	통 움직이지 못하게 되다
typewriter	명 타자기
layout	명 배치 ⌐ 사람이나 사물을 일정한 자리에 나누어 둠
separate	통 (따로) 떼어놓다
key	명 글쇠 (자판을 이루는 하나하나의 건반)
by the time	~할 때쯤에는
electronic	형 전자의; 전자 장비와 관련된
develop	통 개발하다
be used to v-ing	~하는 것에 익숙하다
replace	통 바꾸다, 교체하다
remain	통 ~로 남아 있다
standard	명 기준, 표준

비문학 키워드 미리보기

type | 타자 치다; 종류, 유형

type는 명사로 '종류'나 '유형'을 뜻하기도 하지만, 동사로 '타자기나 키보드를 눌러 글자를 치다'를 뜻해요.
• I can **type** fast. 나는 타자를 빨리 칠 수 있다.
• a new **type** of car 새로운 유형의 차(=신형차)

typewriter | 타자기

지금은 컴퓨터 자판으로 문서를 작성하는 것이 흔하지만 과거에는 주로 타자기를 사용했어요. 글자가 새겨진 활자 막대가 종이를 쳐서 잉크가 찍히는 원리를 이용한 것이에요.

jam | 움직이지 못하게 되다

jam은 우리가 먹는 잼을 말하기도 하지만, 움직이거나 작동하지 못하게 되는 상태를 뜻하기도 해요. 프린터기에 종이가 끼거나 타자기의 활자 막대가 걸려 움직이지 않는 경우도 jam으로 표현해요.
• a traffic **jam** 교통 체증(=차가 많아 움직이지 못함)
• The printer keeps **jamming**. 프린터기에 종이가 계속 낀다.

▲ 타자기 활자 막대들의 엉킴 현상(jamming)

#기술사

고2 6월 기출 변형

When you're typing in English, you may notice that the letters on the keyboard are not in alphabetical order. This type of keyboard is called the QWERTY keyboard. The name comes from the first six letters on the top row of the keyboard.

The QWERTY keyboard was created in the 19th century. Before the QWERTY keyboard, some frequently used letters were ⓐ close to each other. This often led to *jamming when people used typewriters. The QWERTY layout ⓑ separated these keys (like E and O) to prevent them from jamming. By the time electronic typing was developed, millions of people had already learned to type on ⓒ QWERTY typewriters.

Since people were already used to using the QWERTY keyboard, most companies decided not to ⓓ keep it. As a result, the QWERTY layout ⓔ remains the standard on English-language keyboards today.

*jamming (타자기의 활자 막대들의) 엉킴 현상

읽은 후 | **핵심 정리**

이 글에서 QWERTY라는 이름의 유래를 설명한 문장을 찾아 밑줄 치세요.

1 수능 유형

이 글의 제목으로 가장 적절한 것은?

① The Return of Traditional Typewriters

② The Story Behind the Standard Keyboard

③ The Changing History of a Popular Keyboard

④ The Six Most Important Letters on the Keyboard

⑤ Where Did the QWERTY Keyboard Get Its Name?

2 내신 유형

다음은 이 글에 나온 전통적인 타자기의 문제점을 설명한 문장이다. 빈칸에 들어갈 말로 가장 적절한 것은?

> On traditional typewriters, the keys of some letters that _____ were close to each other. So when people typed, they often jammed.

① were vowels   *vowel 모음

② were replaced

③ were used a lot

④ were on the top row

⑤ looked similar to each other   *similar 비슷한

3 수능 유형

밑줄 친 ⓐ~ⓔ 중 문맥상 낱말의 쓰임이 적절하지 않은 것은?

① ⓐ   ② ⓑ   ③ ⓒ   ④ ⓓ   ⑤ ⓔ

비문학 배경지식 UP

▌스마트폰의 한글 자판은 어떤 형태일까?

우리는 이제 휴대전화의 문자나 메신저, 또는 이메일과 같이 자판을 이용해 입력한 디지털 글씨를 손글씨보다 더 많이 사용하게 되었어요. 그렇다면 우리가 사용하는 스마트폰 속 한글 자판에는 어떤 형태가 있을까요?

• **쿼티**: 컴퓨터 키보드에서 사용하는 자판 배열을 그대로 적용한 방식이에요. 컴퓨터를 자주 사용하는 사람이면 별도로 익힐 필요가 없다는 장점이 있지만 작은 화면에 자판이 들어가야 해서 오타가 많이 발생하는 편이에요.

• **천지인**: 삼성전자가 개발한 한글 자판 배열로, 피처폰(스마트폰이 등장하기 이전의 휴대폰)의 한글 자판 표준으로 사용되었어요. 천(·), 지(ㅣ), 인(ㅡ) 3개의 문자를 조합해서 모음을 만들어 내는 것이 특징이에요.

Self-Study 노트

힌트를 참고하여 주어진 문장을 바르게 직독직해 하세요.

1. When you're typing in English, / you may notice / that **the letters on the keyboard** / are not in alphabetical order.

   that절의 주어: the letters on the keyboard

   ⊘ _____

2. Before the QWERTY keyboard, / **some frequently used letters** / were **close to** each other.

   주어: some frequently used letters　*close to: ~에 가까운*

   ⊘ _____

3. The QWERTY layout separated these keys / (like E and O) / to **prevent** them **from jamming**.

   prevent + 목적어 + from + 동명사: ~가 …하는 것을 막다(방지하다)

   ⊘ _____

4. **By the time** electronic typing was developed, / **millions of** people had already learned / to type on QWERTY typewriters.

   by the time: ~할 때쯤에는　*millions of: 수백만의*

   ⊘ _____

5. **Since** people **were** already **used to using** / the QWERTY keyboard, / most companies decided not to replace it.

   since: ~이므로 (이유)　*be used to + 동명사: ~하는 것에 익숙하다*

   ⊘ _____

글의 내용 100% 이해하기 글의 내용에 맞게 다음 보기에서 알맞은 단어를 골라 빈칸에 쓰세요.

보기

alphabetical	separated	jamming	standard	close

QWERTY 이전 자판의 문제점	Some frequently used letter keys were [1] _____ to each other. → [2] _____ often occurred.

⌄

QWERTY 자판의 해결책	Some frequently used letter keys were [3] _____ from each other. → The letters on the keyboard are not in [4] _____ order.

⌄

QWERTY 자판의 영향	The QWERTY layout is the [5] _____ on today's keyboards.

4 Digital Natives

✅ 지문 주요 어휘 학습

youth	명 젊은이 ← 집합 명사로 복수 취급해요.
native	명 원주민, 현지인 형 태어난 곳의
age	명 시대
comfortable	형 편하게 생각하는; 편안한
device	명 기기, 장치
social media	소셜 미디어 ← 페이스북, 인스타그램과 같이 이용자들이 정보와 의견을 공유하기 위해 사용하는 온라인 플랫폼
mostly	부 대부분 ← most(대부분의) + ly
field	명 분야
education	명 교육
introduce	동 도입하다, 소개하다
gap	명 격차, 차이 ← between(사이의)과 함께 자주 쓰여요.
language	명 언어
process	동 처리하다 ← 명 처리, 과정
generation	명 세대
necessary	형 필요한
skill	명 기술

비문학 키워드 미리보기

native | 원주민, 현지인; 태어난 곳의

태어나고 자란 곳과 연관된 것을 말할 때 native라는 단어를 써요. 예를 들어, '모국어'는 native language, '모국어를 사용하는 사람'을 native speaker라고 하는 것이지요. 또 어떤 나라나 지역에서 태어나 살고 있는 사람이라는 의미로 '원주민'이나 '현지인'을 뜻하기도 해요.

generation | 세대

같은 시대에 살면서 문화와 의식을 공유하는 비슷한 연령층의 사람 전체를 가리키는 말이에요. 각각의 세대는 겪어 온 경험들이 다르기 때문에 하나의 사건을 서로 다른 관점으로 바라보는 경향이 있어요.

• generation gap 세대 차이

Reading

4

읽기 전 | 비문학 사고력 UP

디지털 원주민(digital natives)은 다음 중 어떤 사람들을 가리키는 말일까요?

□ 디지털 기기에 익숙한 사람들   □ 디지털 기기에 낯선 사람들

155 words

지문 듣기

#기술 용어

고2 3월 기출 소재

Today's youth are sometimes called "digital natives." This is because they were born in the digital age. So they are comfortable with technology and digital devices. They often use social media and find their information mostly online.

Interestingly, the term was first used in the field of education. In 2001, 5 an American writer named Marc Prensky introduced the idea of digital natives. He described the gap between teachers and students in using technology. He said that young people are "native speakers of a digital language." So they think and process information differently from the older generation. At that time, teachers were not as familiar with technology as 10 their students were.

Now things have changed. The use of technology in education has become more important, and teachers are helping students learn the necessary skills. So the term "digital 15 native" _____. But it can still help us understand young people's relationship with digital technologies.

읽은 후 | 핵심 정리

digital natives라는 용어가 처음 사용된 분야로 알맞은 것은 무엇일까요?

□ education   □ technology

1 수능 유형

빈칸에 들어갈 말로 가장 적절한 것은?

① is still correct   ② began to be used

③ has lost its power   ④ has a different meaning

⑤ became more popular

2 내신 유형

이 글에 따르면 digital natives의 특징으로 보기 어려운 것은?

① Nick: I use my tablet PC for taking notes.

② Amanda: I enjoy trying new digital devices.

③ Susie: I use books when I do my homework.

④ Kate: I keep my to-do lists on my cell phone.   *to-do list 해야 할 일의 목록

⑤ Jeff: I post my photos on my blog every week.   *post 올리다, 게시하다

3 서술형

이 글에서 digital natives를 설명하는 다른 표현을 찾아 쓰시오. (6단어)

_____

비문학 배경지식 UP

▌디지털 원주민인 Z세대는 누구일까?

Z세대(Generation Z 또는 Gen Z)는 밀레니얼 세대(1980년대 중반 ~1990년대 중반 사이에 태어난 세대)의 뒤를 잇는 세대예요. 밀레니얼 세대와 함께 묶어 'MZ세대'라고 불리기도 해요. 세대를 가르는 명확한 기준은 없지만 Z세대의 가장 큰 특징은 바로 이들이 디지털 원주민(digital natives)이라는 점이에요. 신기술에 민감하고, 소셜 미디어를 적극 활용하며, 온라인 구매 비중도 높아요. 이전 세대와 다르게 독립적이며 본인을 중요시하는 소비 패턴을 보이며, 텍스트로 글을 읽는 것보다는 이미지나 영상 컨텐츠를 선호하는 경향이 있습니다.

▌Z세대의 다음 세대는?

Z세대에 이어 2010년 이후에 출생한 세대는 알파 세대(Generation Alpha)라고 불러요. 그리스 알파벳의 첫 글자를 이용해 만들어진 용어지요. 이들은 Z세대의 이전 세대인 밀레니얼 세대의 자녀들로 스마트폰이 없는 세상은 상상도 할 수 없는 세대랍니다.

Self-Study 노트

this is because: 이것은 ~ 때문이다　　be born: 태어나다
1. This is because / they **were born** in the digital age.

◉ _____

named ~: ~라는 이름의　　　　　　　　　　of: ~라는 (동격)
2. In 2001, / an American writer **named** Marc Prensky / introduced the idea / **of** digital natives.

◉ _____

gap between A and B: A와 B 사이의 격차　　　　in + 동명사: ~하는 데 있어서
3. He described the gap / between teachers **and** students / **in using** technology.

◉ _____

not as … as ~: ~만큼 …하지 않은 / be familiar with: ~에 익숙하다.
4. At that time, / teachers **were not as familiar / with** technology / **as** their students were.

◉ _____

help + 목적어 + 목적격보어(동사원형): ~가 …하는 것을 돕다　　relationship with: ~와의 관계
5. But it can still help / us understand / young people's **relationship with** digital technologies.

◉ _____

디지털 원주민 (digital natives)

정의	디지털 시대에 태어난 사람들 (디지털 ¹_____의 원어민)
특징	◆ 디지털 ²_____ 사용에 익숙하고 소셜 미디어를 자주 사용함 ◆ 기존 세대와 다르게 생각하고 다른 방식으로 ³_____를 처리함
유래	◆ 2001년에 미국인 작가 Marc Prensky가 도입함 ◆ ⁴_____ 분야에서 처음 사용됨 (기술 사용에 있어서의 교사들과 학생들 간의 ⁵_____를 설명함)
의의	젊은이들이 디지털 기술과 맺고 있는 관계를 이해하는 데 도움이 됨

Environment 환경

이런 내용이
수능·모의고사에
나왔어요!

[에너지] 사람의 움직임에 의해 생성되는 에너지를 모으는 에너지 수확_'23 고3 3월
재생 가능한 에너지원 또한 환경에 영향을 미침_'20 고1 11월

[기후 변화] 환경 문제를 미래의 일로 생각해 기후 변화 대응에 실패함_'22 고1 6월

[소비] 화석 연료 산업이나 패션 산업은 우리의 소비로 인해 발생함_'21 고1 11월
구매하고 사용하지 않은 것은 돈과 시간의 낭비이자 쓰레기임_'21 고1 3월
많은 휴대전화가 최신이 아니라는 이유로 e-waste가 되고 있음_'20 고1 9월

환경
비문학 글 읽기

1 Active and Passive Houses

✓ 지문 주요 어휘 학습

active	혱 능동적인, 적극적인
passive	혱 수동적인, 소극적인
similar	혱 비슷한
aim to-v	~하는 것을 목표로 하다
efficient	혱 효율적인 ← energy-efficient 에너지 효율이 좋은, 연비가 좋은
reduce	동 줄이다
impact	명 영향
indoor	혱 실내의, 실내용의 ← indoors 부 실내에서, 실내로
condition	명 (생활) 환경; 상태
approach	명 접근법 ← 동 다가가다, 접근하다
achieve	동 달성하다, 성취하다
design	동 설계하다 명 설계법, 디자인
renewable energy	재생 가능 에너지
allow A to-v	A가 ~하도록 (허용)하다
daylight	명 (낮의) 햇빛, 일광
pleasant	혱 쾌적한
highly	부 대단히, 매우 ← '높게'라는 의미가 아니에요. '높게'와 '높은'은 모두 high를 써요.
along with	~와 더불어, ~에 덧붙여
airtight	혱 밀폐된
feature	명 특징, 특색 ← 동 특징으로 삼다
enable A to-v	A가 ~하는 것을 가능하게 하다
consistent	혱 한결 같은, 일관된
effectively	부 효과적으로 ← effective 혱 효과적인
block	동 막다
minimize	동 최소화하다 ← minimum 명 최소치, 최소한도
loss	명 손실 ← lose 동 잃다
trap	동 가두다

renewable energy
재생 가능 에너지

재생 가능 에너지는 고갈되지 않는 자연의 자원을 사용해 생산할 수 있는 에너지예요. solar panel(태양 전지판)을 이용해 햇빛을 전기 에너지로 바꾸어 사용하는 태양광 에너지나 wind turbine(풍력 발전용 터빈)을 이용한 풍력 에너지, 물의 움직임을 이용한 수력 에너지 등이 있어요.

wind turbine

solar panel

airtight | 밀폐된
air(공기) + tight(꽉 조이는)

공기가 샐 틈이 없이 꼭 막히거나 닫혀 있는 것을 의미해요. 밀폐용기(airtight container)의 뚜껑을 닫으면 공기가 통하지 않게 되는 것이 그 예예요.

#에너지

Have you heard of active houses and passive houses? Although they may sound very different, they are actually quite similar. Both types of houses aim to be energy-efficient, reduce their environmental impact, and provide comfortable indoor conditions. However, they take different approaches to achieve these goals. 5

Active houses are designed to produce the energy that they use. To do this, they use renewable energy systems such as solar panels or wind turbines. Active house designs also allow more daylight and fresh air to enter. So they create healthier and more pleasant indoor conditions.

Passive houses, on the other hand, focus on reducing energy use. They 10 have highly *insulated walls and roofs, along with airtight designs. These features enable them to keep their temperature consistent. During the summer, these houses effectively block the heat from outside, so they stay cool inside. In winter, they can minimize heat loss by trapping the heat indoors. Because of this, they don't need much heating. 15

*insulated 단열(물체와 물체 사이에 열이 서로 통하지 않도록 막음) 처리가 된

읽은 후 **핵심 정리**

이 글의 내용을 바탕으로 빈칸에 알맞은 것을 고르세요.

❯ Active houses (produce / reduce) the energy that they use, while passive houses (produce / reduce) the energy that they use.

1

이 글의 주제로 가장 적절한 것은?

① how cooling and heating work in houses
② two different types of energy-efficient houses
③ things that two types of houses have in common
④ different approaches to finding the perfect house
⑤ important things to consider when building houses

2

밑줄 친 these goals를 설명한 다음 문장의 빈칸에 알맞은 말을 보기에서 골라 쓰시오.

보기

| airtight | comfortable | daylight | energy | environment |

(1) Both types of houses are designed to use _____ more efficiently.

(2) Both types of houses are designed to do less harm to the _____.

(3) Both types of houses are designed to make us feel _____ indoors.

3

active houses와 passive houses에 관한 설명 중 이 글의 내용과 일치하지 않는 것은?

Active Houses	Passive Houses
① 재생 가능한 에너지를 생산하여 이용한다.	③ 에너지 소비를 줄이는 쪽으로 설계되었다.
② 많은 햇빛과 신선한 공기가 실내로 들어오도록 설계되었다.	④ 외부의 기온에 맞춰 실내 온도가 변동되도록 설계되었다.
	⑤ 겨울에 많은 난방이 필요하지 않다.

비문학 배경지식 UP

┃독특한 외관의 친환경 건축물, 런던 시청

여러분은 유리로 된 달걀처럼 생긴 런던 시청 건물을 알고 있나요? 영국의 건축가 노먼 포스터가 설계한 이 건물은 독특한 외관뿐만 아니라 에너지 절약을 실천하는 친환경 시스템이 적용되어 있는 건물로도 유명합니다. 기울어진 달걀 형태의 런던 시청 건물은 네모난 육면체 건물에 비해 표면적이 줄어들어 에너지 사용을 약 25%까지 감소시켰어요. 유리 외벽으로 자연 채광은 최대한 확보하면서, 직사광선을 피할 수 있게 남쪽으로 기울어져 있어 자연적으로 그늘이 생기면서 실내 온도를 낮추는 효과를 갖고 있죠. 또한 지붕에는 태양 전지판을 설치해 태양광 에너지를 이용하고 있어요. 이런 특징들은 런던 시청의 탄소 배출을 낮추는 데 큰 역할을 하죠. 거기에 더해 건물 냉난방에도 지하수나 외부의 열과 같은 천연 자원을 활용하고 있습니다. 이쯤 되면 런던의 또 하나의 랜드마크이자 에너지 효율성을 갖춘 친환경 건축물이라 할 수 있겠죠?

Self-Study 노트

힌트를 참고하여 주어진 문장을 바르게 직독직해 하세요.

aim + to부정사: ~하는 것을 목표로 하다 · aim to 뒤에 be ~, reduce ~, provide ~가 and로 연결됨
1. Both types of houses **aim** / **to be** energy-efficient, / **reduce** their environmental impact, / and **provide** comfortable indoor conditions.

❯ _____

be designed + to부정사: ~하도록 설계되다 · that they use가 the energy를 수식함
2. Active houses **are designed to produce** the energy / **that** they use.

❯ _____

allow + 목적어 + to부정사: ~가 …하도록 (허용)하다
3. Active house designs also **allow** / more daylight and fresh air / **to enter**.

❯ _____

enable + 목적어 + to부정사: ~가 …하는 것을 가능하게 하다 / keep + 목적어 + 목적격보어(형용사): ~을 …하게 유지하다
4. These features **enable** / them / **to keep** their temperature **consistent**.

❯ _____

by + 동명사: ~함으로써 (수단, 방법)
5. In winter, / they can minimize heat loss / **by trapping** the heat indoors.

❯ _____

글의 내용에 맞게 다음 보기에서 알맞은 단어를 골라 빈칸에 쓰세요.

보기

| airtight | consistent | produce | pleasant | reduce | renewable |

종류	Active Houses	Passive Houses
공통점	Both have the same goals.	
차이점	They take different approaches to achieve the goals.	
	◆ 1 _____ energy – use 2 _____ energy systems – get more daylight and fresh air → make indoor conditions healthier and more 3 _____	◆ 4 _____ energy use – have highly insulated walls and roofs, and 5 _____ designs → keep the indoor temperature 6 _____

2 Polar Vortex

어휘 듣기

✓ 지문 주요 어휘 학습

recently	분 최근에 ← recent 형 최근의
urgent	형 긴급한, 시급한
global	형 세계적인, 지구의
region	명 지역
used to-v	(예전에) ~이었다, ~하곤 했다
mild	형 온화한, 포근한
severe	형 혹독한
extreme	형 극단적인, 극심한
threaten	동 위협하다, 위태롭게 하다
unstable	형 불안정한 ← un + stable(안정된)
polar	형 극지방의 ← pole 명 (지구의) 극
band	명 띠
form	동 형성되다
the North Pole	북극 ← ↔ the South Pole 남극
stable	형 안정된, 안정적인
tightly	분 단단히, 꽉 ← tight 형 단단한, 꽉 조이는
lock in	~을 가두다
weak	형 약한, 힘없는 ← weaken 동 약해지다
wavy	형 구불구불한, 물결 모양의 ← wave 명 물결, 파도
Arctic	형 북극의, 북극 지방의
drop	동 내려가다, 떨어지다
below	전 ~ 이하(아래)로
southern	형 남쪽의 ← south 명 남쪽 형 남쪽에 있는

비문학 키워드 미리보기

threaten ┃ 위협하다, 위태롭게 하다

threat(위협, 위험) + en

명사 threat에 -en을 붙여 동사가 된 형태예요.

• Extreme weather **threatens** lives on Earth.
  극단적인 날씨는 지구상의 생명들을 위협한다.

polar ┃ 극지방의

지구의 북쪽 끝과 남쪽 끝을 각각 the North Pole(북극)과 the South Pole(남극)이라고 부르는 것을 알고 있지요? 이와 같이 지구의 극을 영어로는 pole이라고 하며, 북극이나 남극 지방과 관련된 것을 의미할 때는 polar를 써요. 그래서 북극곰을 polar bear라고 해요.

다음 중 지구 온난화로 인해 일어나는 현상은 무엇일까요?

☐ 엘니뇨 ☐ 오로라 ☐ 미세먼지

지문 듣기

#기후 변화

Recently, changing weather has become one of the most urgent global issues. Regions that used to ⓐ |have / having| milder winters are now experiencing severe cold and heavy snow. This extreme weather threatens people's lives.

The cause is an unstable *polar vortex. The polar vortex is a powerful band of winds that ⓑ |form / forms| near the North and South Poles. It has some of the coldest air on Earth. When the polar vortex is stable, strong moving winds known as the **jet stream tightly lock in the cold air. However, as global temperatures have risen, the vortex near the North Pole has become unstable and weak. When this happens, it can cause the jet stream ⓒ |have / to have| a wavier shape. Then warm air moves to the north, while cold Arctic air spreads to the south. As a result, temperatures dropped below −50°C in some parts of the United States in 2022. These cold temperatures even affected southern areas including Florida.

5

10

*polar vortex 극 소용돌이 **jet steam 제트 기류(좁고 수평으로 부는 강한 공기의 흐름)

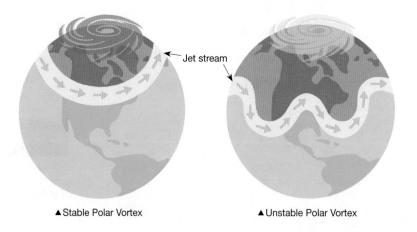

▲Stable Polar Vortex ▲Unstable Polar Vortex

읽은 후 | **핵심 정리**

이 글에 언급된 기상 이변의 원인은 무엇일까요?

☐ a stable polar vortex ☐ an unstable polar vortex

수능 유형

1 이 글의 제목으로 가장 적절한 것은?

① The Polar Vortex: What Is Causing It?
② It's Time to Save the North and South Poles
③ The Polar Vortex: The Cause of the Jet Stream
④ The Jet Stream: Strong Winds Near the North Pole
⑤ Colder Winters: The Result of a Weakened Polar Vortex

수능 유형

2 이 글의 ⓐ~ⓒ에 들어갈 말로 어법상 알맞게 짝지어진 것은?

	ⓐ	ⓑ	ⓒ
①	have	form	to have
②	have	forms	have
③	have	forms	to have
④	having	forms	to have
⑤	having	form	have

수능 유형

3 polar vortex에 관한 설명 중 이 글의 내용과 일치하지 <u>않는</u> 것은?

① 극지방에서 형성된다.
② 가장 차가운 공기로 이루어져 있다.
③ 안정되어 있을 때, 제트 기류로 인해 찬 공기가 주위로 퍼진다.
④ 지구 온난화로 인해 북극 지방의 소용돌이가 불안정해졌다.
⑤ 약해지면 제트 기류의 형태를 변화시키는 원인이 된다.

비문학 **배경지식 UP**

▌하늘에 있는 공기의 강, 제트 기류

제트 기류는 지상으로부터 1만 미터 높이에서 좁고 수평으로 부는 강한 공기의 흐름으로, 풍속은 보통 100~250 km/h에서 최대 500 km/h에 이릅니다. 우리가 살고 있는 북반구에서는 서쪽에서 동쪽으로 흐르는 제트 기류가 지구의 대기를 잘 섞어주는 역할을 합니다. 제트 기류는 항공사에서 활용하기도 하는데, 이는 항공기가 다니는 비행 높이에서 제트 기류가 흐르기 때문입니다. 비행할 때 제트 기류를 이용하면 뒤에서 바람이 밀어주기 때문에 비행 시간을 1~2시간 이상 단축할 수 있어 연료도 덜 들고 빠른 시간 안에 도착할 수 있어요. 예를 들어 서쪽에서 동쪽으로 흐르는 제트 기류를 활용하면 인천에서 미국 로스앤젤레스로 비행할 때 약 10시간 35분이 소요됩니다. 반대로 돌아올 때는 제트 기류의 영향을 피하기 위해 항로를 북쪽으로 이동해 북극 항로를 이용하는데, 이 경우 13시간 10분이 소요되어, 약 2시간 이상 차이가 나게 됩니다.

Self-Study 노트

핵심 구문 100% 이해하기　힌트를 참고하여 주어진 문장을 바르게 직독직해 하세요.

one of the + 최상급 + 복수명사: 가장 ~한 … 중 하나

1. Recently, / changing weather has become / **one of the most urgent** global **issues**.

❯ _____

that ~ winters가 Regions를 수식함 / used to + 동사원형: (예전에) ~했었다, ~하곤 했다

2. Regions **that used to** have milder winters / are now experiencing severe cold and heavy snow.

❯ _____

that ~ Poles가 a powerful band of winds를 수식함

3. The polar vortex is a powerful band of winds / **that** forms near the North and South Poles.

❯ _____

known as: ~로 알려진

4. When the polar vortex is stable, / strong moving winds / **known as** the jet stream / tightly **lock in** the cold air.　lock in: ~을 가두다

❯ _____

cause + 목적어 + to부정사: ~가 …하게 만들다

5. When this happens, / it can **cause** / the jet stream / **to have** a wavier shape.

❯ _____

글의 내용 100% 이해하기　글의 내용에 맞게 빈칸을 채우거나 맞는 것을 고르세요.

> 극 소용돌이

> 북극과 남극 근처에서 형성되는 강력한 [1]_____의 띠

[2](안정적인 / 불안정한) 극 소용돌이

♦ 제트 기류가 [3]_____ 공기를 내부에 가둠

[4](안정적인 / 불안정한) 극 소용돌이

♦ 제트 기류가 [5]_____ 모양이 됨

→ 찬 공기가 [6]_____으로 퍼짐

⇒ 기후 변화 (극심한 추위와 폭설)

3 Green Friday

어휘 듣기

✓ 지문 주요 어휘 학습

a kind of	일종의
unofficial	형 비공식적인 ← un + official(공식적인)
holiday	명 휴일; 휴가
signal	동 신호를 보내다, 알리다
season	명 (특정 활동이 행해지는) 철, 시즌
offer	동 제공하다; 제의하다
discounted	형 할인된 ← discount 명 할인 동 할인하다
be crowded with	~로 붐비다
criticize	동 비판하다
encourage	동 권장하다, 장려하다 ← 권하고 북돋아 주다
overconsumption	명 과소비
movement	명 운동 ← 어떤 목적을 이루려고 힘쓰는 활동
raise awareness	의식을 높이다 ← 사회적 문제에 대한 의견이나 사상을 알리다
carbon emissions	탄소 배출
ship	동 배송하다
item	명 물품
overpackaging	명 과잉 포장
mindset	명 사고방식
as ~ as possible	가능한 한 ~하게
prevent	동 막다, 방지하다
damage	명 손상, 훼손
even if	(비록) ~라고 할지라도
participate in	~에 참여하다
significant	형 중요한, 커다란

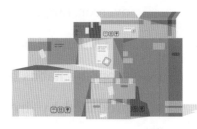

#소비

고2 9월 기출 변형

Since the early 1980s, Black Friday has been a kind of unofficial U.S. holiday. It signals the start of the Christmas shopping season. Many stores offer discounted prices, and streets are crowded with people and cars. But in recent years, many have criticized Black Friday, saying it encourages overconsumption. As a result, a movement called Green Friday has begun. ⁵

This movement aims to raise awareness about the impact of people's shopping habits during the holiday season. Think of the carbon emissions produced by driving to the mall and shipping millions of items. Also (overpackaging, produced, consider, the plastic waste, by). Green Friday

is about changing our mindset from buying as much as ¹⁰ possible to finding other ways to give gifts. For example, we can give homemade gifts. This will help prevent further damage to the Earth.

Even if only a few people participate in Green Friday, it can make a significant difference in ¹⁵ protecting the environment.

읽은 후 **핵심 정리**

이 글의 중심 소재로 알맞은 것은 무엇일까요?

☐ Black Friday   ☐ Green Friday

수능 유형

1 이 글의 주제로 가장 적절한 것은?

① a movement against Black Friday
② ideas for enjoying the holidays more
③ smart ways to spend less when buying gifts
④ impacts of carbon emissions on the environment
⑤ why Green Friday is less popular than Black Friday

내신 유형

2 Green Friday에 동참하고 있는 사례로 가장 알맞은 것은?

① Mary: 크리스마스 때는 할인을 많이 해서 쇼핑하기에 최고야.
② Henry: 주말에는 혼잡하니 평일에 쇼핑하러 가자.
③ Jason: 무료 사은품을 받기 위해 상품을 좀 더 구매해야 겠어.
④ Amy: 선물을 사러 가기 전에 인터넷으로 가격을 비교하는 것이 현명해.
⑤ Kate: 이번에는 가게에서 선물을 사는 대신 직접 만들어 봤어.

서술형

3 밑줄 친 우리말과 일치하도록 이 글의 괄호 안의 단어를 바르게 배열하시오.

또한 과잉 포장으로 인해 발생하는 플라스틱 쓰레기를 고려해 보라.

Also _____.

비문학 배경지식 **UP**

즐거운 쇼핑은 누군가의 불행?

블랙 프라이데이(Black Friday)는 미국에서 추수감사절(Thanksgiving Day) 다음 날인 금요일을 말해요. 이날부터 일 년 중 가장 큰 폭으로 할인 판매가 이루어져 곧 다가올 크리스마스를 위한 쇼핑 시즌이 시작되는 것이지요. 이 용어는 1960년대 미국 필라델피아 경찰들이 먼저 사용했다고 해요. 많은 관광객들이 추수감사절에 도시로 여행을 오고, 토요일에 있는 미식 축구 경기의 인파까지 겹쳐 교통 혼잡, 많은 사건 사고로 평소보다 더 힘든 날을 겪어야 해서 부정적인 의미를 담아 Black Friday로 불렸던 것이죠. 이후 black이라는 표현은 이 날 많은 사람들이 쇼핑을 시작해 매출이 크게 올라 상점들이 장부에 적자(in the red) 대신 흑자(in the black)로 기록하게 되는 날이라는 의미로 더 많이 쓰이게 되었어요.

Self-Study 노트

since: ~부터, ~ 이래로   a kind of: 일종의

1. **Since** the early 1980s, / Black Friday has been **a kind of** unofficial U.S. holiday.

⊙ _____

aim to + 부정사: ~하는 것을 목표로 하다

2. This movement **aims to** raise awareness / about the impact of people's shopping habits / during the holiday season.

⊙ _____

produced ~ items는 the carbon emissions를 수식함   millions of: 수백만의

3. Think of the carbon emissions / **produced** by driving to the mall / and shipping **millions of** items.

⊙ _____

from A to B: A에서 B로   as ~ as possible: 가능한 한 ~하게

4. Green Friday is about changing our mindset / **from** buying **as much as possible** / **to** finding other ways / **to give** gifts.   other ways를 수식하는 to부정사(~하는)

⊙ _____

only a few: 몇 안 되는   participate in: ~에 참여하다

5. Even if **only a few** people **participate in** Green Friday, / it can make a significant difference / **in protecting** the environment.   in + 동명사: ~하는 데 있어서

⊙ _____

블랙 프라이데이		그린 프라이데이	
특징	크리스마스 쇼핑 시즌의 시작	시작	블랙 프라이데이에 대한 반발

문제점	◆ 1_____를 부추김
	 ◆ 환경에 나쁜 영향
	    – 쇼핑몰까지 운전과 물품 배송으로 인한 2_____ 배출 문제
	    – 과잉 포장으로 인한 3_____ 쓰레기
		목표	쇼핑 습관이 환경에 미치는 영향에 대한 4_____을 높이는 것

		지향점	지구에 더 이상의 5_____을 입히지 않는 것

4 Freshness

Reading **4 Freshness**

어휘 듣기

✅ 지문 주요 어휘 학습

freshness	명 신선함, 신선도 ← fresh(신선한)+ness
marketing	명 마케팅 ← 제품을 소비자에게 판매하는 데 필요한 기획, 광고 등의 활동
demand	명 요구, 수요 ← 동 요구하다
cost	명 대가; 비용
produce	명 농작물, 농산물
all year round	일년 내내
consumption	명 소비
greenhouse	명 온실
consume	동 소비하다
amount	명 양
store	동 저장하다 명 가게, 상점
reach	동 ~에 이르다(도달하다)
furthermore	부 뿐만 아니라, 더욱이
waste	명 쓰레기 동 낭비하다
label	명 표, 라벨
provider	명 제공자, 공급자 ← provide(제공하다)+(e)r
activist	명 운동가, 활동가
argue	동 주장하다
order	동 주문하다 ← 명 주문
empty	형 비어 있는 ← ↔ full 형 가득 찬
space	명 공간
shelf	명 선반

비문학 키워드 미리보기

produce | 농작물, 농산물

produce는 동사로 '생산하다'라는 뜻으로 사용됩니다. 명사로 사용될 때는 특히 농업을 통해 생산된 것, 즉 '농작물'이나 '농산물'을 뜻해요.
- **produce** products 제품을 생산하다
- local **produce** 지역 농산물

activist | 운동가, 활동가

active(적극적인)+ist
정치·사회적인 변화를 이끌어 내기 위해 적극적으로 활동하는 사람을 의미해요. 특정한 목적을 가진 조직에 소속되어 있기도 해요.
- an environmental **activist** 환경 운동가
- a human rights **activist** 인권 운동가

4

169 words

다음 중 환경에 가장 해로운 영향을 미치는 것은 무엇일까요?

☐ 제철 농산물 이용   ☐ 지역 농산물 이용   ☐ 비닐하우스 재배 농산물 이용

지문 듣기

#소비

고1 9월 기출 변형

When buying fruit or vegetables, many people think freshness is important. The term freshness is often used in food marketing because it sounds ⓐclose to nature. However, the demand for freshness _____ .

Firstly, the demand for fresh produce all year round can increase ⁵ energy consumption. For example, many greenhouses are used in cold areas to grow fresh fruit and vegetables. Keeping temperatures warm in these greenhouses ⓑconsume a huge amount of energy. A lot of energy is also used to store produce. It needs to ⓒbe kept fresh until it reaches supermarkets. Furthermore, the demand for freshness has led to worries ¹⁰ about food waste. ⓓUsing "best before" or "sell by" labels gives food providers or supermarkets permission ⓔto waste food. Making too much food is also a serious problem. Environmental activists argue that stores order more fresh sandwiches than they can sell. They do this simply because they don't want any empty space ¹⁵ on their shelves. Unfortunately, it leads to a large amount of waste.

이 글의 중심 소재로 알맞은 것은 무엇일까요?

☐ the demand for freshness   ☐ the importance of freshness

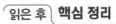

수능 유형

1 이 글의 요지로 가장 적절한 것은?

① 안전한 먹거리를 위해 유통 기한을 바르게 표기해야 한다.

② 식재료를 신선하게 유지하기 위해 더 많은 노력이 필요하다.

③ 제품의 신선도를 강조하는 것은 성공적인 마케팅에 필수적이다.

④ 먹거리의 신선함에 대한 요구가 에너지와 음식 낭비를 가져온다.

⑤ 음식 낭비를 방지하기 위해서는 상품의 양보다 질에 집중해야 한다.

수능 유형

2 빈칸에 들어갈 말로 가장 적절한 것은?

① is growing faster than ever

② can have environmental costs

③ increases the amount of energy

④ led to improvements in our health

⑤ introduced new products to markets

수능 유형

3 밑줄 친 ⓐ~ⓔ 중 어법상 틀린 것은?

① ⓐ   ② ⓑ   ③ ⓒ   ④ ⓓ   ⑤ ⓔ

비문학 | **배경지식 UP**

유통 기한이 지난 것을 먹어도 될까?

유통 기한은 제조사와 유통사에서 식품을 제조·포장한 후 판매할 수 있는 기한이에요. 보통 품질이 유지되는 총 기간의 60~70%로 설정되며 제품이 변질된 채 유통되는 것을 막고자 도입된 제도예요. 반면, 소비 기한은 적절한 보관법을 따랐다면 소비자가 식품을 섭취해도 건강과 안전에 문제가 없는 기한이에요. 간단히 말하면 유통 기한이 지났어도 소비 기한이 지나지 않았다면 먹어도 되지만, 소비 기한이 지난 음식은 반드시 폐기해야 합니다.

우리나라는 2023년부터 유통 기한 대신 식품의 소비 기한을 표시하는 제도를 시행하기 시작했어요. 소비 기한 표시제는 유통 기한이 지났다는 이유로 버려지던 수많은 음식 폐기물이 줄어들어 자원의 낭비를 막고, 환경을 보호하는 데 큰 도움이 된다는 장점을 가지고 있습니다.

The term과 freshness는 동격(~라는)　　　　　　　　　　　　　　　sound + 형용사: ~하게 들리다

1. **The term freshness** is often used in food marketing / because it **sounds close** to nature.

❷ _____

주어: Keeping ~ greenhouses(동명사구: ~하는 것은) / keep + 목적어 + 목적격보어(형용사): ~을 …하게 유지하다

2. **Keeping temperatures warm** / in these greenhouses / consumes a huge amount of energy.

❷ _____

to be kept: 유지되는 것

3. It needs **to be kept** fresh / until it reaches supermarkets.

❷ _____

주어: Using ~ labels(동명사구: ~하는 것은)　　　give + 간접목적어 + 직접목적어: ~에게 …를 주다

4. **Using** "best before" or "sell by" labels / **gives food providers or supermarkets** / permission
   to waste food.　permission을 수식하는 to부정사(~할)

❷ _____

more + 명사 + than: ~보다 많은 (명사)

5. Environmental activists argue / that stores order **more** fresh sandwiches / **than** they can
   sell.

❷ _____

보기

| waste | energy | order | greenhouses | store |

신선함에 대한
요구로 인해 발생하는
문제점

문제점 1
- ◆ consumes a lot of [1] _____
  - to grow fresh produce in warm [2] _____
  - to [3] _____ fresh produce

문제점 2
- ◆ leads to a large amount of food [4] _____
  - supermarkets waste food that is past its sell-by date
  - stores [5] _____ more food than they can sell

UNIT **8**

Humanities
& Social Studies 인문·사회

이런 내용이
**수능·모의고사에
나왔어요!**

1 Smishing

✅ 지문 주요 어휘 학습

package	명 소포
delivery	명 배달 ⌐ deliver 동 배달하다
confirm	동 확인해 주다
text message	문자 메시지
normal	형 평범한, 정상적인
scam	명 사기
short for	~의 줄임말인
typically	부 보통, 일반적으로 ⌐ typical 형 일반적인
occur	동 일어나다, 발생하다
well-known	형 잘 알려진, 유명한 ⌐ =famous
ask A to-v	A에게 ~하도록 요청(요구)하다
link	명 (컴퓨터) 링크
update	동 갱신하다 ⌐ 가장 최근의 정보로 바꾸다
coupon	명 쿠폰
steal	동 훔치다
personal	형 개인의, 개인적인
information	명 정보
receive	동 받다
identify	동 확인하다, 알아보다
shorten	동 짧게 하다, 단축하다 ⌐ short(짧은)+en
suspicious	형 의심스러운, 수상한

비문학 키워드 미리보기

scam | 사기

사람들로부터 개인 정보 등을 빼내어 금품 등을 가로채는 범죄 수법으로, 오늘날에는 전화나 문자, 이메일을 통해 이루어지는 경우가 많아요.

personal information
개인 정보

개인의 신분, 재산, 사회적 지위 등에 관해 알 수 있는 모든 정보들을 말해요. 이름, 주민등록번호, 주소뿐만 아니라 학력이나 소득, 은행 거래 내역, 건강 상태 등도 개인 정보에 해당한답니다.

사기를 목적으로 한 전화나 문자, 이메일을 받아 본 적이 있나요? 그런 것들을 받았을 때, 어떤 점을 조심해야 할까요?

#사회 문제

"Your package is ready for delivery. Please confirm your address." Have you ever gotten a text message like this? It may seem ⓐ normal / normally, but it could be a type of scam called smishing.

"Smishing" is short for "SMS *phishing." Phishing typically occurs over email, but smishing uses SMS(short message service). Phishing emails and smishing messages seem to be from banks or well-known companies. They ask you ⓑ click / to click on a link to update your bank information or get a coupon. But the link leads to a phishing website designed to steal your personal information.

Text messaging has become popular, so more people are receiving smishing messages. It can be difficult to identify these messages, as the sender's phone number may be hidden. Also, smishing messages often

include shortened links. So it is hard to know whether the links are safe. Therefore, it is important to avoid ⓒ clicking / to click any links in text messages that seem suspicious.

*phishing 피싱 사기(인터넷·이메일 등을 통해 개인 정보를 알아내어 그들의 돈을 빼돌리는 사기)

읽은 후 | 핵심 정리

이 글의 중심 소재로 알맞은 것을 찾아 쓰세요.

> ＿＿＿＿＿＿＿＿＿＿＿＿

» Answers pp. 58~59

수능유형

1 이 글의 주제로 가장 적절한 것은?

① texting scams and how to avoid them

② better ways to identify text message senders

③ advertising companies through text messages

④ how to avoid getting too many text messages

⑤ reasons why people prefer text messages to email

수능유형

2 이 글의 내용과 일치하지 <u>않는</u> 것은?

① smishing은 문자 메시지를 통해 발생하는 사기를 말한다.

② smishing 메시지는 믿을 수 있는 기관에서 보낸 것처럼 꾸며진다.

③ smishing 메시지를 받는 사람들의 수가 점차 늘고 있다.

④ smishing 메시지는 발신 전화번호를 통해 쉽게 구별할 수 있다.

⑤ smishing 메시지에는 종종 단축 링크가 포함된다.

수능유형

3 이 글의 ⓐ~ⓒ에 들어갈 말로 어법상 알맞게 짝지어진 것은?

	ⓐ	ⓑ	ⓒ
①	normal	click	clicking
②	normal	to click	to click
③	normal	to click	clicking
④	normally	click	clicking
⑤	normally	to click	to click

비문학 배경지식 UP

▌피해자를 '낚는' 피싱(Phishing)

뉴스에서 한번쯤 '피싱'이라는 말을 들어보았을 것입니다. 신용 사기의 일종인 '피싱'이라는 용어는 fishing(낚시)에서 유래했어요. 여러 복잡한 미끼들을 사용해서 사용자의 금융 정보와 패스워드 등을 '낚는다'는 의미이지요. 피싱에 사용되는 안내 문구나 웹 사이트 등을 진짜처럼 보이도록 만드는 등의 교묘한 수법을 이용하기 때문에 피해를 입기 쉬워요. 최근에는 컴퓨터를 이용한 피싱 외에 보이스 피싱(voice phishing 또는 vishing)이라고 하는 전화를 이용한 피싱도 점점 늘어나고 있어요. 전화를 걸어 경찰청이나 국세청 등 공공기관을 사칭해 불특정 다수의 피해자를 속이고 범죄를 저지르는 것이죠.

Self-Study 노트

힌트를 참고하여 주어진 문장을 바르게 직독직해 하세요.

seem + 형용사: ~하게 보이다   called: ~라고 불리는

1. It may **seem normal**, / but it could be a type of scam / **called** smishing.

▷

ask + 목적어 + to부정사: ~에게 …하도록 요청하다   to부정사 (목적: ~하기 위해)

2. They **ask you to click** on a link / **to update** your bank information / or get a coupon.

▷

lead to: ~로 이어지다   designed ~ information이 a phishing website를 수식함

3. But the link **leads to** a phishing website / **designed** to steal your personal information.

▷

it: 가주어, to know ~ safe: 진주어 / whether: ~인지

4. So / **it** is hard **to know** / **whether** the links are safe.

▷

it: 가주어, to avoid ~ suspicious: 진주어   that ~ suspicious가 text messages를 수식함

5. Therefore, / **it** is important **to avoid** / clicking any links in text messages / **that** seem suspicious.

▷

글의 내용에 맞게 다음 보기에서 알맞은 단어를 골라 빈칸에 쓰세요.

보기

| steals | shortened | identify | scam | hidden | well-known |

Smishing

정의	1 _____ messages using SMS (short message service)
수법	◆ asks you to click on a link → 2 _____ your personal information

특징	◆ seems to be from banks or 3 _____ companies
	◆ comes from 4 _____ phone numbers
	   → difficult to 5 _____
	◆ includes 6 _____ links
	   → hard to know if the links are safe

2 Dark Tourism

✅ 지문 주요 어휘 학습

relax	툉 휴식을 취하다
prefer to-v	~하는 것을 더 좋아하다(선호하다)
unhappy	톙 불행한 ← unhappiest 톙 가장 불행한
tragic	톙 비극적인
disaster	톙 참사; 재난
crime	톙 범죄
phenomenon	톙 현상
tourism	톙 관광 ← tourist 톙 관광객
site	톙 현장, 장소
prison	톙 감옥
memorial	톙 기념비; 기념관 ← memory 톙 기억
event	톙 사건
society	톙 사회
common	톙 흔한, 일반적인
behavior	톙 행동 ← behave 툉 행동하다
selfie	톙 스스로를 찍은 사진 ← 흔히 '셀카'라고 하는데, 이는 잘못된 표현이에요.
inappropriate	톙 부적절한 ← → appropriate 톙 적절한
be connected with	~와 관계가 있다
painful	톙 아픈, 괴로운 ← pain(아픔, 고통)+ful
respectful	톙 공손한, 존경심을 보이는 ← respect(존경)+ful

비문학 키워드 미리보기

phenomenon | 현상

무언가 나타난 모습이라는 뜻으로, 자연 현상이나 사회 현상처럼 관찰되고 확인되어서 우리가 인식할 수 있는 사실을 의미해요.

▲ 신기한 자연 현상

memorial | 기념비; 기념관

뜻깊은 일이나 사건, 훌륭한 인물 등을 오래도록 잊지 않기 위해 세운 조각상이나 건축물을 말해요.

▲ 현충문

Reading

2

읽기 전 **비문학 사고력 UP**

161 words

다음 장소들에 대해 들어본 적이 있나요? 이들은 어떤 공통점이 있을까요?

☐ 체르노빌 (우크라이나)　　☐ 킬링 필드 (캄보디아)　　☐ 세계 무역 센터 (미국)

지문 듣기

#문화

What do you plan to do this vacation? Most people spend their vacations having fun and relaxing. But other people ⓐ prefer to visit some of the unhappiest places on Earth. They visit places that have a dark, ⓑ tragic history. These places may be related to *genocide, war, disaster, or crime. This phenomenon is called dark tourism. 5

Some examples of dark tourism sites are the Auschwitz **concentration camp in Poland, Seodaemun Prison History Hall in South Korea, and Ground Zero, the 9/11 Memorial, in the USA. People visit these places to learn about history and to better understand the impact of the events on society. It is a special experience that some people can't ⓒ forget. 10

While anyone can be a dark tourist, common tourist behavior, such as taking smiling selfies, is considered ⓓ appropriate at dark tourism sites. It is important to remember that these places are connected with _____ memories. So always be ⓔ respectful when you are at one of these sites. 15

*genocide 집단(종족) 학살(국민, 인종, 민족, 종교 따위의 차이로 집단이나 종족을 박해하고 살해하는 행위)
**concentration camp 강제 수용소(전쟁 중 다른 국가의 국민들을 한 곳에 모아서 가둔 곳)

▲ Auschwitz concentration camp

▲ Seodaemun Prison History Hall

읽은 후 **핵심 정리**

이 글에서 dark tourism의 목적에 해당하는 문장을 찾아 밑줄 치세요.

_____

수능 유형

1 이 글의 제목으로 가장 적절한 것은?

① The Worst Season to Take a Trip

② Dos and Don'ts for Your Vacation

③ Trips to Learn about Unhappy Events

④ The Dark Side of Taking Trips Abroad

⑤ Make Unforgettable Memories During Your Trips

수능 유형

2 밑줄 친 ⓐ~ⓔ 중 문맥상 낱말의 쓰임이 적절하지 <u>않은</u> 것은?

① ⓐ   ② ⓑ   ③ ⓒ   ④ ⓓ   ⑤ ⓔ

수능 유형

3 빈칸에 들어갈 말로 가장 적절한 것은?

① happy   ② recent   ③ painful   ④ different   ⑤ childhood

비문학 배경지식 UP

▌슬픈 역사를 간직한 장소들

• **아우슈비츠 강제 수용소 (Auschwitz concentration camp)**

2차 세계 대전 당시 나치 독일이 유태인 대량 학살 정책을 실행하기 위해 세운 강제 수용소로, 단지 유태인이라는 이유만으로 많은 이들이 고문과 죽임을 당한 곳이에요. 세계문화유산으로 동록되기도 했는데, 이는 인간의 가치와 이상을 지지해야 한다는 경고의 의미를 담고 있습니다.

• **서대문 형무소 역사관 (Seodaemun Prison History Hall)**

일제 강점기에 지어진 감옥으로, 일제 강점기에는 식민 지배에 맞섰던 많은 항일 독립 운동가들이, 해방 후에는 독재 정권과 군사 정권에 저항했던 민주화 운동가들이 갇혔던 곳입니다.

• **9/11 테러 추모 기념관 (9/11 Memorial)**

2001년 9월 11일 비행기 테러로 파괴된 세계 무역 센터(World Trade Center)가 있던 자리(Ground Zero)에 만들어진 추모 기념관으로, 테러로 인해 희생된 사람들을 추모하기 위해 만들어진 공간입니다.

▲ 9/11 Memorial

Self-Study 노트

spend + 시간 + 동명사: ~하면서 (시간)을 보내다
1. Most people **spend** their vacations / **having fun** and **relaxing**.

❯ _____

prefer + to부정사: ~하는 것을 선호하다 / some of the + 최상급 + 복수명사: 가장 ~한 …들 중의 일부
2. But other people **prefer to** visit / **some of the unhappiest places** on Earth.

❯ _____

to부정사 (목적: ~하기 위해)   to부정사 (목적: ~하기 위해)
3. People visit these places / **to learn** about history / and **to better understand** / the impact
of the events on society.

❯ _____

that ~ forget이 a special experience를 수식함
4. It is a special experience / **that** some people can't forget.

❯ _____

It: 가주어, to remember ~ memories: 진주어   be connected with: ~와 관계가 있다
5. **It** is important **to remember** / that these places **are connected with** painful memories.

❯ _____

보기

| impact | tragic | respectful | inappropriately | memories | history |

Dark Tourism

정의	Visiting places connected with [1] _____ history and painful [2] _____ (e.g. genocide, war, disaster, or crime)
장소 예시	◆ the Auschwitz concentration camp (Poland) ◆ Seodaemun Prison History Hall (South Korea) ◆ Ground Zero, the 9/11 Memorial (the USA)
목적	◆ to learn about [3] _____ ◆ to better understand the [4] _____ of the events on society
방문 시 주의할 점	◆ Be [5] _____. ◆ Don't behave [6] _____.

3 The Beginning of Agriculture

✅ 지문 주요 어휘 학습

agriculture	명 농업
crop	명 농작물
feed	통 먹이다. 부양하다 ↗ 스스로 생활할 수 없는 사람의 생활을 돌보다
at the same time	동시에
field	명 밭; 들판
evidence	명 증거
population	명 인구; 주민수
several	형 몇몇의, 여러
million	명 백만 ↗ one hundred million 1억
wealthy	형 부유한 ↗ wealth 명 부, 재산
powerful	형 영향력 있는, 유력한
social	형 사회의, 사회적인
inequality	명 불평등, 불균등 ↗ in + equality (평등)
move around	돌아다니다
catch a disease	병에 걸리다
raise	통 키우다, 기르다

비문학 키워드 미리보기

agriculture | 농업

agriculture는 라틴어 ager(논, 밭)와 cultura(경작, 재배)가 결합하여 만들어졌습니다. 그래서 '토지를 경작하고 작물을 재배하는 활동'인 농업을 의미하게 되었어요. 작물을 재배하는 활동뿐만 아니라 동물을 길러 생산물을 얻어 내는 활동도 농업에 포함됩니다.

social inequality
사회 불평등

한 사회에서 개인이나 집단이 부나 권력을 차이 나게 가지고 있어 평등한 사회적 지위를 갖지 못하는 현상을 뜻해요. 부나 권력 등은 충분하지 않기 때문에 어느 사회에서나 사회 불평등이 나타나지만, 이 현상이 매우 심해지면 심각한 사회적 갈등을 불러 일으킬 수 있어요.

#역사

고2 3월 기출 변형

About 12,000 years ago, agriculture changed the way humans lived. After it began, there were more people than ever before. Agriculture could produce a lot of crops, and these crops could feed more people. At the same time, more people were needed to work in the fields. Evidence shows that the human population increased from several million to a few hundred million. 5

However, having a larger population caused some problems. People could grow more food than they needed and store it. Because some had more than others, they became _____. This created 10 social inequalities.

Moreover, larger populations led to more types of diseases. People began to live in larger groups and stopped moving around. This allowed the diseases to spread faster. Also, people sometimes caught diseases from the animals they raised, such as cows. 15

읽은 후 **핵심 정리**

이 글에서 인구 증가를 가져온 원인을 찾아 쓰세요.

❯ _____

수능유형

1 이 글의 주제로 가장 적절한 것은?

① impacts of agriculture on human society

② the increasing demand for food over time

③ better ways to prevent the spread of diseases

④ various factors that caused population growth

⑤ changes in farming methods throughout history

수능유형

2 빈칸에 들어갈 말로 가장 적절한 것은?

① part of their society   ② parents with more kids

③ wealthier and more powerful   ④ bored with their daily activities

⑤ more serious about social problems

서술형

3 다음은 인구 증가로 인해 질병에 취약하게 된 이유를 설명한 것이다. 빈칸에 알맞은 말을 쓰시오.

(1) Diseases spread at a faster rate, as people didn't _____ _____ anymore and started to settle down.

(2) Diseases sometimes passed from _____ to people.   *settle down 정착하다

비문학 배경지식 UP

가축이 인류 문명에 끼친 영향

동물을 기르기 시작한 것은 인류 문명에 커다란 영향을 미쳤습니다. 우선 가축이 농업에 활용되면서 농업 생산성을 크게 높일 수 있었지요. 또한 말과 같은 가축이 운송 수단으로 사용되며 문명의 교류를 촉진시키기도 했어요.

하지만 동물이 가축화되면서 치명적인 전염병들이 생겨나게 되었습니다. 홍역은 개, 결핵과 천연두 등은 소에서 유래했고, 백일해나 인플루엔자는 돼지가 그 원인으로 알려져 있어요. 이러한 동물들이 가축이 되어 인간과의 접촉이 늘어나면서, 가축에서 서식하던 병균들이 인간 신체에도 적응하도록 진화하게 된 것이지요. 이렇게 동물로부터 사람에게 전염되는 질병을 인수공통전염병이라고 합니다.

Self-Study 노트

핵심 구문 100% 이해하기 힌트를 참고하여 주어진 문장을 바르게 직독직해 하세요.

humans lived가 the way를 수식함

1. About 12,000 years ago, / agriculture changed the way / **humans lived**.

> _____

주어: having a larger population (동명사구: ~하는 것은)

2. However, / **having** a larger population / caused some problems.

> _____

begin + to부정사: ~하기 시작하다   stop + 동명사: ~하는 것을 멈추다(그만두다)

3. People **began to live** in larger groups / and **stopped moving** around.

> _____

allow + 목적어 + to부정사: ~가 …하는 것을 허용하다

4. This **allowed** / the diseases / **to spread** faster.

> _____

they raised가 the animals를 수식함   such as: ~ 같은

5. Also, / people sometimes caught diseases / from the animals **they raised**, / **such as** cows.

> _____

글의 내용 100% 이해하기 글의 내용에 맞게 다음 빈칸을 채우세요.

농업이 인류에게 끼친 영향

① 더 많은 1 _____ 생산으로 식량 증가

→ 이전 어느 때보다 2 _____ 증가

◆ 필요 이상으로 생산한 식량을 저장하게 되면서 빈부 격차와 영향력 차이 발생

→ 사회적 3 _____ 발생

② 더 큰 규모로 정착 생활 시작

◆ 4 _____ 의 확산 속도가 빨라짐

◆ 5 _____ 들로부터의 전염병 발생

4 Dining Diplomacy

어휘 듣기

✓ 지문 주요 어휘 학습

Spanish	형 스페인의
proverb	명 속담
belly	명 (신체) 배
rule	동 통치하다, 지배하다 ↗ 명 규칙
proven	형 입증된 ↗ prove 동 입증하다, 증명하다
chain reaction	연쇄 반응 ↗ 어떤 일의 결과로 생긴 일이 다른 일에도 반응을 일으키는 현상
directly	부 직접적으로; 즉시
persuade	동 설득하다
repay	동 갚다, 보답하다 ↗ pay 동 (돈이나 대가를) 지불하다
businessperson	명 사업가 ↗ 복수형 businesspeople
combine A with B	A를 B와 결합하다
invite	동 초대하다
politician	명 정치인 ↗ politics 명 정치
impressive	형 인상적인, 인상 깊은
dining	명 식사; 정찬
diplomacy	명 외교
sociologist	명 사회학자
tool	명 도구, 수단
social interaction	사회적 상호 작용 ↗ 한 사회 구성원들이 서로 영향을 주고받는 모든 과정
bond	명 유대; 끈
improve	동 향상시키다
communication	명 의사소통

politician | 정치인

정치를 직업으로 하는 사람으로, 선거에서 뽑힌 국회의원이나 대통령, 국무총리 등을 말해요. 정치(politics)란 국회가 법을 만들고, 정부가 법에 따라 정책을 세우고 집행하는 일이에요.

diplomacy | 외교

국제 사회에서 한 국가가 다른 나라와 정치·경제·문화적 관계를 맺는 일을 뜻해요.

읽기 전 **비문학 사고력 UP**

여러분은 음식을 먹기 전과 먹은 후에 기분 변화를 느껴본 적이 있나요? 그렇다면 그때 기분은
어떻게 바뀌었나요?

160 words

지문 듣기

#정치

고1 11월 기출 변형

A famous Spanish proverb says, "The belly rules the mind." It means that food can influence the way we think. This is a ⓐ proven fact. When we eat, our brains receive many different chemicals. These chemicals cause chain reactions in our hormones. This directly affects the way we think.

5

Many studies have found that after a good meal, people tend to feel more ⓑ positive. Therefore, it is easier ⓒ persuade them. They also feel they have to repay the person who provided the meal. This is why businesspeople often combine meetings with meals and *lobbyists invite 10 politicians to lunches and dinners. It is also why big government events almost always have an impressive amount of food.

Winston Churchill called this "dining diplomacy." Sociologists say

that it can be a powerful tool in many different cultures. ⓓ Offering food to others has been 15 an important part of social interactions for a long time. It can build trust, create bonds, and ⓔ improve communication.

* lobbyist 로비스트(특정 단체의 이익을 위하여 입법 활동에 영향을 미치는 것을 목적으로
정당이나 의원을 상대로 활동하는 사람)

읽은 후 **핵심 정리**

이 글의 "The belly rules the mind."에서 the belly가 의미하는 바를 찾아 쓰세요.

❯ _____

1 수능 유형

이 글의 요지로 가장 적절한 것은?

① 식사 외교에서는 메뉴 선정이 중요하다.

② 식량을 둘러싼 외교 문제가 자주 발생하고 있다.

③ 정치에 있어 신뢰를 쌓는 것은 무엇보다 중요하다.

④ 나라마다 식사를 대접하는 문화에 있어 차이점이 있다.

⑤ 음식은 긍정적인 사회적 상호 작용을 이루는 데 도움이 된다.

2 수능 유형

밑줄 친 ⓐ~ⓔ 중 어법상 틀린 것은?

① ⓐ　　　② ⓑ　　　③ ⓒ　　　④ ⓓ　　　⑤ ⓔ

3 내신 유형

이 글의 내용으로 보아, 빈칸 (A), (B)에 들어갈 말로 알맞게 짝지어진 것은?

> Food can be _____(A)_____ when trying to persuade others, since it affects not only their thoughts but also their _____(B)_____.

	(A)		(B)		(A)		(B)
①	stressful	·····	behavior	②	dangerous	·····	health
③	confusing	·····	hormones	④	very useful	·····	mood
⑤	important	·····	lifestyle				

비문학 배경지식 UP

┃영국을 이끈 리더십, 윈스턴 처칠(Winston Churchill)

윈스턴 처칠은 영국의 정치가이자 작가로, 2차 세계대전이 일어났을 때 영국의 총리로서 영국군을 지휘하여 독일이 전 유럽을 지배하려는 것을 막았어요. 작가로서도 유명해서 <2차 세계대전>을 포함한 여러 권의 책을 썼고 노벨 문학상을 받기도 했어요.

총리로서 처칠은 전쟁의 정치적 목적과 관련된 문제를 토의하기 위해 다른 나라 정상들과 여러 차례 회담을 가졌고 회담에는 자주 연회를 준비했습니다. 일례로, 1943년에는 이란 테헤란에서 미국의 대통령 루스벨트와 소비에트 연방 지도자 스탈린과 회담을 가졌는데, 이는 새로운 국제기구인 국제연합(UN)을 창설하기로 합의한 중요한 회담이었죠. 이때도 처칠은 각국 정상과 대표단들을 영국 공사관으로 초대해 연회를 가지며 우호와 협력을 다졌습니다.

Self-Study 노트

1. It means / that food can influence the way / **we think**.

   (we think가 the way를 수식함)

⊗ _____

2. They also feel / they **have to** repay the person / **who** provided the meal.

   (have to + 동사원형: ~해야 한다)   *(who ~ meal이 the person을 수식함)*

⊗ _____

3. **This is why** / businesspeople often **combine** meetings **with** meals / and lobbyists invite politicians / to lunches and dinners.

   (This is why: 이것이 ~한 이유이다)   *(combine A with B: A를 B와 결합하다)*

⊗ _____

4. Winston Churchill **called** / **this** / **"dining diplomacy."**

   (call + 목적어 + 목적격보어: ~을 …라고 부르다)

⊗ _____

5. **Offering food to others** / has been an important part of social interactions / for a long time.

   (주어: Offering food to others (동명사구: ~하는 것은))

⊗ _____

음식이 사고 방식에 미치는 영향

정서적 측면	◆ 좋은 식사 후에 1 _____ 인 기분을 느낌 ◆ 식사를 제공한 사람에게 보답해야 한다고 느낌 ⇒ 2 _____ 하기 쉬워짐
정치적 측면	◆ 윈스턴 처칠이 언급한 식사 3 _____ 에 활용됨 – 사업가(회의와 식사를 결합), 로비스트(정치인을 식사에 초대), 정부 행사(많은 음식 제공)
사회적 측면	◆ 4 _____ 를 쌓고 유대감을 형성하고 5 _____ 이 향상됨 → 사회적 6 _____ 의 중요한 부분이 되어 옴

Photo Credits

Memo

Memo

Memo

중학생을 위한 수능 영어의 시작

수학 시작

중학 비문학 영어 독해

시작

READING

미니 단어장

동아출판

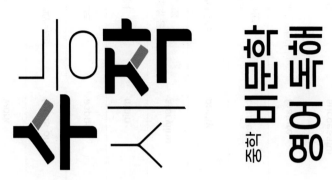

중학 비문학
영어 독해
실력

미니 단어장

Memo

Reading 1

Spin-offs

film	명 영화	work	명 작품
TV series	TV 시리즈(연속물)	focus on	~에 초점을 맞추다
popular	형 인기 있는	aspect	명 면, 측면
supporting	형 조연의	main	형 주된; 가장 중요한
character	명 (책·영화 등의) 등장인물	storyline	명 줄거리
related to	~와 관련 있는	partly	부 부분적으로, 어느 정도
original	명 원작의 형 원작, 원본	connect	동 ~와 관련이 있다; 연결하다
create	동 창조하다, 만들다	feature	동 특별히 포함하다, 특징으로 삼다
producer	명 제작자	successful	형 성공적인
separate	형 별개의, 독립된	nowadays	부 요즘에는
term	명 용어	novel	명 소설
refer to	~을 가리켜 말하다	not only A but also B	A뿐만 아니라 B도
based on	~에 기반한(근거한)	satisfy	동 만족시키다
existing	형 기존의, 이미 존재하는	attract	동 끌어들이다, 끌어모으다

Memo

Reading **2** | Docents and Curators

museum	명 박물관, 미술관	**lead**	통 안내하다, 이끌다
usually	부 대개, 보통	**tour**	명 견학; 관광
artwork	명 예술 작품	**explain**	통 설명하다
position	명 (일)자리	**thanks to**	~ 덕분에
visitor	명 방문객	**viewer**	명 관람객
appreciate	통 감상하다	**deeply**	부 깊이
collection	명 소장품, 수집품	**originate from**	~에서 유래하다(생겨나다)
role	명 역할	**care**	통 돌보다
come from	~에서 생겨나다	**exhibition**	명 전시(회)
tell from	~로부터 알다	**expert**	명 전문가
provide	통 제공하다	**research**	명 연구, 조사
informative	형 유익한, 유용한 정보를 주는	**select**	통 고르다
educational	형 교육적인	**display**	통 전시하다, 내보이다
knowledge	명 지식	**prepare**	통 준비하다

Memo

Reading 3 · AI Art Controversy

designer	명 디자이너	produce	동 생산하다, 만들다
win first place	일등을 하다, 우승하다	what is worse	설상가상으로
digital art	디지털 예술	countless	형 셀 수 없이 많은
category	명 부문, 범주	permission	명 허락, 허가
competition	명 대회	bring A to B	B에게 A를 가져오다
reveal	동 밝히다, 폭로하다	technology	명 기술
AI	인공지능 (artificial intelligence)	inspire	동 영감을 주다
award-winning	형 상을 받은	powerful	형 강력한, 매우 효과적인
artist	명 예술가	tool	명 도구, 수단
true	형 진정한, 참된	copy	동 따라 하다, 모방하다
creative	형 창의적인, 창조적인	controversy	명 논란
process	명 절차, 과정	probably	부 아마
rely on	~에 의존하다	continue	동 계속되다

Reading 4 · Dining Diplomacy

Spanish	형 스페인의	invite	동 초대하다
proverb	명 속담	politician	명 정치인
belly	명 (신체) 배	impressive	형 인상적인, 인상 깊은
rule	동 통치하다, 지배하다	dining	명 식사; 정찬
proven	형 입증된	diplomacy	명 외교
chain reaction	연쇄 반응	sociologist	명 사회학자
directly	부 직접적으로; 즉시	tool	명 도구, 수단
persuade	동 설득하다	social interaction	사회적 상호 작용
repay	동 갚다, 보답하다	bond	명 유대감; 끈
businessperson	명 사업가	improve	동 향상시키다
combine A with B	A를 B와 결합하다	communication	명 의사소통

Reading 3 The Beginning of Agriculture

단어	뜻	단어	뜻
agriculture	명 농업	million	명 백만
crop	명 농작물	wealthy	형 부유한
feed	동 먹이다, 부양하다	powerful	형 영향력 있는, 유력한
at the same time	동시에	social	형 사회의, 사회적인
field	명 밭; 들판	inequality	명 불평등, 불균등
evidence	명 증거	move around	돌아다니다
population	명 인구; 주민수	catch a disease	병에 걸리다
several	형 몇몇의, 여러	raise	동 기우다, 기르다

Reading 4 Frank Lloyd Wright

단어	뜻	단어	뜻
architect	명 건축가	waterfall	명 폭포
century	명 세기	flow	동 흐르다
style	명 양식; 방식	right	부 바로
organic	형 유기적인	underneath	전 ~의 아래에
architecture	명 건축 양식, 건축학	material	명 재료
emphasize	동 강조하다	blend in (with)	(~와) 조화를 이루다
harmony	명 조화	desert	명 사막
surroundings	명 환경	harmonize	동 조화를 이루다, 어울리다
aim to-v	~하는 것을 목표로 하다	open	형 개방된, 공개된
nature	명 자연	the public	일반 사람들, 대중
steep	형 가파른, 비탈진	including	전 ~을 포함하여
valley	명 계곡	experience	동 경험하다
forest	명 숲		

Reading 1 ··· Pandemics

단어	뜻	단어	뜻
disease	명 질병	infected	형 감염된
affect	동 영향을 미치다	unusually	부 대단히; 평소와 달리
across	전 ~에 걸쳐; 가로질러	continent	명 대륙
multiple	형 많은, 다수의	control	동 통제하다
familiar	형 익숙한; 친숙한	declare	동 선언하다, 공표하다
exactly	부 정확히, 틀림없이	lead to	~로 이어지다
definition	명 정의	significant	형 (영향을 줄 정도로) 커다란, 상당한
spread	동 퍼지다, 확산되다	chaos	명 혼돈, 혼란
limit	동 제한하다, 한정하다	economic	형 경제의
certain	형 어떤, 무슨	loss	명 손실
whole	형 전체의	millions of	수백만의 ~
range	명 범위	infection	명 감염; 전염병
the number of	~의 수		

Reading 2 ··· Dark Tourism

단어	뜻	단어	뜻
relax	동 휴식을 취하다	memorial	명 기념비; 기념관
prefer to-v	~하는 것을 더 좋아하다(선호하다)	event	명 사건
unhappy	형 불행한	society	명 사회
tragic	형 비극적인	common	형 흔한, 일반적인
disaster	명 참사; 재난	behavior	명 행동
crime	명 범죄	selfie	명 스스로를 찍은 사진
phenomenon	명 현상	inappropriate	형 부적절한
tourism	명 관광	be connected with	~와 관계가 있다
site	명 현장, 장소	painful	형 아픈, 괴로운
prison	명 감옥	respectful	형 공손한, 존경심을 보이는

Reading 1 | Smishing

package	명 소포
delivery	명 배달
confirm	동 확인해 주다
text message	문자 메시지
normal	형 평범한, 정상적인
scam	명 사기
short for	~의 줄임말인
typically	부 보통, 일반적으로
occur	동 일어나다, 발생하다
well-known	형 잘 알려진, 유명한
ask A to-v	A에게 ~하도록 요청(요구)하다

Reading 2 | Endorphins

영어	뜻	영어	뜻
contain	동 ~을 가지고 있다, ~이 들어 있다	drug	명 약물
hormone	명 호르몬	natural	형 천연의
chemical	명 화학 물질	painkiller	명 진통제
be associated with	~와 관련되다	boost	동 북돋우다
pain	명 통증, 아픔, 고통	promote	동 촉진하다
mood	명 기분	positive	형 긍정적인
play a role in	~에서 역할을 하다	athlete	명 운동선수
release	동 분비하다, 방출하다	rush	명 욱적, 급격히 몰림
block	동 막다, 차단하다	energetic	형 활기 있는, 활동적인
reduce	동 줄이다, 낮추다	lack	명 부족
signal	명 신호	depression	명 우울증
act	동 작용하다, 영향을 미치다	meditate	동 명상하다

Reading 3 · Sleep Paralysis

imagine	동형 상상하다, 생각하다	vivid	형 생생한, 선명한
wake up	(잠에서) 깨어나다	remain	동 (~인 채로) 남아 있다
situation	명 상황	relaxed	형 긴장을 푼, 편안한
seem	동 ~처럼 보이다	muscle	명 근육
scary	형 무서운, 겁나는	despite	전 ~에도 불구하고
mysterious	형 설명하기 어려운, 신비한	awake	형 깨어 있는, 잠들지 않은
paralysis	명 마비	irregular	형 불규칙적인
commonly	부 흔히, 보통	schedule	명 스케줄, 계획
asleep	형 잠이 든, 자고 있는	make sure	반드시 ~하다
go through	(어떤 절차·과정 등을) 거치다	habit	명 습관
occur	동 일어나다, 발생하다	enough	형 충분한

Reading 4 · Freshness

freshness	명 신선함, 신선도	reach	동 ~에 이르다(도달하다)
marketing	명 마케팅	furthermore	부 뿐만 아니라, 더욱이
demand	명 요구, 수요	waste	명 쓰레기 / 동 낭비하다
cost	명 대가; 비용	label	명 표, 라벨
produce	명 농작물, 농산물	provider	명 제공자, 공급자
all year round	일년 내내	activist	명 운동가, 활동가
consumption	명 소비	argue	동 주장하다
greenhouse	명 온실	order	동 주문하다
consume	동 소비하다	empty	형 비어 있는
amount	명 양	space	명 공간
store	동 저장하다 / 명 가게, 상점	shelf	명 선반

Reading 3 · Green Friday

a kind of	일종의
unofficial	형 비공식적인
holiday	명 휴일; 휴가
signal	통 신호를 보내다, 알리다
season	명 (특정 활동이 행해지는) 철, 시즌
offer	통 제공하다; 제의하다
discounted	형 할인된
be crowded with	~로 붐비다
criticize	통 비판하다
encourage	통 권장하다, 장려하다
overconsumption	명 과소비
movement	명 운동
raise awareness	의식을 높이다
carbon emissions	탄소 배출
ship	통 배송하다
item	명 물품
overpackaging	명 과잉 포장
mindset	명 사고방식
as ~ as possible	가능한 한 ~하게
prevent	통 막다, 방지하다
damage	명 손상, 훼손
even if	(비록) ~라고 할지라도
participate in	~에 참여하다
significant	형 중요한, 커다란

Reading 4 · Carbohydrates

bean	명 콩
have ~ in common	~을 공통적으로 가지고 있다
carbohydrate	명 탄수화물
basically	부 근본적으로, 기본적으로
sugars	명 당분, 당류
complex	형 복합의; 복잡한
compound	명 화합물
break down	분해하다, 분해되다
additionally	부 게다가
whole grain	통곡물
nutrient	명 영양소, 영양분
fiber	명 섬유질
mineral	명 무기질, 미네랄
provide A with B	A에게 B를 공급하다
fuel	명 연료
a number of	많은
structure	명 구조
soda	명 탄산음료
turn A into B	A를 B로 바꾸다
fat	명 지방
store	통 저장하다

Reading 1 · Opportunity Cost

limited	형 한정된, 제한된	decide to-v	~하기로 결정하다
resource	명 자원	benefit	명 혜택, 이득
make a choice	선택하다	lose	형 잃다, 잃어버리다
give up	포기하다	experience	명 경험
value	명 가치	extra	형 추가의, 여분의
opportunity	명 기회	grade	명 성적
cost	명 비용, 값, 대가	decision	명 결정
part-time job	시간제 근무, 아르바이트	carefully	부 주의 깊게, 신중하게
spend time on	~에 시간을 보내다	compare	동 비교하다
schoolwork	명 학교 공부		

Reading 2 · Polar Vortex

recently	부 최근에	form	동 형성되다
urgent	형 긴급한, 시급한	the North Pole	북극
global	형 세계적인, 지구의	stable	형 안정된, 안정적인
region	명 지역	tightly	부 단단히, 꽉
used to-v	(예전에) ~이었다, ~하곤 했다	lock in	~을 가두다
mild	형 온화한, 포근한	weak	형 약한, 힘없는
severe	형 혹독한	wavy	형 구불구불한, 물결 모양의
extreme	형 극단적인, 극심한	Arctic	형 북극의, 북극 지방의
threaten	동 위협하다, 위태롭게 하다	drop	동 내려가다, 떨어지다
unstable	형 불안정한	below	전 ~ 아래에(아래로)
polar	형 극지방의	southern	형 남쪽의
band	명 띠		

Reading 1 · Active and Passive Houses

active	형 능동적인, 적극적인	daylight	명 (낮의) 햇빛, 일광
passive	형 수동적인, 소극적인	pleasant	형 쾌적한
similar	형 비슷한	highly	부 대단히, 매우
aim to-v	~하는 것을 목표로 하다	along with	~와 더불어, ~에 덧붙여
efficient	형 효율적인	airtight	형 밀폐된
reduce	동 줄이다	feature	명 특징, 특색
impact	명 영향	enable A to-v	A가 ~하는 것을 가능하게 하다
indoor	형 실내의, 실내용의	consistent	형 한결 같은, 일관된
condition	명 (생활) 환경; 상태	effectively	부 효과적으로
approach	명 접근법	block	동 막다
achieve	동 달성하다, 성취하다	minimize	동 최소화하다
design	동 설계하다 명 설계도, 디자인	loss	명 손실
renewable energy	재생 가능 에너지	trap	동 가두다
allow A to-v	A가 ~하도록 (허용)하다		

Reading 2 · Inflation

cost	동 (값·비용이) ~이다 명 값, 비용	generally	부 일반적으로, 대개, 보통
product	명 제품, 상품	wage	명 급여, 임금
gradual	형 점진적인, 서서히 일어나는	tend to-v	~하는 경향이 있다
increase	명 증가 동 증가하다	be likely to-v	~할 것 같다, ~할 가능성이 있다
inflation	명 인플레이션	continue v-ing	계속해서 ~하다
demand	명 수요	make money	돈을 벌다
supply	명 공급	consider	동 (~를 …라고 여기다; 고려하다
case	명 경우, 사례	harmful	형 해로운
raise	동 올리다	economy	명 경제
customer	명 손님, 고객	moderate	형 적당한; 보통의
be willing to-v	기꺼이 ~하다	completely	부 완전히
cause	명 원인, 이유	normal	형 정상인; 보통의
ingredient	명 재료		

UNIT 7

Reading 3 The Left Digit Effect

digit	명 (0에서 9까지의) 숫자	retail price	소매가
influence	명 영향을 주다	trick	명 속임수, 장난
be related to	통 ~와 관계가 있다	fool	통 속이다
process	통 처리하다	researcher	명 연구원, 조사원
while	접 ~인 데 반하여, ~인 반면에	monitor	통 추적 관찰하다
since	전 ~ 이래로, ~ 이후로	local	형 지역의, 현지의
century	명 세기	lower	통 낮추다
shopkeeper	명 가게 주인	sale	명 판매
survey	명 (설문) 조사	total	형 총의, 합계
a third	3분의 1	half	명 절반

Reading 4 Digital Natives

youth	명 젊은이	education	명 교육
native	명 원주민, 현지인 / 형 태어난 곳의	introduce	통 도입하다, 소개하다
age	명 시대	gap	명 격차, 차이
comfortable	형 편하게 생각하는, 편안한	language	명 언어
device	명 기기, 장치	process	통 처리하다
social media	소셜 미디어	generation	명 세대
mostly	부 대부분	necessary	형 필요한
field	명 분야	skill	명 기술

Reading 3 | The QWERTY Keyboard

type	통 타자 치다 명 종류, 유형	layout	명 배치
letter	명 글자	separate	통 (따로) 떼어놓다
keyboard	명 (컴퓨터·타자기의) 키보드, 자판	key	명 글쇠 (자판을 이루는 하나하나의 건반)
alphabetical	형 알파벳 순서의	by the time	~할 때쯤에는
order	명 순서	electronic	형 전자의; 전자 장비와 관련된
row	명 열, 줄	develop	통 개발하다
frequently	부 자주, 흔히	be used to v-ing	~하는 것에 익숙하다
close to	~에 가까운	replace	통 바꾸다, 교체하다
each other	서로	remain	통 ~로 남아 있다
jam	통 움직이지 못하게 되다	standard	명 기준, 표준
typewriter	명 타자기		

Reading 4 | Division of Labor

look for	~을 찾다	goods	명 상품, 제품
productivity	명 생산성	involve	통 포함하다
output	명 생산량	require	통 필요로 하다, 요구하다
amount	명 양	skill	명 기술
manufacture	통 제조하다, 생산하다	straighten	통 곧게 하다
industry	명 산업	sharpen	통 날카롭게 하다(갈다)
economist	명 경제학자	traditional	형 전통의, 전통적인
describe	통 설명하다, 묘사하다	single	형 단 하나의
production	명 생산	task	명 업무, 과제
efficient	형 효율적인	divide	통 나누다
be known as	~로 알려져 있다	perform	통 수행하다, 실시하다
division	명 분할, 나누기	specialize in	~을 전문적으로 하다
labor	명 노동	thousands of	수천의

Reading 1 ·········· The Maillard Reaction

roast	통 (오븐이나 불에) 굽다	aroma	명 향기
toast	통 (빵 등을) 토스트하다, 굽다	negative	형 부정적인
turn	통 (~한 상태로) 변하다, (~하게) 되다	effect	명 영향, 결과
smell	통 (~한) 냄새가 나다	compound	명 화합물
delicious	형 아주 맛있는	cancer	명 암
result	명 결과	nutrition	명 영양
reaction	명 반응	destroy	통 파괴하다
interact with	~와 상호 작용하다	quality	명 질
protein	명 단백질	decrease	통 줄어들다, 감소하다
temperature	명 온도	to the fullest	최대한으로
flavor	명 맛, 풍미		

Reading 2 ·········· Alan Turing

see	통 알아보다	modern	형 현대의, 근대의
pass	통 통과하다, 합격하다	government	명 정부
artificial intelligence	인공지능 (AI)	German	형 독일의 명 독일인
suggest	통 제안하다	code	명 암호
mathematician	명 수학자	unbreakable	형 해독할 수 없는
be born	태어나다	break	통 (암호 등을) 풀다, 깨다, 부수다
method	명 방법	attack	명 공격
come up with	~을 제안하다(생각해 내다)	save	통 구하다
universal	형 보편적인, 일반적인	brilliant	형 (재능이) 뛰어난, 우수한
concept	명 개념	talented	형 (타고난) 재주가 있는
essential	형 본질적인, 근본적인	inspire	통 영감을 주다

Reading 1 — Digital Watermarks

영어	뜻	영어	뜻
paper money	명 지폐	owner	명 주인
hidden	형 숨겨진	cover	동 덮다
appear	동 나타나다; 생기다	entire	형 전체의
watermark	명 워터마크	visible	형 (눈에) 보이는
prevent A from v-ing	A가 ~하는 것을 막다(방지하다)	remove	동 없애다, 제거하다
copy	동 베끼다, 복제하다	material	명 자료
include	동 포함하다	illegally	부 불법적으로
document	명 문서	solve	동 해결하다; 풀다
protect	동 보호하다	share	동 공유하다; 함께 쓰다
copyright	명 저작권	track	동 추적하다; 뒤쫓다
logo	명 로고	effective	형 효과적인
source	명 출처	means	명 수단, 방법
mark	동 표시하다		

Reading 2 — Pluto

영어	뜻	영어	뜻
planet	명 행성	object	명 물체
solar system	태양계	travel	동 이동하다; 여행하다
decade	명 10년	gravity	명 중력
ninth	형 아홉 번째의	pull	동 끌다, 당기다
Pluto	명 명왕성	push	동 밀다
officially	부 공식적으로	crash into	~와 충돌하다
define	동 정의하다	moon	명 위성
according to	~에 따르면	enough	부 충분히
standard	명 기준	no longer	더 이상 ~이 아닌
orbit	동 궤도를 돌다 명 궤도	title	명 호칭, 직함; 제목
clear A out of B	A를 B에서 없애다(치우다)	agree with	~에 동의하다

Reading 3 : Colors of Light

study	명 연구	sunlight	명 햇빛	
physical	형 물리적인; 물질의	fall	동 (어떤 방향·위치에) 오게(가게) 되다	
characteristic	명 특징	as soon as	~하자마자	
a set of	~의 한 세트	pass through	~을 통과하다	
prism	명 프리즘	separate	동 나누어지다	
country	명 지역; 국가	rainbow	명 무지개	
fair	명 박람회	be familiar with	~을 잘 안다, ~에 익숙하다	
experiment	명 실험	path	명 길, 경로	
pair	명 쌍	combine	동 결합하다; 결합시키다	
ray	명 광선, 선	conclude	동 결론을 내리다	

Reading 4 : The Zeigarnik Effect

take a moment	(잠깐) 시간을 가지다(내다)	leave	동 (~한 상태로) 두다	
task	명 일, 과제	unfinished	형 끝내지 않은	
complete	동 완료하다, 끝마치다	order	명 주문	
tend to-v	~하는 경향이 있다	serve	동 (식당에서 음식을) 내다(차려 주다)	
incomplete	형 완료되지 않은	complicated	형 복잡한	
subconscious	형 잠재의식적인	have difficulty v-ing	~하는 데 어려움을 겪다	
mind	명 마음; 정신	further	형 추가의, 더 이상의	
remind A of B	A에게 B를 생각나게 하다	subject	명 주제	
psychologist	명 심리학자	both A and B	A와 B 둘 다	
name	동 이름을 지어주다	interrupt	동 방해하다, 중단시키다	

Reading 4 | Bacteria

bacteria	명 박테리아, 세균	control	동 (무엇이 번지는 것을) 막다, 억제하다
soil	명 토양, 흙	fight	동 (나쁜 것을 막기 위해) 맞서 싸우다
actually	부 사실은, 실제로는	antibiotics	명 항생제
digest	동 소화시키다	against	전 ~에 맞서
environment	명 환경	either A or B	A 또는 B (둘 중의 하나)
oxygen	명 산소	stop A from v-ing	A가 ~하는 것을 막다
breathe	동 숨을 쉬다, 호흡하다	grow	동 (크기·수 등이) 늘어나다, 증가하다
unfortunately	부 불행하도, 유감스럽게도	immune system	면역 체계
see a doctor	병원에 가다, 진찰을 받다	be able to-v	~할 수 있다
a kind of	일종의	situation	명 상황
medicine	명 약	useful	형 유용한

Reading 3 | FOBO

decision	명 결정	select	동 선택하다
worry	동 걱정하다	spend time v-ing	~하는 데 시간을 보내다
option	명 선택(할 수 있는 것), 선택지	career	명 직업
path	명 길, 방향	at once	동시에
suffer from	~로 고통받다	miss out	놓치다
fear	명 두려움, 무서움	paralysis	명 마비
anxiety	명 불안, 염려	manage	동 관리하다, 다루다
come along	나타나다, 생기다	confident	형 자신감 있는, 확신하는
avoid	동 피하다		
take a risk	위험을 무릅쓰다		
range from A to B	(범위가) A부터 B까지 이르다		

Reading 1 The Halo Effect

take a look at	~을 보다	opposite	📙 반대되는, 읽고 잊것
religious	📙 종교의	horn	📙 뿔
glow	📙 빛이나다	notice	📙 알아채다, 인지하다
saint	📙 성인, 성자	negative	📙 부정적인
effect	📙 효과, 영향	aspect	📙 면, 측면
trait	📙 (성격상의) 특성	positive	📙 긍정적인
judgement	📙 판단	opinion	📙 의견
attractive	📙 매력적인, 멋진	inaccurate	📙 부정확한
be satisfied with	~에 만족하다	perception	📙 인식, 인지
brand	📙 상표, 브랜드	judge	📙 판단하다
quality	📙 품질, 질		

Reading 2 Gaslighting

sensitive	📙 예민한, 민감한	dependent on	~에게 의존하고 있는
fault	📙 잘못	close	📙 가까운
control	📙 지배하다, 통제하다	relationship	📙 관계
victim	📙 피해자, 희생자	trust	📙 신뢰
doubt	📙 의심하다	friendship	📙 우정
thought	📙 생각	recognize	📙 알아보다, 인식하다
memory	📙 기억	intention	📙 의도, 목적
British	📙 영국의	confused	📙 혼란스러워하는
play	📙 연극, 희곡	helpless	📙 무력한
question	📙 의문을 갖다, 의심하다	issue	📙 (걱정거리가 되는) 문제
go crazy	미치다	damage	📙 손상시키다, 훼손하다
possible	📙 가능한	seek	📙 구하다, 찾다

시험에 더 강해진다!
보카클리어 시리즈

하루 25개 40일, 중학 필수 어휘 끝!
중등 시리즈

중학 기본편 | 예비중~중학 1학년
중학 기본+필수 어휘 1000개

중학 실력편 | 중학 2~3학년
중학 핵심 어휘 1000개

중학 완성편 | 중학 3학년~예비고
중학+예비 고등 어휘 1000개

자세한 우리말 풀이로
혼자서도 쉽게!

고교필수·수능 어휘 완벽 마스터!
고등 시리즈

고교필수편 | 고등 1~2학년
고교 필수 어휘 1600개
하루 40개, 40일 완성

수능편 | 고등 2~3학년
수능 핵심 어휘 2000개
하루 40개, 50일 완성

시험에 꼭 나오는
유의어, 반의어, 숙어가 한 눈에!

학습 지원 서비스

휴대용 미니 단어장

어휘 MP3 파일

중등

고등

🔵 **모바일 어휘 학습 '암기고래' 앱**
일반 모드 입장하기 〉 영어 〉 동아출판 〉 보카클리어

안드로이드

iOS

중학생을 위한 **수능 영어의 시작**

동아출판

중학 **비문학
영어 독해**

실력

ANSWERS

중학생을 위한 **수능 영어의 시작**

동아출판

중학 **비문학**
영어 독해
실력

ANSWERS

정답 확인

▪ 읽기 전 **비문학 사고력 UP**   왼쪽의 원작에 나온 등장인물로 오른쪽의 새로운 만화 영화를 만들었다.

▪ 읽은 후 **핵심 정리**   spin-offs

본문 해석

❶ 몇몇 영화나 TV 시리즈들에는 인기 있는 조연 등장인물들이 있다. ❷ 많은 사람들은 이 등장인물들을 매우 좋아해서 그들에 대해 더 많이 알고 싶어 한다. ❸ 이러한 일이 일어날 때, 원작과 관련된 새로운 시리즈가 만들어질 수도 있다. ❹ 예를 들어, 장화 신은 고양이는 만화 영화 '슈렉'에 나온 매우 인기 있는 등장인물이었다. ❺ 그래서 제작자들은 그에 대한 별도의 영화를 만들었다.

❻ 이것이 '스핀 오프(파생 작품)'의 예이다. ❼ 그 용어는 기존의 작품들에 기반한 새 영화나 TV 시리즈들을 가리켜 말한다. ❽ 그것들은 원래 이야기의 다른 측면들에 초점을 맞춘다. ❾ 원작의 조연 등장인물들은 많은 스핀 오프에서 주인공이 된다. ❿ 이는 줄거리를 변화시킨다. ⓫ 스핀 오프는 원작과 부분적으로 관련이 있긴 하지만, 대부분의 경우에는 새로운 이야기를 특징으로 한다. ⓬ 성공적인 스핀 오프는 심지어 원작을 더 인기 있게 만들 수도 있다.

⓭ 요즘은 스핀 오프들이 소설과 비디오 게임으로부터도 만들어지고 있다. ⓮ 그것들은 원래의 팬들을 만족시킬 뿐만 아니라 새로운 팬들을 끌어모으기도 한다.

직독직해

❶ Some films or TV series / have popular supporting characters.
몇몇 영화나 TV 시리즈들은   인기 있는 조연 등장인물들을 가지고 있다

❷ Many people love these characters / and want to know / more about
많은 사람들은 이 등장인물들을 매우 좋아한다   그리고 알고 싶어 한다   그들에 대해 더
them. ❸ When this happens, / a new series related to the original one
많이   이러한 일이 일어날 때   원래의 시리즈와 관련된 새로운 시리즈가
/ may be created. ❹ For example, / Puss in Boots was a very popular
만들어질 수도 있다   예를 들어   장화 신은 고양이는 매우 인기 있는 등장인물이었다
character / from the animated film *Shrek*. ❺ So producers made a separate
           만화 영화 '슈렉'에 나온   그래서 제작자들은 별도의 영화를 만들었다
film / about him.
           그에 대한

❻ This is an example of a "spin-off." ❼ The term refers to / new
이것이 '스핀 오프(파생 작품)'의 예이다   그 용어는 가리켜 말한다   새 영화
films or TV series / based on existing works. ❽ They focus on / different
나 TV 시리즈들을   기존의 작품들에 기반한   그것들은 초점을 맞춘다   다른
aspects of the original story. ❾ Supporting characters in the originals
원래 이야기의 다른 측면들에   원작들의 조연 등장인물들은
/ become main characters / in many spin-offs. ❿ This changes the
주인공이 된다   많은 스핀 오프들에서   이는 줄거리를 변화시킨다
storylines. ⓫ Spin-offs are partly connected / to the originals, / but in
           스핀 오프들은 부분적으로 관련이 있다   원작들과   하지만
most cases, / they feature new stories. ⓬ Successful spin-offs can even
대부분의 경우에는 그것들은 새로운 이야기를 특징으로 한다   성공적인 스핀 오프들은 심지어 만들 수도
make / the originals / more popular.
있다   원작들을   더 인기 있게

⓭ Nowadays, / spin-offs are also being made / from novels and video
요즘은   스핀 오프들이 또한 만들어지고 있다   소설들과 비디오 게임들로부터
games. ⓮ They not only satisfy the original fans / but also attract new
           그것들은 원래의 팬들을 만족시킬 뿐만 아니라   새로운 팬들을 끌어모으기도
ones.
한다

구문 해설

❷ love ~와 want ~가 and로 연결된 병렬 구조

❸ ..., a new series [related to the original *one*] may be created.

◆ [   ]는 a new series를 수식하는 과거분사구

◆ one: series를 대신하는 부정대명사

◆ be created: 만들어지다 (수동태: be동사 + p.p.)

❼ The term *refers to* new films or TV series [based on existing works].

◆ The term: 바로 앞에 언급된 'spin-off'를 지칭

◆ refer to: ~를 가리켜 말하다

◆ [   ]는 new films or TV series를 수식하는 과거분사구

문제 해설

1 이 글에서 언급되지 <u>않은</u> 것은?

① spin-off 작품이 만들어지는 이유　①~③번 문장
② spin-off 작품이 만들어진 예　④~⑥번 문장
③ spin-off 작품의 정의　⑦번 문장
✓④ spin-off 작품 제작 시 어려운 점
⑤ spin-off 작품들이 만들어지는 분야　⑧번 문장

1 ④ 스핀 오프를 제작할 때 어려운 점은 언급되지 않았다.

2 빈칸에 들어갈 말로 가장 적절한 것은?

① connected to real life　실생활과 연관된
✓② based on existing works　기존의 작품들에 기반한
③ related to popular actors　인기 있는 배우들과 관련된
④ made into animated films　만화 영화로 만들어진
⑤ created by different producers　다른 제작자들에 의해 창작된

2 빈칸이 주어진 문장은 스핀 오프의 정의에 해당하는 문장이다. 글의 첫 문단에서 원작에 관련된 새로운 작품이 만들어지는 스핀 오프의 예에 대해 설명하고 있으므로, 빈칸에 들어갈 말로는 이 내용과 관련된 ②가 가장 적절하다.

3 밑줄 친 <u>This</u>가 가리키는 내용을 우리말로 쓰시오.

　　　　원작에서의 조연 등장인물들이 많은 스핀 오프에서 주인공이 되는 것

3 This는 바로 앞 문장 전체를 가리킨다.

(13)

❾ Supporting characters in the originals become main characters ....
◆ 주어: Supporting characters ~ originals, 동사: become

❿ be connected to: ~와 관련되다 / in most cases: 대부분의 경우에는

⓫ make + 목적어(the originals) + 목적격보어(형용사: more popular): ~를 …하게 만들다 (5형식)

⓬ are being made: 만들어지고 있다(수동태 진행형: be동사 + being p.p.)

⓭ They *not only* satisfy the original fans *but also* attract new *ones*.
◆ not only A but also B: A뿐만 아니라 B도 (동사구 satisfy ~ fans와 attract ~ ones가 각각 A, B로 병렬 연결됨)
◆ ones: fans를 대신하는 부정대명사

본문 해석

❶박물관을 방문할 때, 우리는 대개 예술 작품에 주의를 기울인다. ❷하지만, 여러분은 그곳에서 일하는 사람들에 대해 생각해 본 적이 있는가? ❸(박물관에는) 두 가지 중요한 자리가 있다. 도슨트(해설사)와 큐레이터(학예사)이다. ❹둘 다 방문객들이 소장품을 감상하도록 돕는다. ❺하지만 그들의 역할은 조금 다르다.

❻'도슨트'라는 단어는 라틴어 docere에서 생겨났는데, 그것은 '가르치다'를 의미한다. ❼그 이름에서 알 수 있듯이, 도슨트는 박물관의 교사와 같다. ❽그들의 역할은 방문객들에게 유익하고 교육적인 지식을 제공하는 것이다. ❾그들은 견학을 이끌고 소장품을 설명해준다. ❿그들 덕분에, 관람객들은 예술 작품을 더 깊이 감상할 수 있다. ⓫그렇다면 큐레이터는 무슨 일을 할까? ⓬'큐레이터'는 '돌보다'를 의미하는 라틴어 단어 cura에서 유래했다. ⓭그들은 소장품과 전시회를 관리한다. ⓮따라서, 그들은 예술에 대한 깊은 지식을 필요로 하는 전문가들이다. ⓯그들은 연구를 하고, 전시할 예술 작품을 선정하고, 전시회를 계획한다.

⓰여러분이 (박물관을) 방문하는 동안, 여러분은 큐레이터에 의해 준비된 모든 것들을 도슨트의 도움을 받아 즐길 수 있다!

직독직해

❶When we visit museums, / we usually focus on the artwork.
우리가 박물관을 방문할 때 / 우리는 대개 예술 작품에 주의를 기울인다

❷However, / have you ever thought about the people / ⓐworking there?
하지만 / 여러분은 사람들에 대해 생각해 본 적이 있는가 / 그곳에서 일하는

❸There are two important positions: / docent and curator. ❹Both help
두 가지 중요한 자리가 있다 / 도슨트와 큐레이터이다 / 둘 다 방문객들이

visitors appreciate the collection. ❺But their roles are a little different.
소장품을 감상하도록 돕는다 / 하지만 그들의 역할은 조금 다르다

❻The word "docent" comes / from the Latin word *docere*, / which
'도슨트'라는 단어는 생겨났다 / 라틴어 docere에서 / 그리고 그것은

means "to teach." ❼As you can tell from the name, / they are ⓑlike
'가르치다'를 의미한다 / 그 이름에서 알 수 있듯이 / 그들은 교사와 같다

teachers / in the museum. ❽Their role is ⓒto provide / informative and
박물관에서 / 그들의 역할은 제공하는 것이다 / 유익하고 교육적인

educational knowledge / to visitors. ❾They lead tours / and explain the
지식을 / 방문객들에게 / 그들은 견학을 이끌고 / 소장품을 설명한다

collection. ❿Thanks to them, / viewers can appreciate artwork / more
그들 덕분에 / 관람객들은 예술 작품을 감상할 수 있다 / 더 깊이

deeply. ⓫So what do curators do? ⓬"Curator" originates / from the
그렇다면 큐레이터는 무슨 일을 할까 / '큐레이터'는 유래했다

Latin word *cura*, / meaning "to care." ⓭They take care of the collection
라틴어 단어 cura에서 / '돌보다'를 의미하는 / 그들은 소장품과 전시회를 관리한다

and exhibitions. ⓮Therefore, / they are experts / ⓓwho need deep
따라서 / 그들은 전문가들이다 / 예술에 대한 깊은 지식을

knowledge of art. ⓯They do research, / select the artwork / to display, /
필요로 하는 / 그들은 연구를 하고 / 예술 작품을 선정하고 / 전시할

and ⓔplan exhibitions.
전시회를 계획한다

⓰During your visit, / you can enjoy all the things / prepared by
여러분의 방문 동안 / 여러분은 모든 것들을 즐길 수 있다 / 큐레이터에 의해 준

curators / with the help of docents!
비된 / 도슨트의 도움을 받아

16

구문 해설

❷However, have you ever thought about the people [working there]?
- Have + 주어 + ever + p.p. ~?: ~해 본 적이 있는가? (현재완료 의문문: 경험)
- [ ]는 the people을 수식하는 현재분사구

❸there are + 복수명사: ~들이 있다

❹help + 목적어(visitors) + 목적격보어(동사원형: appreciate): ~가 …하는 것을 돕다

❻The word "docent" comes from the Latin word *docere*, which means "to teach."
- come from: ~에서 생겨나다
- which: 계속적 용법의 주격 관계대명사 (= and it)

❼as: ~처럼, ~하듯이 / tell from: ~로부터 알다 / like: ~ 같은

Self-Study 노트 **핵심 구문 100% 이해하기** | 직독직해 **②**, **④**, **⑧**, **⑭**, **⑯**번 문장
글의 내용 100% 이해하기 | 1. 가르치다 2. 지식 3. 견학 4. cura 5. 연구 6. 전시회

1 이 글의 주제로 가장 적절한 것은?

① ways to enjoy artwork better 예술 작품을 더 잘 즐기는 방법
② examples of Latin words used in art 예술에서 쓰이는 라틴어 단어들의 예
✓③ two important jobs related to museums 박물관과 관련 있는 두 가지 중요한 직업
④ how to become successful in the art world 예술계에서 성공하는 방법
⑤ the process of preparing exhibitions in museums 박물관에서 전시회를 준비하는 과정

1 박물관에서 일하는 docent와 curator에 대한 정의와 역할에 대한 내용을 다루고 있으므로 ③이 주제로 가장 적절하다.

2 이 글의 내용과 일치하지 <u>않는</u> 것은?

① docent와 curator의 역할은 다르다. ⑤번 문장
② docent와 curator라는 단어는 둘 다 라틴어에서 유래했다. ⑥, ⑫번 문장
③ docent는 관람객들에게 소장품에 대한 정보를 제공한다. ⑧, ⑨번 문장
④ curator는 전시를 기획하는 역할을 한다. ⑮번 문장
✓⑤ docent는 소장품을 관리하는 역할을 한다.

2 ⑤ 소장품과 전시회를 관리하는 일은 docent가 아닌 curator의 역할이다.

3 밑줄 친 ⓐ~ⓔ 중 어법상 틀린 것은?

① ⓐ   ② ⓑ   ③ ⓒ   ④ ⓓ   ✓⑤ ⓔ

3 ⓔ to plan → plan
do ~, select ~, plan ~이 and로 연결된 병렬 구조이므로 문법적으로 동일한 형태가 와야 한다.
ⓐ 명사를 수식하는 현재분사
ⓑ 전치사 like: ~ 같은
ⓒ 보어로 쓰인 명사적 용법의 to부정사
ⓓ experts를 수식하는 절을 이끄는 주격 관계대명사 who

❽ Their role is <u>to provide informative and educational knowledge to visitors</u>.
  ◆ 주어: Their role, 동사: is, 보어: to provide ~ visitors (2형식)
  ◆ to provide: 명사적 용법의 to부정사 (보어: ~하는 것)

⓬ originate from: ~에서 유래하다 / meaning: ~를 의미하는

⓮ ..., they are <u>experts</u> [who need deep knowledge of art].
  ◆ [ ]는 선행사 experts를 수식하는 주격 관계대명사절

⓯ They *do* research, *select* <u>the artwork</u> [to display], and *plan* exhibitions.
  ◆ do research, select ~, plan exhibitions가 and로 연결된 병렬 구조 (A, B, and C로 나열)
  ◆ [ ]는 the artwork을 수식하는 형용사적 용법의 to부정사 (~할)

⓰ ..., you can enjoy <u>all the things</u> [prepared by curators] *with the help of* docents!
  ◆ [ ]는 all the things를 수식하는 과거분사구
  ◆ with the help of: ~의 도움으로

본문 해석

❶ 2022년에 게임 디자이너인 Jason Allen(제이슨 앨런)은 한 미술 대회의 디지털 예술 부문에서 일등을 했다. ❷ 하지만 그가 자신의 수상 작품을 만들기 위해 인공지능 이미지 생성기를 사용했다는 사실이 곧 밝혀졌다. ❸ 이 사실은 많은 예술가들을 분노하게 만들었다. ❹ 우리는 인공지능에 의해 생성된 이미지들을 진정한 예술이라고 부를 수 있을까? ❺ 어떤 예술가들은 인공지능에 의해 생성된 이미지들을 진정한 예술이라고 생각하지 않는다. ❻ 진정한 예술은 창의적인 과정이지만, 그들은 인공지능 프로그램을 사용하는 것이 창의적이라고 생각하지 않는다. ❼ 인공지능 프로그램들은 새로운 무언가를 만들기 위해 이미 존재하는 예술에 의존한다. ❽ 설상가상으로, 인공지능 프로그램들은 셀 수 없이 많은 예술가들의 작품을 종종 허락 없이 사용한다. ❾ 반면에, 다른 어떤 예술가들은 인공지능 프로그램이 예술계에 흥미로운 변화들을 가져올지도 모른다고 생각한다. ❿ 그들은 인공지능 기술이 창의적인 과정에 있어 자신들에게 영감을 줄지도 모른다고 생각한다. ⓫ 그들은 또한 그 기술이 사람들로 하여금 예술을 더 쉽게 만들 수 있도록 도울지도 모른다고 생각한다. ⓬ 인공지능 프로그램들은 예술가들을 위한 강력한 도구가 될까, 아니면 단지 그들의 작품을 모방할까? ⓭ 인공지능에 의해 생성된 이미지들에 관한 논란은 아마도 계속될 것이다.

직독직해

❶ In 2022, / Jason Allen, a game designer, / won first place / in the
2022년에   게임 디자이너인 Jason Allen은   일등을 했다   디지털
digital arts category / of an art competition. ❷ But it was soon revealed
예술 부문에서   한 미술 대회의   하지만 곧 밝혀졌다
/ that he used an AI image generator / to create his award-winning art.
그가 인공지능 이미지 생성기를 사용했다는 것이   그의 상을 받은 예술 작품을 만들기 위해
❸ This made / many artists / angry. ❹ Can we call / AI-generated images
이것은 만들었다   많은 예술가들을   분노하게   우리는 부를 수 있을까 인공지능에 의해 생성된 이미
/ true art?
지들을   진정한 예술이라고

❺ Some artists don't think / AI-generated images are true art. ❻ True
어떤 예술가들은 생각하지 않는다   인공지능에 의해 생성된 이미지들이 진정한 예술이라고
art is a creative process, / but they don't think / using an AI program / is
진정한 예술은 창의적인 과정이다   하지만 그들은 생각하지 않는다   인공지능 프로그램을 사용하는 것이
creative. ❼ AI programs rely on existing art / to produce something new.
창의적이라고   인공지능 프로그램들은 이미 존재하는 예술에 의존한다   새로운 무언가를 만들기 위해
❽ What is worse, / they often use / the work of countless artists / without
설상가상으로   그것들은 종종 사용한다   셀 수 없이 많은 예술가들의 작품을   허락 없이
permission.

❾ On the other hand, / other artists think / AI programs could bring
반면에   다른 어떤 예술가들은 생각한다   인공지능 프로그램이 흥미로운
interesting changes / to the art world. ❿ They believe / that AI technology
변화들을 가져올지도 모른다고 예술계에   그들은 생각한다   인공지능 기술이 자신들에게
might inspire them / in the creative process. ⓫ They also think / that the
영감을 줄지도 모른다고   창의적인 과정에서   그들은 또한 생각한다   그 기술이
technology may help / people produce art more easily.
도울지도 모른다고   사람들이 예술을 더 쉽게 만들도록
⓬ Will AI programs be a powerful tool / for artists / or will they just
인공지능 프로그램들은 강력한 도구가 될까   예술가들을 위한   아니면 그것들은 단지
copy their work? ⓭ The controversy about AI-generated images / will
그들의 작품을 모방할까   인공지능에 의해 생성된 이미지들에 관한 논란은
probably continue.
아마도 계속될 것이다

(20)

구문 해설

❶ Jason Allen과 a game designer는 동격 관계

❷ But it *was* soon *revealed* [that he used an AI image generator to create his award-winning art].
　◆ it은 가주어, that 이하가 진주어
　◆ be revealed: 밝혀지다 (수동태: be동사 + p.p.)
　◆ to create: 부사적 용법의 to부정사 (목적: ~하기 위해)

❸ make + 목적어(many artists) + 목적격보어(형용사: angry): ~을 …하게 만들다 (5형식)

❹ call + 목적어(AI-generated images) + 목적격보어(명사: true art): ~을 …라고 부르다 (5형식)

❺ Some artists don't think [(that) AI-generated images are true art].
　◆ [　]는 think의 목적어로 쓰인 명사절 (접속사 that이 생략됨)

Self-Study 노트　핵심 구문 100% 이해하기 | 직독직해 ❷, ❸, ❹, ❻, ❼, ⓫번 문장
　　　　　　　　글의 내용 100% 이해하기 | 1. 창의적 2. 의존 3. 허락 4. 변화 5. 영감 6. 쉽게

문제 해설

1 이 글의 제목으로 가장 적절한 것은?

① AI: Smarter Than Humans 인공지능: 인간보다 더 똑똑하다
② AI: The Best Image Creator Ever 인공지능: 역대 최고의 이미지 생성기
✓③ Art Created by AI: Is It Still Art? 인공지능에 의해 만들어진 예술: 그것은 여전히 예술인가?
④ How to Make Artwork Using AI 인공지능을 사용해서 예술 작품을 만드는 법
⑤ AI: A Creative Tool for Countless Artists 인공지능: 수많은 예술가들을 위한 창의적인 도구

1 인공지능으로 만들어진 예술 작품이 진정한 예술인가에 대한 찬반 의견을 설명하고 있는 글이므로 글의 제목으로는 ③이 가장 적절하다.

2 다음은 이 글의 밑줄 친 질문에 대해 미나가 자신의 의견을 말한 문장이다. ⓐ, ⓑ에 알맞은 말을 고르시오.

> **Mina** We can't call AI-generated images true art. This is because making something from ⓐ digital / existing images is not ⓑ creative / possible .

미나: 우리는 인공지능에 의해 생성된 이미지들을 진정한 예술이라고 부를 수 없어. 이것은 ⓐ이미 존재하는 이미지들로 무언가를 만드는 것은 ⓑ창의적이지 않기 때문이야.

2 '우리는 인공지능에 의해 생성된 이미지들을 진정한 예술이라고 부를 수 있을까?'에 대한 반대 의견이다. 두 번째 문단에 '예술은 창의적인 과정이지만, 이미 존재하는 이미지를 이용해서 예술 작품을 만드는 것은 창의적이지 않다'라는 내용이 나와 있으므로, 이와 관련된 내용인 ⓐ existing, ⓑ creative가 적절하다.

3 이 글의 내용으로 보아 다음 질문에 대한 답으로 적절한 것을 <u>모두</u> 고르면?

> Why do some artists think that AI programs could bring interesting changes to the art world? 왜 어떤 예술가들은 인공지능 프로그램이 예술계에 흥미로운 변화들을 가져올지도 모른다고 생각하는가?

① 재미있는 인공지능 기술이 많기 때문에
✓② 인공지능 기술이 창작에 영감을 줄 수 있기 때문에 ⑩번 문장
③ 인공지능 기술이 수많은 예술가의 작품을 참고하기 때문에
④ 인공지능 기술로 인해 그림 대회 수상 기준이 바뀌었기 때문에
✓⑤ 인공지능 기술이 예술 작품을 더 쉽게 만들 수 있게 해 주기 때문에 ⑪번 문장

3 주어진 문장은 인공지능을 이용해 예술 작품을 만드는 것에 대해 찬성 의견을 가진 예술가들의 생각을 묻는 것이므로, 세 번째 문단의 내용과 일치하는 ②, ⑤가 답으로 적절하다.

(21)

❼ AI programs *rely on* existing art <u>to produce</u> *something new*.
　◆ rely on: ~에 의존하다
　◆ to produce: 부사적 용법의 to부정사 (목적: ~하기 위해)
　◆ something new: -thing으로 끝나는 대명사는 형용사(new)가 뒤에서 수식함

❾ ···, *other artists think* [(that) AI programs could *bring* interesting changes *to* the art world].
　◆ [ ]는 think의 목적어로 쓰인 명사절 (접속사 that이 생략됨)
　◆ bring A to B: B에게 A를 가져 오다

⓫ They also think [that the technology may <u>help</u> <u>people</u> <u>produce</u> art more easily].
　◆ [ ]는 think의 목적어로 쓰인 명사절
　◆ help + 목적어(people) + 목적격보어(동사원형: produce): ~가 ···하도록 돕다 (5형식)

⓭ 주어: The controversy about AI-generated images, 동사: will continue

본문 해석

❶ Frank Lloyd Wright(프랭크 로이드 라이트)는 20세기 초반에 유명한 미국인 건축가였다. ❷ 그는 '유기적 건축'이라고 불리는 새로운 건축 양식을 만들었다. ❸ 이 양식은 건물들과 주변 자연 환경 사이의 조화를 강조한다. ❹ Wright는 건물들이 자연의 한 부분처럼 보이게 만드는 것을 목표로 했다.

❺ 유기적 건축의 두 가지 유명한 예는 Fallingwater와 Taliesin West이다. ❻ Fallingwater는 숲 속의 가파른 계곡에 지어졌다. ❼ 아름다운 폭포가 그 집의 바로 아래에 흐른다. ❽ 그 집을 짓기 위해 Wright는 집 주변에 있는 돌과 나무 같은 천연 재료들을 사용했다. ❾ 이런 건축 자재들은 그 집이 주변 환경과 조화를 이루도록 만든다. ❿ Taliesin West는 아리조나 주의 사막에 있는 Wright의 겨울용 집이었다. ⓫ 그가 그 집을 지었을 때, 그는 사막의 암석들과 노랑과 빨강 같은 색상들을 사용했다. ⓬ 그것은 그 집이 사막과 조화를 이루도록 만들었다.

⓭ 이 두 집을 포함하여 Wright의 작품들 중 많은 것들이 대중에게 개방되어 있다. ⓮ 그러니 여러분이 기회가 된다면, 그것들을 방문해서 Wright가 만든 아름다운 조화를 경험하도록 하라.

직독직해

❶ Frank Lloyd Wright was a famous American architect / in the early
Frank Lloyd Wright는 유명한 미국인 건축가였다   20세기 초반에
20th century. ❷ He created a new architectural style / called "organic
              그는 새로운 건축 양식을 만들었다   '유기적 건축'이라고
architecture." ❸ This style emphasizes the harmony / between buildings
불리는   이 양식은 조화를 강조한다   건물들과 그들의 자연 환경
and their natural surroundings. ❹ Wright aimed to make / buildings / look
사이의   Wright는 만드는 것을 목표로 했다   건물들이
like a part of nature.
자연의 한 부분처럼 보이게

❺ Two famous examples of organic architecture / are Fallingwater and
유기적 건축의 두 가지 유명한 예는   Fallingwater와 Taliesin West이다
Taliesin West. ❻ Fallingwater was built / in a steep valley / in the forest.
                Fallingwater는 지어졌다   가파른 계곡에   숲 속에
❼ A beautiful waterfall flows / right underneath the house. ❽ To build
아름다운 폭포가 흐른다   그 집의 바로 아래에   그 집을 짓기
the house, / Wright used natural materials / like stones and wood /
위해   Wright는 천연 재료들을 사용했다   돌과 나무 같은
from around it. ❾ These building materials make / the house blend in
그것 주변에서 온   이런 건축 자재들은 만든다   그 집이 주변 환경과
with its environment. ❿ Taliesin West was Wright's winter house / in the
조화를 이루도록   Taliesin West는 Wright의 겨울용 집이었다
desert of Arizona. ⓫ When he built it, / he used desert rocks / and colors
아리조나 주의 사막에 있는   그가 그것을 지었을 때, 그는 사막의 암석들을 사용했다 그리고 노랑과
like yellow and red. ⓬ It made / the house harmonize with the desert.
빨강 같은 색상들을   그것은 만들었다   그 집이 사막과 조화를 이루도록

⓭ Many of Wright's works / are open to the public, / including these
Wright의 작품들 중 많은 것들이   대중에게 개방되어 있다   이 두 집을 포함하여
two houses. ⓮ So if you get a chance, / visit them / and experience the
                그러니 여러분이 기회가 된다면   그것들을 방문하라   그리고 아름다운 조화를
beautiful harmony / that Wright created.
경험하라   Wright가 만든

(24)

구문 해설

❷ He created a new architectural style [called "organic architecture]."
  ◆ [   ]는 a new architectural style을 수식하는 과거분사구

❸ between A and B: A와 B 사이의

❹ Wright *aimed to* make buildings *look like* a part of nature.
  ◆ aim + to부정사: ~하는 것을 목표로 하다 / look like: ~처럼 보이다
  ◆ make + 목적어(buildings) + 목적격보어(동사원형: look): ~가 …하게 만들다 (5형식)

❺ 주어: Two famous examples of organic architecture, 동사: are, 보어: Fallingwater and Taliesin West (2형식)

❽ To build the house, Wright used natural materials *like* stones and wood *from* around it.
  ◆ To build: 부사적 용법의 to부정사 (목적: ~하기 위해)
  ◆ like: ~ 같은 / from: ~에서 온

■ Self-Study 노트 　핵심 구문 100% 이해하기 | 직독직해 ③, ④, ⑧, ⑬, ⑭번 문장
　　　　　　　　　글의 내용 100% 이해하기 | 1. organic 2. nature 3. waterfall 4. wood 5. desert 6. rocks

문제 해설

1 이 글의 주제로 가장 적절한 것은?

① famous buildings in the forest　숲 속에 지어진 유명한 건물들
② the impact of new buildings on nature　새 건물들이 자연에 미치는 영향
✓③ an architectural style in harmony with nature　자연과 조화를 이루는 한 건축 양식
④ the harmony between new buildings and old ones　새 건물들과 오래된 건물들 간의 조화
⑤ the importance of using natural building materials　천연 건축 자재를 사용하는 것의 중요성

1 자연과의 조화를 강조하는 Frank Lloyd Wright의 새로운 건축 양식을 그의 두 가지 작품을 통해 설명하고 있는 글이므로, 주제로는 ③이 가장 적절하다.

2 글의 흐름으로 보아, 주어진 문장이 들어가기에 가장 적절한 곳은?

> These building materials make the house blend in with its environment.

①　　　　②　　　✓③　　　　④　　　　⑤
이런 건축 자재들은 그 집이 주변 환경과 조화를 이루도록 만든다.

2 These building materials를 통해 앞서 건축 자재에 대한 내용이 나왔다는 것을 알 수 있으므로, 주어진 문장은 stones와 wood가 언급된 문장의 다음인 ③에 들어가는 것이 가장 적절하다.

3 Frank Lloyd Wright에 관한 설명 중 이 글의 내용과 일치하지 <u>않는</u> 것은?

✓① 그는 전통적인 건축 양식을 되살려 작업했다.
② 그의 건축 양식은 건축물과 자연 간의 조화를 추구했다.　③번 문장
③ 그는 돌이나 나무 같은 천연 재료를 활용했다.　⑧번 문장
④ 그의 건축물 중 하나는 사막에 지어졌다.　⑩번 문장
⑤ 그의 많은 건축물들은 일반인들에게 공개되어 있다.　⑬번 문장

3 ① Frank Lloyd Wright는 '유기적 건축'이라고 불리는 '새로운' 건축 양식을 만들었다.

(25)

⑨ make + 목적어(the house) + 목적격보어(동사원형: blend in): ～가 …하게 만들다 (5형식)

⑫ make + 목적어(the house) + 목적격보어(동사원형: harmonize): ～가 …하게 만들다 (5형식)

⑬ Many of Wright's works <u>are open to</u> the public, *including* these two houses.
　◆ 주어: Many of Wright's works (many of + 복수명사: ～ 중 많은 것들), 동사: are
　◆ be open to: ～에 개방되어 있다 / the public: 일반 사람들, 대중
　◆ including: ～을 포함하여

⑭ ..., visit them and experience <u>the beautiful harmony</u> [that Wright created].
　◆ visit them과 experience ～가 and로 연결된 병렬 구조
　◆ [ ]는 선행사 the beautiful harmony를 수식하는 목적격 관계대명사절

정답 확인

■ 읽기 전 **비문학 사고력 UP**   아토피

■ 읽은 후 **핵심 정리**   It's a disease that affects many people across multiple countries.

본문 해석

❶ 팬데믹(pandemic)은 무엇인가? ❷ 그것은 여러 나라에 걸쳐 많은 사람들에게 영향을 미치는 질병이다. ❸ 코로나19 때문에, 이 단어는 익숙해졌다. ❹ 정확히 그 정의가 말하는 것처럼, 코로나19는 전 세계로 퍼졌다.

❺ 코로나19가 중국의 우한에 한정되었을 때는 에피데믹(epidemic)이었다. ❻ 에피데믹은 한 도시나 심지어 한 나라 전체 같은 어떤 한 지역에서 매우 빨리 퍼지는 질병이다. ❼ 비록 에피데믹의 범위가 제한적이기는 하지만, 감염된 사람들의 수는 대단히 많다. ❽ 에피데믹이 다른 나라들과 대륙들로 퍼지면 팬데믹이 된다.

❾ 팬데믹은 에피데믹보다 통제하기에 훨씬 더 어렵다. ❿ 2020년 3월, 세계 보건 기구는 코로나19를 팬데믹으로 선언했다. ⓫ 우리가 본 대로, 코로나19 팬데믹은 상당한 사회적 혼란과 경제적 손실로 이어졌다. ⓬ 게다가, 코로나19는 수백만의 감염과 셀 수 없이 많은 사망을 초래했다.

직독직해

❶ What is a pandemic? ❷ It's a disease / that affects many people
팬데믹은 무엇인가   그것은 질병이다   많은 사람들에게 영향을 미치는
/ across multiple countries. ❸ Because of COVID-19, / this word has
여러 나라에 걸쳐   코로나19 때문에   이 단어는 익숙해졌다
become familiar. ❹ Exactly like the definition says, / COVID-19 spread /
                  정확히 그 정의가 말하는 것처럼   코로나19는 퍼졌다
around the world.
전 세계로

❺ When COVID-19 was limited to Wuhan, China, / it was an
코로나19가 중국의 우한에 한정되었을 때는   그것은 에피데
epidemic. ❻ An epidemic is a disease / that spreads really quickly / in
믹이었다   에피데믹은 질병이다   매우 빨리 퍼지는
a certain area, / such as a city or even a whole country. ❼ Although the
어떤 한 지역에서   한 도시나 심지어 한 나라 전체 같은   비록 에피데믹의
range of an epidemic is limited, / the number of infected people / is
범위가 제한적이기는 하지만   감염된 사람들의 수는
unusually high. ❽ When an epidemic spreads / to other countries and
대단히 많다   에피데믹이 퍼지면   다른 나라들과 대륙들로
continents, / it becomes a pandemic.
                그것은 팬데믹이 된다

❾ Pandemics are much harder / to control / than epidemics. ❿ In
팬데믹은 훨씬 더 어렵다   통제하기에   에피데믹보다
March 2020, / the World Health Organization (WHO) declared /
2020년 3월   세계 보건 기구는 선언했다
COVID-19 a pandemic. ⓫ As we saw, / the COVID-19 pandemic led to
코로나19를 팬데믹으로   우리가 본 대로   코로나19 팬데믹은 이어졌다
/ significant social chaos and economic loss. ⓬ Moreover, / it caused /
상당한 사회적 혼란과 경제적 손실로   게다가,   그것은 초래했다
millions of infections and countless deaths.
수백만의 감염과 셀 수 없이 많은 사망을

구문 해설

❷ It's <u>a disease</u> [that affects many people across multiple countries].
   ◆ [ ]는 선행사 a disease를 수식하는 주격 관계대명사절

❹ exactly: 정확히 / like: ~처럼

❺ be limited to: ~에 제한되다(한정되다)

❻ An epidemic is <u>a disease</u> [that spreads really quickly in a certain area, *such as* a city or even a whole country].
   ◆ [ ]는 선행사 a disease를 수식하는 주격 관계대명사절
   ◆ such as: ~같은 (such as ~ country가 앞에 나온 a certain area의 예시)

문제 해설

1 이 글의 제목으로 가장 적절한 것은?

① Vaccines: The Key to Ending COVID-19　백신: 코로나19 종식의 열쇠

② What Made COVID-19 Spread So Fast?　무엇이 코로나19를 그렇게 빨리 퍼지게 했나?

③ The Effects of COVID-19 on Our Society　코로나19가 우리 사회에 미친 영향

✓④ COVID-19: From an Epidemic to a Pandemic　코로나19: 에피데믹에서 팬데믹으로

⑤ Epidemics: A Bigger Problem than Pandemics　에피데믹: 팬데믹보다 더 큰 문제

1 두 가지 다른 종류의 전염병인 에피데믹과 팬데믹의 정의와 특징에 대한 비교 설명을 통해 코로나19가 에피데믹에서 팬데믹으로 확산된 내용을 다루고 있으므로, 제목으로는 가장 ④가 적절하다.

2 밑줄 친 우리말과 일치하도록 이 글의 괄호 안의 단어를 바르게 배열하시오.

> 에피데믹의 범위가 제한적이긴 하지만, 감염된 사람들의 수는 대단히 많다.

Although the range of an epidemic is limited, ＿＿＿＿＿＿＿＿＿＿＿

＿＿＿＿＿＿＿＿＿＿＿＿＿＿＿＿＿＿＿＿＿＿＿＿ .
the number of infected people is unusually high

2 ・the number of(~의 수) + infected people

・부사(unusually)가 형용사 (high)를 수식함

3 빈칸에 들어갈 말로 가장 적절한 것은?

① However　하지만

✓② Moreover　게다가

③ Otherwise　그렇지 않으면

④ Nevertheless　그럼에도 불구하고

⑤ On the other hand　반면에

3 빈칸 앞 부분에서 코로나19의 피해인 사회적 혼란과 경제적 손실에 관해 언급한 후, 또 다른 피해인 감염과 사망에 대해 설명하고 있으므로 '추가'의 의미가 있는 ④가 적절하다.

(31)

❼ ..., the number of infected people is *unusually* high.

◆ the number of: ~의 수 (단수 취급하므로 뒤에 단수동사 is가 쓰임)

　cf. a number of(많은) + 복수명사 + 복수동사

◆ unusually: 대단히 (평소보다 정도가 심한 것을 뜻함)

❾ Pandemics are *much* harder [to control] than epidemics.

◆ much + 비교급 : 비교급 강조 (훨씬)

◆ [ ]는 harder를 수식하는 부사적 용법의 to부정사 (~하기에)

❿ declare + 목적어(COVID-19) + 목적격보어(명사: a pandemic): ~를 …라고 선언하다 (5형식)

⓫ as: ~한 대로 / lead to: ~로 이어지다

본문 해석

❶ 사람의 신체에는 많은 호르몬들과 화학 물질들이 있다. ❷ 그것들 중 일부는 스트레스, 고통, 그리고 기분과 관련이 있다. ❸ 엔도르핀은 우리 몸에서 중요한 역할들을 하는 뇌 화학 물질이다. ❹ 엔도르핀은 뇌에서 만들어지고 우리가 통증이나 스트레스를 느낄 때 분비된다. ❺ 엔도르핀은 뇌로 가는 통증 신호들을 막거나 줄일 수 있다. ❻ 그래서 우리가 다칠 때, 엔도르핀은 통증을 줄여주는 약처럼 작용한다. ❼ 이것이 엔도르핀이 천연 진통제라고 불리는 이유이다.

❽ 엔도르핀은 또한 우리의 기분을 북돋아줄 수도 있다. ❾ 엔도르핀은 단 음식을 먹는 것이나 운동하는 것과 같은 활동을 하는 동안 긍정적인 감정을 촉진시켜준다. ❿ 운동선수들이 30분 이상 달릴 때, 그들은 종종 '러너스 하이(격렬한 운동 후에 맛보는 행복감)'를 경험한다. ⓫ 이것은 엔도르핀의 급격한 분비에 의해 유발된다. ⓬ 이것이 발생할 때, 그들은 행복하고 활기 있는 기분이 든다.

⓭ 엔도르핀의 부족은 통증이나 우울증과 같은 건강 문제들을 일으킬 수도 있다. ⓮ 따라서, 우리는 웃기, 운동하기, 그리고 명상하기와 같은 활동들을 통해 엔도르핀을 증가시킬 필요가 있다.

직독직해

❶The human body contains / many hormones and chemicals. ❷Some
사람의 신체는 가지고 있다　　많은 호르몬들과 화학 물질들을　　　　그것들
of them are associated / with stress, pain, and mood.
중 일부는 관련된다　　　스트레스, 고통, 그리고 기분과
　　❸(a)Endorphins are brain chemicals / that play important roles in
　　엔도르핀은 뇌 화학 물질이다　　　　우리 몸에서 중요한 역할들을 하는
our body. ❹They are produced in our brain / and released / when we
　　　그것들은 우리의 뇌에서 만들어진다　　　그리고 분비된다　　우리가 통증이
feel pain or stress. ❺Endorphins can block or reduce / pain signals to
나 스트레스를 느낄 때　　엔도르핀은 막거나 줄일 수 있다　　　뇌로 가는 통증
the brain. ❻So when we get hurt, / (b)they act like drugs / to reduce our
신호들을　　　그래서 우리가 다칠 때　　그것들은 약처럼 작용한다　　우리의 통증을 줄여
pain. ❼This is why / (c)they are called natural painkillers.
주는　　이것이 이유이다　　그것들이 천연 진통제라고 불리는
　　❽Endorphins can also boost our mood. ❾(d)They promote positive
　　엔도르핀은 또한 우리의 기분을 북돋아줄 수도 있다　　그것들은 긍정적인 감정들을 촉진시켜준다
feelings / during activities / such as eating sweets or exercising. ❿When
활동 동안　　　　단 음식을 먹는 것이나 운동하는 것과 같은　　　운동선수들
athletes run / for more than half an hour, / they often experience a "runner's
이 달릴 때　　30분 이상 동안　　　그들은 종종 '러너스 하이'를 경험한다
high." ⓫This is caused / by a rush of endorphins. ⓬(e)They feel happy
　　이것은 유발된다　　엔도르핀의 급격한 분비에 의해　　그들은 행복하고 활기 있게
and energetic / when this happens.
느낀다　　　이것이 발생할 때
　　⓭A lack of endorphins may cause health problems / such as pain and
　　엔도르핀의 부족은 건강 문제들을 일으킬 수도 있다　　　통증이나 우울증과 같은
depression. ⓮Therefore, / we need to boost our endorphins / through
　　　따라서　　우리는 엔도르핀을 증가시킬 필요가 있다　　　활동들을
activities / such as laughing, exercising, and meditating.
통해　　웃기, 운동하기, 그리고 명상하기와 같은

(34)

구문 해설

❷ them은 앞에 언급된 many hormones and chemicals를 가리킴 / be associated with: ~와 관련되다

❸ Endorphins are brain chemicals [that *play* important *roles in* our body].
　◆ [ ]는 선행사 brain chemicals를 수식하는 주격 관계대명사절
　◆ play a role in: ~에서 역할을 하다

❹ They *are produced* in our brain and *released* when we feel pain or stress.
　◆ 수동태 are produced ~와 (are) released ~가 and로 연결된 병렬 구조

❻ So when we get hurt, they act *like* drugs [to reduce our pain].
　◆ like: ~처럼
　◆ [ ]는 drugs를 수식하는 형용사적 용법의 to부정사구 (~하는)

문제 해설

1 이 글의 요지로 가장 적절한 것은?

　① 신체 내의 호르몬 균형을 이루는 것이 건강에 중요하다.

　② 지나치게 격렬한 운동은 정신적 스트레스가 될 수 있다.

✓③ 엔도르핀은 스트레스와 통증을 줄여주고 기분을 좋게 해준다.

　④ 운동이나 명상 같은 활동을 통해 긍정적인 삶의 태도를 가질 수 있다.

　⑤ 정신적 스트레스와 육체적 통증은 엔도르핀을 만드는 데 방해가 된다.

1 우리 몸에 존재하는 호르몬들과 화학 물질들 중 엔도르핀의 역할을 설명하고 있으므로 글의 요지로는 ③이 가장 적절하다.

2 밑줄 친 (a)~(e) 중에서 가리키는 대상이 나머지 넷과 <u>다른</u> 것은?

　① (a) 　　　② (b) 　　　③ (c) 　　　④ (d) 　　✓⑤ (e)

2 (a)~(d)는 모두 엔도르핀을 가리키는 반면, (e)They는 When athletes ~ "runner's high." 문장에 언급된 athletes를 가리킨다.

3 빈칸에 들어갈 말로 가장 적절한 것은?

　① avoid getting hurt 　다치는 것을 피할

✓② boost our endorphins 　엔도르핀을 증가시킬

　③ keep changing our mood 　우리의 기분을 계속해서 바꿀

　④ stop the release of endorphins 　엔도르핀의 분비를 멈출

　⑤ get enough natural chemicals 　천연 화학 물질들을 충분히 얻을

3 앞 문장에서 엔도르핀이 부족할 때 생길 수 있는 문제점이 언급되었고, 빈칸이 있는 문장에 주어진 활동들(웃기, 운동하기, 명상하기)이 앞서 언급된 긍정적인 감정을 촉진시키는 활동들과 연관되어 있으므로, 빈칸에는 엔도르핀의 분비를 촉진시키는 것과 관련된 ②가 적절하다.

(35)

❼ this is why: 이것이 ~한 이유이다 / be called: ~라고 불리다

❾ such as: ~ 같은 / 동명사 eating sweets와 exercising이 or로 연결된 병렬 구조

❿ for + 시간: ~ 동안 / more than: ~ 이상

⓫ be caused by: ~에 의해 유발되다

⓬ feel + 형용사: ~하게 느끼다

⓮ through: ~을 통해 / 동명사 laughing, exercising, meditating이 and로 연결된 병렬 구조

정답 확인

▌읽기 전 비문학 사고력 UP   잠(수면)
▌읽은 후 핵심 정리   sleep paralysis

본문 해석

❶ 당신이 막 잠에서 깼다고 상상해 보라. ❷ 당신은 눈은 뜨고 있지만, 몸을 움직일 수 없다. ❸ 당신은 이런 종류의 상황을 경험한 적이 있는가? ❹ 그것은 무섭게 보일지도 모르지만, 그것에 관해서 설명하기 어려운 것이 아무것도 없다. ❺ 그것은 가위 눌림이라고 불리며, 사람들은 잠에서 깰 때나 잠이 들 때 그것을 흔히 경험한다.

❻ 잠들어 있을 때, 당신의 몸은 비렘수면과 렘수면을 거친다. ❼ 비렘수면 동안, 당신은 숙면을 경험한다. ❽ 비렘수면 후에, 렘수면이 일어난다. ❾ 눈은 빠르게 움직이고 선명한 꿈을 꾸지만, 당신의 몸은 긴장이 풀린 채로 있다. ❿ 근육들은 당신이 자는 동안 돌아다니지 않도록 움직임을 멈춘다. ⓫ 하지만 만약 렘수면이 끝나기 전에 깨어난다면, 당신은 가위 눌림을 경험할지도 모른다. ⓬ 당신은 깨어 있음에도 불구하고, 움직이거나 말을 할 수 없다.

⓭ 그렇다면 무엇이 가위 눌림을 유발하는가? ⓮ 수면 부족, 불규칙한 수면 스케줄, 또는 스트레스가 가위 눌림을 일으킬 수 있다. ⓯ 따라서 반드시 좋은 수면 습관을 들이고 충분한 수면을 취하도록 하라.

직독직해

❶ Imagine / you have just woken up. ❷ Your eyes are open, / but you
상상해보라   당신이 막 잠에서 깼다고   당신의 눈은 뜨고 있다   하지만
can't move your body. ❸ Have you experienced / this kind of situation?
당신은 몸을 움직일 수 없다   당신은 경험한 적이 있는가   이런 종류의 상황을
❹ It may seem scary, / but there is nothing mysterious / about it. ❺ It
그것은 무섭게 보일지도 모른다   하지만 설명하기 어려운 것이 아무것도 없다   그것에 관해서
is called sleep paralysis, / and people commonly experience it / when
그것은 가위 눌림이라고 불린다   그리고 사람들은 그것을 흔히 경험한다   잠에서
waking up or falling asleep.
깰 때나 잠이 들 때
❻ When you're asleep, / your body goes through NREM and REM
당신이 잠들어 있을 때   당신의 몸은 비렘수면과 렘수면을 거친다
sleep. ❼ During NREM sleep, / you experience deep sleep. ❽ After
비렘수면 동안   당신은 깊은 잠을 경험한다   비렘수면
NREM sleep, / REM sleep occurs. ❾ Your eyes move quickly / and you
후에   렘수면이 일어난다   당신의 눈은 빠르게 움직인다   그리고 당신은
have vivid dreams, / but your body remains relaxed. ❿ Your muscles
선명한 꿈을 꾼다   하지만 당신의 몸은 긴장이 풀린 채로 있다   당신의 근육들은
stop working / so that you don't move around / in your sleep. ⓫ But if
움직이는 것을 멈춘다   당신이 돌아다니지 않도록   당신이 자는 동안   하지만
you wake up / before REM sleep is over, / you may experience sleep
만약 당신이 깨어난다면   렘수면이 끝나기 전에   당신은 가위 눌림을 경험할지도 모른다
paralysis. ⓬ You cannot move or speak / despite being awake.
당신은 움직이거나 말을 할 수 없다   깨어 있음에도 불구하고
⓭ So what causes sleep paralysis? ⓮ Lack of sleep, an irregular sleep
그렇다면 무엇이 가위 눌림을 유발하는가   수면 부족, 불규칙한 수면 스케줄, 또는
schedule, or stress / can cause it. ⓯ So make sure / you have good sleep
스트레스가   그것을 일으킬 수 있다   따라서 반드시 하라   당신이 좋은 수면 습관을 갖고
habits / and get enough sleep.
충분한 수면을 취하도록

38

구문 해설

❶ Imagine [(that) you *have* just *woken up*.]
   ◆ [   ]는 imagine의 목적어로 쓰인 명사절 (접속사 that 생략)
   ◆ have p.p.: 현재완료 (just와 함께 쓰여 완료의 의미를 나타냄)

❹ It may seem scary, but there is nothing mysterious about it.
   ◆ seem + 형용사: ~하게 보이다
   ◆ nothing mysterious: -thing으로 끝나는 대명사는 형용사(mysterious)가 뒤에서 수식함

❺ be called: ~라고 불리다 / when (they are) waking up or falling asleep: (주어 + be동사)가 생략됨

❾ remain + 형용사: ~인 채로 남아 있다

문제 해설

1 이 글의 내용과 일치하는 것은?

① sleep paralysis는 흔치 않은 증상이다. ⑤번 문장

② NREM 수면 단계에서는 깊은 잠을 자기 어렵다. ⑦번 문장

✓③ REM 수면 단계에서는 꿈을 꾼다. ⑧~⑨번 문장

④ REM 수면 단계에서 우리 몸은 긴장된 상태를 유지한다. ⑧~⑨번 문장

⑤ 스트레스는 sleep paralysis와 관련이 적다. ⓮번 문장

1 ① 가위 눌림은 흔히 경험하는 일이다.

② 비렘수면 단계에서는 깊은 잠을 잔다.

④ 렘수면 단계에서 우리 몸은 긴장이 풀린 상태이다.

⑤ 스트레스는 가위 눌림의 원인이 될 수 있다.

2 빈칸에 들어갈 말로 가장 적절한 것은?

① wake up 잠에서 깰

② go to sleep 잠이 들

③ see anything 아무것도 볼

④ have dreams 꿈을 꿀

✓⑤ move or speak 움직이거나 말할

2 렘수면 중에는 근육의 움직임이 멈춘다고 하였고, 렘수면 중에 잠이 깰 경우 가위 눌림이 일어날 수 있다고 했다. 따라서 잠에서 깨어났지만 (being awake) '움직일 수 없는'과 관련 있는 move or speak가 가장 적절하다.

3 영영 풀이에 해당하는 단어를 이 글에서 찾아 쓰시오.

> a loss of the ability to move; a loss of feeling in part or most of your body 움직이는 능력을 잃음; 몸의 일부분 또는 대부분에서 느낌을 잃음

_____paralysis_____

3 paralysis(마비)에 대한 설명이다.

❿ Your muscles *stop working* so that you don't move around in your sleep.

◆ stop + 동명사: ~하는 것을 멈추다

◆ so that + 주어 + 동사: ~가 …하도록 하다 (목적)

⓮ Lack of sleep, an irregular sleep schedule, or stress can cause it.

◆ 주어: Lack of sleep, an irregular sleep schedule, or stress (A, B, or C로 나열)

⓯ So make sure [(that) you have good sleep habits and get enough sleep.]

◆ make sure + that절: 반드시 ~하도록 하다

◆ [　]는 make sure의 목적어로 쓰인 명사절 (접속사 that 생략)

◆ have good sleep habits와 get enough sleep이 and로 연결된 병렬 구조

본문 해석

❶ 콩과 쿠키는 어떤 것을 공통적으로 가지고 있다: 바로 탄수화물이다. ❷ 하지만 (콩과 쿠키 사이에는) 중요한 차이점이 있다. ❸ 쿠키에는 안 좋은 탄수화물이 들어 있는 반면에, 콩에는 좋은 탄수화물이 들어 있다.

❹ 모든 탄수화물은 근본적으로 당분이다. ❺ 복합 탄수화물은 여러분의 몸에 좋다. ❻ 이런 복합당 화합물(=복합 탄수화물)은 분해되기에 매우 어렵다. ❼ 게다가, 콩과 통곡물 같은 복합 탄수화물을 함유한 음식에는 섬유질, 비타민, 미네랄을 포함하여 다른 중요한 영양소들도 들어 있다. ❽ 그 음식들이 천천히 분해되면서, 이러한 다른 영양소들이 여러분의 몸으로 방출된다. ❾ 따라서, 복합당은 여러분에게 오랜 시간 동안 연료를 제공해 줄 수 있다.

❿ 반면에, 안 좋은 탄수화물은 단순당(=단당)이다. ⓫ 안 좋은 탄수화물의 구조는 복잡하지 않기 때문에, 그것들은 쉽게 분해된다. ⓬ 탄산음료와 후식 같은 단순 탄수화물을 함유한 일부 음식들은 여러분의 몸을 위한 영양소를 거의 가지고 있지 않다. ⓭ 여러분의 몸은 이런 탄수화물들을 당분으로 빠르게 분해한다. ⓮ 여러분의 몸이 사용하지 못한 당분은 지방으로 바뀌어 몸에 저장된다.

직독직해

❶ Beans and cookies have something in common: / carbohydrates.
콩과 쿠키는 어떤 것을 공통적으로 가지고 있다   탄수화물이다

❷ But there's an important difference. ❸ Beans contain good
하지만 중요한 차이점이 있다   콩은 좋은 탄수화물을 가지고 있다
carbohydrates, / while cookies contain bad carbohydrates.
               쿠키는 안 좋은 탄수화물을 가지고 있는 반면에

❹ All carbohydrates are basically sugars. ❺ Complex carbohydrates
모든 탄수화물은 근본적으로 당분이다   복합 탄수화물은 좋다
are good / for your body. ❻ These complex sugar compounds are
       여러분의 몸에   이런 복합당 화합물은 매우 어렵다
very difficult / to break down. ❼ Additionally, / foods with complex
            분해되기에   게다가   복합 탄수화물을 가진 음식은
carbohydrates, / such as beans and whole grains, / also contain other
               콩과 통곡물 같은   또한 다른 중요한 영양소들을
important nutrients / including fiber, vitamins, and minerals. ❽ As they
가지고 있다   섬유질, 비타민, 미네랄을 포함하여   그것들이
slowly break down, / these other nutrients are released / into your body.
천천히 분해되면서   이러한 다른 영양소들이 방출된다   여러분의 몸으로
❾ Therefore, / complex sugars can provide you with fuel / for a number
    따라서   복합당은 여러분에게 연료를 제공해 줄 수 있다   많은 시간 동안
of hours.

❿ On the other hand, / bad carbohydrates are simple sugars. ⓫ Because
         반면에   안 좋은 탄수화물은 단순당이다   그것들의 구조는
their structure is not complex, / they are easy / to break down. ⓬ Some
복잡하지 않기 때문에   그것들은 쉽다   분해되기에
foods with simple carbohydrates, / such as soda and desserts, / have few
단순 탄수화물을 가진 일부 음식들은   탄산음료와 후식 같은   영양소들을 거의
nutrients / for your body. ⓭ Your body breaks down these carbohydrates /
가지고 있지 않다 여러분의 몸을 위한   여러분의 몸은 이런 탄수화물들을 분해한다
into sugars / quickly. ⓮ The sugars that your body cannot use / are turned
당분으로   빠르게   여러분의 몸이 사용하지 못한 그 당분은
into fat / and stored in the body.
지방으로 바뀐다   그리고 몸에 저장된다

(42)

구문 해설

❶ have something in common: 어떤 것을 공통적으로 가지고 있다 (something: carbohydrates)

❸ while: ~하는 반면에

❻ These complex sugar compounds are very difficult [to break down].
　◆ [　]는 very difficult를 수식하는 부사적 용법의 to부정사구 (~하기에)

❼ Additionally, foods [with complex carbohydrates], such as beans and whole grains, / also contain other important nutrients *including* fiber, vitamins, and minerals.
　◆ 주어: foods ~ grains, 동사: contain
　◆ [　]는 foods를 수식하는 전치사구 (with: ~가 있는, ~를 가진)
　◆ including: ~을 포함하여

❽ as: ~하면서 / be released: 방출되다

문제 해설

1 이 글의 제목으로 가장 적절한 것은?

① What Makes Us Fatter? 무엇이 우리를 더 살찌게 만드는가?

② Ways to Get More Energy from Food 음식으로부터 더 많은 에너지를 얻는 방법

③ Eat Simple Meals, Become Healthier 간단한 식사를 하고 더 건강해져라

✓④ Not All Carbohydrates Are Good for Your Health 모든 탄수화물이 건강에 좋은 것은 아니다

⑤ How Does Your Body Break Down Carbohydrates?
여러분의 몸은 어떻게 탄수화물을 분해하는가?

1 복합 탄수화물과 단순 탄수화물의 두 가지 종류의 탄수화물을 비교하여 몸에 좋고 좋지 않은 이유를 설명하고 있으므로, ④가 제목으로 가장 적절하다.

2 이 글의 내용과 일치하지 <u>않는</u> 것은?

① 모든 탄수화물은 근본적으로는 당분이다. ④번 문장

② 복합 탄수화물은 쉽게 분해되지 않는다. ⑥번 문장

✓③ 쉽게 분해되지 않는 탄수화물은 몸에 해롭다.

④ 탄산음료나 후식은 단순 탄수화물이다. ⑫번 문장

⑤ 에너지로 쓰이고 남은 당분은 몸에 지방으로 쌓인다. ⑭번 문장

2 ③ 쉽게 분해되지 않는 탄수화물은 콩, 통곡물 등에 있는 복합 탄수화물로, 몸에 좋다. 분해가 쉬운 단순 탄수화물이 빠르게 분해되어 당분으로 변하고, 사용되고 남은 당분이 지방으로 쌓이므로 몸에 좋지 않은 탄수화물이다.

3 빈칸에 들어갈 말로 가장 적절한 것은?

① As a result 결과적으로

② For example 예를 들어

③ In addition 게다가

④ In other words 다시 말해, 즉

✓⑤ On the other hand 반면에

3 빈칸 이전의 문단에서는 몸에 좋은 복합 탄수화물에 대해 설명하고 있고, 빈칸이 주어진 문단에서는 몸에 좋지 않은 단순 탄수화물에 대해 설명하고 있으므로, 역접의 의미를 가진 ⑤가 적절하다.

43

❾ provide A with B: A에게 B를 제공하다 / a number of + 복수명사: 많은 **cf.** the number of : ～의 수

⑪ ..., they are <u>easy</u> [to break down].

　◆ [ ]는 easy를 수식하는 부사적 용법의 to부정사구 (～하기에)

⑫ <u>Some foods</u> [with simple carbohydrates], such as soda and desserts, / have *few* nutrients for your body.

　◆ 주어: Some foods ~ desserts, 동사: have

　◆ [ ]는 Some foods를 수식하는 전치사구 (with: ～가 있는, ～를 가진)

　◆ few + 셀 수 있는 명사: 거의 없는

⑭ <u>The sugars</u> [that your body cannot use] <u>are turned into fat</u> and <u>stored in the body</u>.

　◆ [ ]는 선행사 The sugars를 수식하는 목적격 관계대명사절

　◆ are turned into fat과 (are) stored in the body는 and로 연결된 병렬 구조

UNIT 3

Reading 1

정답 확인

■ 읽기 전 **비문학 사고력 UP** 별도 정답 없음
■ 읽은 후 **핵심 정리**   The value of the things we give up is called the "opportunity cost."

본문 해석

❶ 시간과 돈은 한정된 자원이기 때문에, 우리는 원하는 모든 것을 하거나 가질 수 없다. ❷ 그것은 우리가 선택을 해야 한다는 것을 의미한다. ❸ 우리는 한 가지를 선택할 때, 다른 것들을 포기해야 한다. ❹ 우리가 포기하는 것들의 가치는 '기회비용'이라고 불린다.

❺ 여러분이 시간제 근무(= 아르바이트)를 하는 것과 학교 공부에 더 많은 시간을 보내는 것 사이에서 선택을 하려고 애쓰는 중이라고 상상해 보라. ❻ 공부를 하기로 결정한다면, 여러분은 시간제 근무를 할 수 없다. ❼ 그래서 기회비용은 돈과 근무 경험 같은, 여러분이 잃게 되는 혜택이 된다. ❽ 반면에, 여러분이 시간제 근무를 선택한다면, 기회비용은 학교 공부를 위한 추가 시간이 된다. ❾ 그 시간을 잃는 것은 여러분의 성적에 영향을 미칠 수도 있다.

❿ 우리가 내리는 모든 결정에는 기회비용이 있다. ⓫ 따라서 더 나은 결정을 내리고 싶다면, 여러분은 각각의 선택지에 대한 기회비용을 주의 깊게 비교해야 한다.

직독직해

❶Because time and money are limited resources, / we can't do or
시간과 돈은 한정된 자원이기 때문에   우리는 모든 것을 하거
have everything / we want. ❷That means / we have to make choices.
나 가질 수 없다   우리가 원하는   그것은 의미한다   우리가 선택을 해야 한다는 것을
❸When we choose one thing, / we have to give up others. ❹The value
우리는 한 가지를 선택할 때   다른 것들을 포기해야 한다   그것들의 가치는
of the things / we give up / is called the "opportunity cost."
우리가 포기하는   '기회비용'이라고 불린다
❺Imagine you're trying to choose / between taking a part-time job
여러분이 선택하려고 애쓰는 중이라고 상상해보라   시간제 근무를 하는 것과
and ⓐspending more time on schoolwork. ❻If you decide ⓑto study,
학교 공부에 더 많은 시간을 보내는 것 사이에서   공부를 하기로 결정한다면,
/ you can't take the part-time job. ❼So the opportunity cost is / the
여러분은 시간제 근무를 할 수 없다   그래서 기회비용은 ~이다
benefits you lose, / such as money and work experience. ❽On the other
여러분이 잃는 혜택   돈과 근무 경험 같은   반면에
hand, / if you choose the part-time job, / the opportunity cost is the extra
여러분이 시간제 근무를 선택한다면   기회비용은 추가 시간이 된다
time / for your schoolwork. ❾ⓒLosing that time / could affect your
여러분의 학교 공부를 위한   그 시간을 잃는 것은   여러분의 성적에 영향을
grades.
미칠 수도 있다
❿Every decision we make / has an opportunity cost. ⓫So if you
우리가 내리는 모든 결정은   기회비용을 가지고 있다   따라서 여러분이
want to make better decisions, / you should carefully compare / the
더 나은 결정을 내리고 싶다면   여러분은 주의 깊게 비교해야 한다
opportunity cost of each choice.
각각의 선택지의 기회비용을

구문 해설

❶Because time and money are *limited* resources, we can't *do* or *have* everything [(that) we want].
- ◆ 과거분사 limited가 resources를 수식함
- ◆ can't do와 (can't) have가 or로 연결된 병렬 구조로, 뒤의 everything을 공통 목적어로 가짐
- ◆ [ ]는 선행사 everything을 수식하는 목적격 관계대명사절 (목적격 관계대명사가 생략됨)

❹The value of the things [(that) we give up] is called the "opportunity cost."
- ◆ 주어: The value ~ give up, 동사: is called, 보어: the "opportunity cost"
- ◆ [ ]는 선행사 the things를 수식하는 목적격 관계대명사절 (목적격 관계대명사가 생략됨)

❺Imagine [(that) you're trying to choose *between* taking a part-time job *and* spending more time on schoolwork].
- ◆ [ ]는 imagine의 목적어로 쓰인 명사절 (접속사 that이 생략됨)
- ◆ between A and B: A와 B 사이에서 (A, B는 문법적으로 동일한 형태인 동명사구 taking ~과 spending ~이 사용됨)
- ◆ spend + 시간 + on: ~에 시간을 보내다

문제 해설

1 이 글의 요지로 가장 적절한 것은?

　① 시간과 돈은 누구에게나 한정적인 자원이다.

✓② 모든 선택에는 포기한 것에 대한 대가가 따른다.

　③ 학업에 쏟는 시간은 장기적으로는 투자에 해당한다.

　④ 많은 경험을 쌓는 것이 좋은 선택을 위한 지름길이다.

　⑤ 눈에 보이지 않는 가치가 보이는 것보다 더 중요하다.

1 어떤 것을 선택함으로써 포기하게 되는 나머지 것들의 가치인 '기회비용'에 대해 설명한 글이므로, 글의 요지로는 ②가 가장 적절하다.

2 이 글의 ⓐ~ⓒ에 들어갈 말로 어법상 알맞게 짝지어진 것은?

	ⓐ	ⓑ	ⓒ
①	spend	to study	Lose
②	spend	studying	Lose
✓③	spending	to study	Losing
④	spending	studying	Losing
⑤	spending	to study	Lose

2 ⓐ between A and B로 연결된 구이므로 동명사구 taking a part-time job와 마찬가지로 동명사구인 spending ~이 알맞다.

ⓑ decide + to부정사: ~하기로 결정하다

ⓒ 문장의 주어로 쓰인 동명사구 Losing ~이 알맞다.

3 다음은 각각 학업과 시간제 근무를 선택했을 때의 기회비용을 정리한 것이다. 빈칸에 들어갈 알맞은 말을 우리말로 쓰시오.

선택	기회 비용
학업	(1) ___돈과 근무(일) 경험___
시간제 근무	(2) ___학교 공부를 위한 추가 시간___

3 글의 두 번째 문단에서 '학업'과 '시간제 근무' 중 어느 것을 선택하는지에 따라 어떤 기회비용이 발생하는지를 설명하고 있다.

(49)

7 So the opportunity cost is <u>the benefits</u> [(that) you lose], such as ....

　◆ [ ]는 선행사 the benefits를 수식하는 목적격 관계대명사절 (목적격 관계대명사가 생략됨)

　◆ such as: ~와 같은

9 <u>Losing that time</u> could affect your grades.

　◆ 주어: Losing that time (동명사구), 동사: could affect

10 <u>Every decision</u> [(that) we make] has an opportunity cost.

　◆ 주어: Every decision ~ make, 동사: has

　◆ [ ]는 선행사 Every decision을 수식하는 목적격 관계대명사절 (목적격 관계대명사가 생략됨)

　◆ make a decision: 결정을 내리다

　◆ every + 단수명사(decision) + 단수동사(has)

정답 확인

■ 읽기 전 비문학 사고력 UP   그 물건을 만드는 데 필요한 재료의 가격이 올랐기 때문에, 운송비가 올랐기 때문에 등
■ 읽은 후 핵심 정리   inflation

본문 해석

❶ 예를 들어 2년 전에 펜 하나가 1달러였다고 해보자. ❷ 하지만 지금은 같은 펜의 가격이 1달러 20센트이다. ❸ 이것은 여러분이 같은 상품을 사기 위해 더 많은 돈이 필요하다는 것을 의미한다. ❹ 이와 같은 점진적인 가격 상승은 인플레이션이라고 불린다.

❺ 인플레이션은 대개 공급보다 수요가 더 많을 때 발생한다. ❻ 예를 들어, 열 명의 사람들이 케이크를 사고 싶어 한다고 상상해보자. ❼ 하지만 제과점은 일곱 개(의 케이크)만 만들 수 있다. ❽ 이런 경우, 제과점은 케이크의 가격을 올릴지도 모른다. ❾ 그들은 일부 고객들이 케이크를 위해 기꺼이 더 많이 지불할 것이라는 점을 알고 있다. ❿ 인플레이션에는 다른 원인들도 있다. ⓫ 버터와 달걀 같은 재료들의 비용이 올라가면, 제과점은 케이크를 포함하여 제품들의 가격을 올려야 한다. ⓬ 일반적으로, 가격들이 올라감에 따라 급여 역시 올라가는 경향이 있다. ⓭ 따라서 제과점은 계속해서 돈을 벌기 위해 가격들을 훨씬 더 많이 올릴 가능성이 있다.

⓮ 인플레이션은 나쁜 것인가? ⓯ 매우 높은 인플레이션은 일반적으로 경제에 해롭다고 여겨진다. ⓰ 하지만 적당한 인플레이션은 완전히 정상적이다.

직독직해

❶ Let's say / a pen cost $1 / two years ago. ❷ But now the price of the same pen / is $1.20. ❸ This means / you need more money / ⓐto buy the same product. ❹ A gradual increase in prices like this / ⓑis called inflation.

❺ Inflation usually happens / when there is more demand than supply. ❻ For example, / imagine 10 people want to buy a cake. ❼ But the bakery can make only seven. ❽ In this case, / the bakery may raise / the price of the cake. ❾ They know / that some customers / will be willing to pay more / for it. ❿ Inflation also has other causes. ⓫ When the cost of ingredients / like butter and eggs / ⓒincreases, / the bakery has to raise / the prices of its products, / including the cake. ⓬ Generally, / as prices rise, / wages also tend to rise. ⓭ So the bakery is likely to raise its prices / even more / to continue ⓓmaking money.

⓮ Is inflation a bad thing? ⓯ Very high inflation is generally ⓔconsidered harmful / to the economy. ⓰ But moderate inflation is completely normal.

52

구문 해설

❶ Let's say [(that) a pen cost $1 two years ago].
- Let's say ~: 예를 들어 ~라고 해보자
- [ ]는 say의 목적어로 쓰인 명사절 (접속사 that이 생략됨)

❸ This means [(that) you need more money to buy the same product].
- [ ]는 means의 목적어로 쓰인 명사절 (접속사 that이 생략됨)
- to buy: 부사적 용법의 to부정사 (목적: ~하기 위해)

❹ A gradual increase in prices *like* this *is called* inflation.
- 주어: A gradual increase ~ this, 동사: is called
- like: ~ 같은
- be called: ~라고 불리다 (수동태: be동사 + p.p.)

❺ there is ~: ~이 있다 / more A than B: B보다 많은 A

Self-Study 노트 핵심 구문 100% 이해하기 | 직독직해 ❸, ❹, ❺, ⑪, ⑬번 문장
글의 내용 100% 이해하기 | 1. 가격 2. 수요 3. 공급 4. 재료 5. 적당한

문제 해설

1 이 글의 주제로 가장 적절한 것은?

① how to set prices 가격을 정하는 방법
② how to stop price increases 가격 인상을 막는 방법
✓③ what causes prices go up gradually 무엇이 가격이 서서히 올라가게 하는가
④ why there is more demand than supply 왜 수요가 공급보다 많은가
⑤ why inflation is harmful to the economy 왜 인플레이션이 경제에 해로운가

1 가격이 점진적으로 올라가는 현상인 인플레이션에 대한 정의와 인플레이션의 여러 가지 원인에 대해 설명하고 있으므로, 글의 주제로는 ③이 가장 적절하다.

2 이 글의 내용과 일치하지 <u>않는</u> 것은?

① 제품 가격이 올라가는 것을 inflation이라 부른다. ④번 문장
✓② 공급이 수요보다 많을 때 inflation이 발생한다.
③ 제품의 원자재 가격 인상은 inflation의 원인 중 하나이다. ⑪번 문장
④ 제품 가격들이 상승함에 따라 급여도 인상되는 경향이 있다. ⑫번 문장
⑤ 어느 정도의 inflation은 경제에 해가 되지 않는다. ⑥번 문장

2 ② 인플레이션은 수요가 공급보다 많을 때(more demand than supply) 발생한다고 하였다.

3 밑줄 친 ⓐ~ⓔ 중 어법상 <u>틀린</u> 것은?

① ⓐ   ② ⓑ   ✓③ ⓒ   ④ ⓓ   ⑤ ⓔ

3 ⓒ increase → increases
문장의 주어가 the cost ~로 3인칭 단수이므로 increases가 되어야 한다.
ⓐ to부정사의 부사적 용법(~하기 위해)
ⓑ be called: ~라고 불리다
ⓓ continue + 동명사: 계속해서 ~하다
ⓔ be considered: ~라고 여겨지다

(53)

❽ raise: ~을 올리다 (타동사) cf. rise: 오르다 (자동사)

❾ They know [that some customers will be willing to pay more for it].
  ◆ [ ]는 know의 목적어로 쓰인 명사절
  ◆ be willing to + 동사원형: 기꺼이 ~하다

⑫ as: ~함에 따라, ~하면서 / tend + to부정사: ~하는 경향이 있다

⑬ So the bakery is likely to raise its prices *even* more to *continue making* money.
  ◆ be likely to + 동사원형: ~할 것 같다, ~할 가능성이 있다
  ◆ even + 비교급: 비교급 강조 (훨씬 더)
  ◆ to continue: 부사적 용법의 to부정사 (목적: ~하기 위해)
  ◆ continue + 동명사: 계속해서 ~하다 (= continue + to부정사)

⑮ be considered: ~라고 여겨지다 (수동태: be동사 + p.p.)

Reading 3

■ 읽기 전 **비문학 사고력 UP**   10원을 깎음으로써 맨 앞자리 숫자를 하나 내려가게 만들어서 가격을 더 싸게 보이게 하려고

■ 읽은 후 **핵심 정리**   마지막, 첫 번째

본문 해석

❶ 우리가 숫자를 읽을 때, 첫 번째 (자리의) 숫자가 마지막 (자리의) 숫자보다 우리에게 영향을 더 미친다. ❷ 이것은 우리가 숫자를 읽고 처리하는 방식과 연관이 있다. ❸ 예를 들어, 800달러의 첫 번째 자리 숫자는 8인 반면, 799달러는 7로 시작하기 때문에 800달러보다 훨씬 더 싸게 느껴진다. ❹ 19세기 이래로, 가게 주인들은 9로 끝나는 가격들을 사용해 왔다. ❺ 그들은 그들의 상품이 더 싸게 보이게 하기 위해서 이렇게 한다. ❻ 조사에 따르면 모든 소매가의 약 삼분의 일에서 삼분의 이 정도가 9로 끝난다. ❼ 우리는 이것이 속임수인 것을 알고 있지만, 그래도 여전히 속는다. ❽ 2008년에 프랑스의 연구원들은 한 현지 피자 음식점을 추적 관찰했다. ❾ 그곳은 다섯 종류의 피자를 각각 8유로에 판매했다. ❿ 하지만, 그 피자들 중 하나의 가격을 7.99유로로 낮추자, 그것의 판매량은 전체의 삼분의 일에서 절반으로 올라갔다.

직독직해

❶When we read numbers, / the first digit influences us more / than
우리가 숫자를 읽을 때   첫 번째 숫자가 우리에게 영향을 더 미친다   마지막
the last one. ❷This is related to the way / we read and process numbers.
것보다   이것은 방식과 연관이 있다   우리가 숫자를 읽고 처리하는
❸(A) For example, / $799 feels much cheaper than $800 / because
예를 들어   799달러는 800달러보다 훨씬 더 싸게 느껴진다   그것이 7로
it starts with a 7, / while the first digit of $800 is 8. ❹Since the 19th
시작하기 때문에   800달러의 첫 번째 숫자는 8인 반면에   19세기 이래로
century, / shopkeepers have used prices / that end in a 9. ❺They do this
가게 주인들은 가격들을 사용해 왔다   9로 끝나는   그들은 이렇게 한다
/ to make their products look cheaper. ❻Surveys show / that about a
그들의 상품이 더 싸게 보이게 하기 위해서   조사는 보여준다   약 삼분의 일에서
third to two-thirds / of all retail prices / end in a 9. ❼(B) Even though
삼분의 이 정도가   모든 소매가의   9로 끝난다는 것을   우리는 이것이
we know this is a trick, / we are still fooled. ❽In 2008, / researchers in
속임수인 것을 알고 있지만   우리는 그래도 여전히 속는다   2008년에   프랑스의 연구원들은
France monitored a local pizza restaurant. ❾It sold five types of pizza
한 현지 피자 음식점을 추적 관찰했다   그것은 다섯 종류의 피자를 판매했다
/ at €8.00 each. ❿However, / when it lowered the price of one of the
각각 8유로에   하지만   그것이 그 피자들 중 하나의 가격을 낮추었을 때
pizzas / to €7.99, / its sales rose / from a third of the total to half.
7.99유로로   그것의 판매량은 올라갔다   전체의 삼분의 일에서 절반으로

구문 해설

❶ more than: ~보다 더 / one: digit을 대신하는 부정대명사

❷ This *is related to* the way [we read and process numbers].
　◆ be related to: ~와 관련되다
　◆ [ ]는 선행사 the way를 수식하는 관계부사절 (방법을 나타내는 선행사 the way와 관계부사 how는 둘 중 하나를 반드시 생략함)

❸ much + 비교급: 비교급 강조 (훨씬 ~) / it: $799를 지칭 / while: ~인 데 반하여, ~인 반면에

❹ *Since* the 19th century, shopkeepers *have used* prices [that end in a 9].
　◆ since: ~ 이래로
　◆ have used: 현재완료 (계속: ~해오다)
　◆ [ ]는 선행사 prices를 수식하는 주격 관계대명사절

정답 **1** ③ **2** ⑤ **3** ⓐ ending in a nine ⓑ cheaper

Self-Study 노트 핵심 구문 100% 이해하기 | 직독직해 ❷, ❸, ❹, ❺, ❿번 문장
　　　　　　　　　글의 내용 100% 이해하기 | 1. cheaper 2. 19th 3. retail 4. increased 5. changed

1 이 글의 제목으로 가장 적절한 것은?

① Useful Tips for Getting a Discount 할인 받기 위한 유용한 조언
② Math Skills Help Us When Shopping 수학 기술은 쇼핑할 때 도움이 된다
✓③ An Interesting Trick Used to Set Prices 가격을 정하는 데 사용되는 흥미로운 속임수
④ How to Find Cheaper Products in Stores 상점에서 더 저렴한 상품을 찾는 법
⑤ The Importance of Marketing for Local Businesses 지역 사업체를 위한 마케팅의 중요성

2 빈칸 (A), (B)에 들어갈 말로 가장 적절한 것은?

	(A)		(B)
①	However	·····	Because 하지만 – ~ 때문에
②	As a result	·····	When 그 결과 – ~일 때
③	In addition	·····	If 게다가 – 만일 ~라면
④	Nevertheless	·····	After 그럼에도 불구하고 – ~한 후에
✓⑤	For example	·····	Even though 예를 들어 – 비록 ~이지만

3 이 글의 내용을 바탕으로 ⓐ, ⓑ에 알맞은 말을 고르시오.

Shopkeepers use prices ⓐ starting with a seven / ending in a nine to make their products look ⓑ better / cheaper .

가게 주인들은 그들의 상품들이 더 ⓑ 싸게 보이게 하기 위해서 ⓐ 9로 끝나는 가격을 사용한다.

(57)

문제 해설

1 숫자를 읽을 때 마지막 자리 숫자보다 첫 번째 자리 숫자에 더 큰 영향을 받는 일반적인 심리를 이용하여 가격을 조정한다는 내용의 글이므로, 제목으로는 ③이 가장 적절하다.

2 (A)는 앞에서 언급된 '첫 번째 자리 숫자가 마지막 자리 숫자보다 더 큰 영향을 미치는 것'에 대한 구체적인 예를 들고 있는 문장이므로 For example이 적절하다. (B)는 부사절의 내용(이것이 속임수인 것을 안다)과 주절의 내용(여전히 속는다)이 서로 반대되는 내용이므로 Even though가 적절하다.

3 19세기 이래로 가게 주인들이 상품을 더 싸게 보이게 하기 위해 9로 끝나는 가격을 사용했다고 하였으므로 ⓐ ending in a nine과 ⓑ cheaper가 알맞다.

❺ They *do this* to make their products look cheaper.
　◆ do this: use prices that end in a 9를 나타냄
　◆ to make: 부사적 용법의 to부정사 (목적: ~하기 위해)
　◆ make + 목적어(their products) + 목적격보어(동사원형: look): ~가 …하게 하다 (5형식)

❻ about: 약 / a third: 삼분의 일 / two-thirds: 삼분의 이

❼ Even though we know [(that) *this* is a trick], we are still fooled.
　◆ even though: 비록 ~이지만
　◆ [ ]는 know의 목적어로 쓰인 명사절 (접속사 that이 생략됨)
　◆ this: 물건 가격을 싸게 보이게 하기 위해 9로 끝나는 가격을 설정하는 것을 의미
　◆ be fooled: 속다 (수동태: be동사 + p.p.)

❿ one of the + 복수명사: ~들 중 하나 / from A to B: A에서 B로

정답 확인

읽기 전 비문학 사고력 UP 각자 담당 부분만 작업한 뒤 조립한다.

읽은 후 핵심 정리 division of labor

본문 해석

❶ 회사들은 생산성을 높일 방법들을 항상 찾고 있다. ❷ 생산성을 높인다는 것은 같은 양의 자원으로 더 많은 생산량을 얻는 것을 의미한다. ❸ 제조업이 처음 시작되었을 때, 유명한 경제학자인 Adam Smith(애덤 스미스)는 생산을 더 효율적으로 만드는 방법을 설명했다. ❹ 그것은 '분업'으로 알려져 있다.

❺ 제품을 생산하는 것에는 서로 다른 기술들을 필요로 하는 여러 다른 공정들이 포함된다. ❻ Smith는 핀을 만드는 공정을 예로 들었다. 철사를 펴는 것, 철사를 날카롭게 하는 것, (철사에) 머리를 붙이는 것, 그리고 철사에 광택을 내는 것이다. ❼ 전통적인 방식으로는, 한 명의 작업자가 이 모든 업무들을 하면서 하루에 핀 스무 개를 만들었다. ❽ 하지만 이 일은 별개의 업무들로 나뉘어질 수 있다. ❾ 각 업무는 다른 작업자에 의해 수행된다. ❿ 각 작업자가 한 가지 일만 전문적으로 하기 때문에, 그들은 한 업무에서 다른 업무로 바뀌지 않고 훨씬 더 빨리 일할 수 있다. ⓫ 이제는 10명의 작업자가 하루에 수천 개의 핀을 만들 수 있는데, 이것은 전에 생산될 수 있었던 핀 200개에서 큰 생산성의 증가이다.

직독직해

❶Companies are always looking for ways / to increase productivity.
회사들은 방법들을 항상 찾고 있다   생산성을 높일

❷Increasing productivity means / getting (a) more output / with
생산성을 높인다는 것은 의미한다   더 많은 생산량을 얻는 것을

(b) the same amount of resources. ❸When the manufacturing industry
같은 양의 자원을 가지고   제조업이 처음 시작되었을 때

first began, / the famous economist Adam Smith described / a way of
유명한 경제학자인 Adam Smith는 설명했다   생산을

making production more efficient. ❹It is known as / the "division of
더 효율적으로 만드는 방법을   그것은 알려져 있다   '분업'으로

labor."

❺Manufacturing goods involves / several different processes /
제품을 생산하는 것은 포함한다   여러 다른 과정들을

requiring different skills. ❻Smith gave the example / of the process
다른 기술들을 필요로 하는   Smith는 예를 들었다   핀을 만드는 과정의

of making pins: / straightening the wire, / sharpening it, / putting on a
철사를 펴는 것   그것을 날카롭게 가는 것   머리를 붙이는 것

head, / and polishing it. ❼In the traditional way, / a single worker would
그리고 그것을 빛이 나도록 닦는 것   전통적인 방식으로는   한 명의 작업자가 이 모든 업무들을

do all these tasks / and make 20 pins in a day. ❽But this work can be
하곤 했다   그리고 하루에 20개의 핀을 만들곤 했다   하지만 이 일은 나뉘어질 수 있다

divided / into separate tasks. ❾Each task is performed / by a different
별개의 업무들로   각 업무는 수행된다   다른 작업자에 의해

worker. ❿Because each worker specializes in one job, / they can work
각 작업자가 한 가지 일만 전문적으로 하기 때문에   그들은 훨씬 더 빨리

much faster / without changing from one task to another. ⓫Now / 10
일할 수 있다   한 업무에서 다른 업무로 바꾸지 않고   이제는

workers can produce thousands of pins / in a day — a huge increase in
10명의 작업자가 수천 개의 핀을 만들 수 있다   하루에   생산성에 있어 큰 증가이다

productivity / from the 200 pins / that could be produced before.
200개의 핀에서   전에 생산될 수 있었던

60

구문 해설

❶ look for: ~을 찾다 / to increase: ways를 수식하는 형용사적 용법의 to부정사

❸ ···, the famous economist Adam Smith described a way *of* making production more efficient.
   ◆ making ~ efficient: 전치사 of의 목적어로 쓰인 동명사구
   ◆ make + 목적어(production) + 목적격보어(형용사: more efficient): ~을 ···하게 만들다 (5형식)

❹ be known as: ~로 알려져 있다 **cf.** be known for: ~로 유명하다

❺ Manufacturing goods / involves several different processes [requiring different skills].
   ◆ 주어: Manufacturing goods(동명사구), 동사: involves, 목적어: several ··· skills
   ◆ 주어로 쓰인 동명사구는 단수 취급하므로 단수동사 involves 사용
   ◆ [ ]는 several different processes를 수식하는 현재분사구

문제 해설

1 이 글의 주제로 가장 적절한 것은?

① how to specialize in making pins 핀 만드는 것을 전문적으로 하는 법

② traditional ways of making goods 제품을 만드는 전통적인 방법들

③ the process of manufacturing pins 핀을 제조하는 과정

④ the importance of working in a group 집단을 이루어 일하는 것의 중요성

✓⑤ a way of working that increases production 생산을 증가시키는 작업 방식

1 생산성 향상을 위해 도입된 분업의 개념을 설명하고 있는 글이므로 주제로는 ⑤가 가장 적절하다.

2 빈칸에 들어갈 말로 가장 적절한 것은?

① rest more 더 많이 쉴 수

② get more money 더 많은 돈을 벌 수

✓③ work much faster 훨씬 더 빨리 일할 수

④ learn different skills 다른 기술들을 배울 수

⑤ produce better products 더 나은 상품을 만들 수

2 빈칸 앞의 문장에서 분업을 하는 방법에 대해 설명했고, 빈칸 뒤의 문장에서 그 결과 더 많이 생산할 수 있게 되었다는 내용이 나오므로 빈칸에는 생산성 향상, 즉 생산량 증가와 관련된 내용인 ③이 가장 적절하다.

3 이 글의 내용을 바탕으로 밑줄 친 (a), (b)에 해당하는 예시를 정리할 때, 빈칸에 들어갈 알맞은 말을 보기에서 골라 쓰시오.

┌─보기─
| 10 | 20 | 200 | thousands of |

(a) more output: ___thousands of___ pins (a) 더 많은 생산량: 수천 개의 핀

(b) the same amount of resources: ___10___ workers

(b) 같은 양의 자원: 10명의 작업자

3 핀을 만드는 공정을 예로 분업을 통한 생산성 향상을 설명했으므로, (a)에는 분업의 결과로 증가된 핀 생산량인 thousands of가, (b)에는 같은 양의 자원인 작업자 수 10이 알맞다.

(61)

❼ ···, a single worker *would* do all these tasks and make 20 pins in a day.

◆ would + 동사원형: ~하곤 했다 (과거의 불규칙적인 습관)

◆ would do all these tasks와 (would) make 20 pins in a day가 and로 연결된 병렬 구조

❾ each + 단수명사(task) + 단수동사(is)

❿ Because each worker specializes in one job, they can work *much faster* without changing from one task to another.

◆ each + 단수명사(worker) + 단수동사(specializes)

◆ much + 비교급: 비교급 강조 (훨씬 더 ~한/하게)

◆ without + 동명사: ~하지 않고

◆ from A to B: A에서 B로

⓫ ··· a huge increase in productivity from the 200 pins [that could be produced before].

◆ [ ]는 선행사 the 200 pins를 수식하는 주격 관계대명사절

본문 해석

❶ 우리가 무언가를 높은 열로 요리할 때 어떤 일이 일어나는가? ❷ 구운 고기나 토스트한 빵을 생각해보라. ❸ 그것들은 갈색으로 변하고 맛있는 냄새가 난다! ❹ 이것은 마이야르 반응의 결과이다. ❺ 마이야르 반응은 당분이 단백질의 아미노산과 상호 작용할 때 일어난다. ❻ 그것(마이야르 반응)은 보통 높은 온도에서 일어난다. ❼ 이 반응은 음식에 좋은 맛과 향을 가져다준다.

❽ 하지만 여러분이 알아두어야 할 한 가지가 있다. ❾ 비록 그것(마이야르 반응)이 음식을 맛있게 만들기는 하지만, 우리의 건강에 부정적인 영향을 미칠 수 있다. ❿ 여러분이 튀기거나 구울 때와 같이 높은 온도로 요리할 때, 그것은 해로운 화합물을 만들 수 있다. ⓫ 많은 양의 이러한 화합물은 암을 유발할 수도 있다. ⓬ 마이야르 반응은 또한 영양에도 영향을 미칠 수 있다. ⓭ 일부 아미노산은 높은 열에 의해 파괴된다. ⓮ 그 결과, 음식 속 단백질의 질은 낮아진다.

⓯ 잘 조리된 음식은 여러분을 행복하고 건강하게 만들 수 있다. ⓰ 음식을 주의해서 요리하고 그것을 안전한 방식으로 최대한 즐겨라!

직독직해

❶ What happens / when we cook things at high heat? ❷ Think of
어떤 일이 일어나는가   우리가 높은 열로 무언가를 요리할 때   구운 고기나
roasted meat or toasted bread. ❸ They turn brown / and smell delicious!
토스트한 빵을 생각해보라   그것들은 갈색으로 변한다   그리고 맛있는 냄새가 난다
❹ This is the result of the Maillard reaction. ❺ The Maillard reaction
이것은 마이야르 반응의 결과이다   마이야르 반응은 일어난다
occurs / when sugars interact with the amino acids of proteins. ❻ It often
       당분이 단백질의 아미노산과 상호 작용할 때   그것은 보통
occurs / at high temperatures. ❼ This reaction gives food / its nice flavors
일어난다   높은 온도에서   이 반응은 음식에게 준다   그것의 좋은 맛과
and aromas.
향을

❽ But here's one thing you should know. ❾ Although it makes food
하지만 여러분이 알아두어야 할 한 가지가 있다   비록 그것이 음식을 맛있게 만들기는
delicious, / it can have a negative effect / on our health. ❿ When you
하지만   그것은 부정적인 영향을 미칠 수 있다   우리의 건강에   여러분이 높은
cook at high temperatures, / such as when you fry or roast, / it can
온도로 요리할 때   여러분이 튀기거나 구울 때와 같이   그것은
produce harmful compounds. ⓫ Large amounts of these compounds / can
해로운 화합물을 만들 수 있다   많은 양의 이러한 화합물은   암을
cause cancer. ⓬ The Maillard reaction can also affect nutrition. ⓭ Some
유발할 수도 있다   마이야르 반응은 또한 영양에도 영향을 미칠 수 있다   일부
amino acids are destroyed / by high heat. ⓮ As a result, / the quality of
아미노산은 파괴된다   높은 열에 의해   그 결과   음식 속 단백질의
the protein in food / decreases.
질은   낮아진다
⓯ Well-cooked food can make you happy and healthy. ⓰ Cook food
잘 조리된 음식은 여러분을 행복하고 건강하게 만들 수 있다   음식을 주의해서
carefully / and enjoy it to the fullest / in a safe way!
요리하라   그리고 그것을 최대한으로 즐겨라   안전한 방식으로

구문 해설

❸ They turn brown and smell delicious!
  ◆ They: roasted meat과 toasted bread를 지칭
  ◆ turn + 형용사: (~로) 변하다
  ◆ smell + 형용사: ~한 냄새가 나다

❼ This reaction gives food its nice flavors and aromas.
  ◆ give + 간접목적어(food) + 직접목적어(its nice flavors and aromas): ~에게 …을 주다 (4형식)

❽ But here's one thing [(that) you should know].
  ◆ [ ]는 선행사 one thing을 수식하는 목적격 관계대명사절 (목적격 관계대명사는 생략됨)

문제 해설

1 이 글의 주제로 가장 적절한 것은?

① the nutrition of roasted or toasted food   굽거나 토스트한 음식의 영양

② a new way to make food more delicious   음식을 더 맛있게 만드는 새로운 방법

③ the relationship between food and cancer   음식과 암과의 관계

✓④ a reaction caused by cooking at high heat   높은 열로 요리하는 것에 의해 생기는 반응

⑤ reasons why cooking at high heat is important   높은 열로 요리하는 것이 중요한 이유들

1 높은 열로 요리할 때 음식의 맛과 향을 좋게 만드는 마이야르 반응이 일어나는 이유와 그 영향에 대한 글이므로 글의 주제로는 ④가 가장 적절하다.

2 빈칸에 들어갈 말로 가장 적절한 것은?

① If   만일 ~하다면   ② As   ~할 때, ~이므로

③ Before   ~하기 전에   ④ Because   ~이기 때문에

✓⑤ Although   비록 ~이지만

2 '음식을 맛있게 만든다'라는 내용과 주절의 '건강에 부정적인 영향을 미칠 수 있다'는 서로 상반되는 내용이므로, ⑤가 가장 적절하다.

3 이 글의 내용으로 보아, 빈칸 (A), (B)에 들어갈 말로 알맞게 짝지어진 것은?

> The Maillard reaction makes roasted or fried food brown and
> ____(A)____, but it can also make us ____(B)____.

	(A)		(B)	
①	safe	·····	positive	안전하게 – 긍정적으로
②	sweet	·····	happy	달콤하게 – 행복하게
③	small	·····	healthy	작게 – 건강하게
✓④	delicious	·····	sick	맛있게 – 아프게
⑤	nutritious	·····	unhealthy	영양가가 높게 – 건강하지 않게

마이야르 반응은 굽거나 기름에 튀긴 음식을 갈색으로 만들고 (A)맛있게 만들어 주기는 하지만, 또한 우리를 (B)아프게 만들 수도 있다.

3 (A)에는 마이야르 반응의 결과가, (B)에는 부정적인 영향이 들어가야 하므로, ④가 알맞다.

⑨ Although it <u>makes</u> <u>food</u> <u>delicious</u>, it can *have a* negative *effect on* our health.

◆ make + 목적어(food) + 목적격보어(형용사: delicious): ~을 …하게 만들다 (5형식)

◆ have an effect on: ~에 영향을 미치다

⑬ be destroyed by: ~에 의해 파괴되다

⑭ As a result, <u>the quality of the protein in food</u> decreases.

◆ 주어: the quality ~ food, 동사: decreases

⑮ Well-cooked food can <u>make</u> <u>you</u> <u>happy and healthy</u>.

◆ make + 목적어(you) + 목적격보어(형용사: happy and healthy): ~을 …하게 만들다 (5형식)

⑯ 명령문 Cook ~ cafefully와 enjoy ~ way가 and로 연결된 병렬 구조

Reading 2

▌읽기 전 **비문학 사고력 UP**   8개(수성, 금성, 지구, 화성, 목성, 토성, 천왕성, 해왕성)
▌읽은 후 **핵심 정리**   Pluto

본문 해석

❶ 우리 태양계에는 여덟 개의 행성이 있다. ❷ 하지만 고작 20년 전에는, 아홉 개의 행성이 있었다. ❸ 그 아홉 번째 행성은 명왕성이었다. ❹ 그렇다면 그것(명왕성)에 무슨 일이 일어났을까?

❺ 2006년에 국제천문연맹은 '행성'이라는 용어를 공식적으로 정의했다. ❻ 이 정의에 따르면, 행성은 세 가지 기준을 충족시켜야 한다. ❼ 첫째, 행성은 태양 주위를 돌아야(공전해야) 한다. ❽ 둘째, 행성은 (공처럼) 둥근 모양이어야 한다. ❾ 셋째, 행성은 자신의 궤도에서 작은 물체들을 없앤 상태여야 한다. ❿ 행성이 이동할 때, 행성의 중력은 다른 물체들을 자신의 궤도 안으로 끌어당기거나 멀리 밀어 버린다. ⓫ 그러면 그 물체들은 그 행성에 부딪히거나 (그 행성의) 위성이 될지도 모른다. ⓬ 하지만 명왕성은 이 세 번째 기준을 충족시키지 않는다. ⓭ 그것은 크기가 충분히 크지 않아서, 그 궤도 내에 여전히 작은 물체들이 있다. ⓮ 이 때문에, 명왕성은 더 이상 행성으로 여겨지지 않는다.

⓯ 이제 명왕성은 왜소행성이라는 새로운 호칭을 가지고 있다. ⓰ 어떤 과학자들은 이것에 동의하지 않는다. ⓱ 하지만 명왕성이 행성이든 아니든, 명왕성 그 자체에 대한 것은 아무것도 바뀌지 않았다!

직독직해

❶ There are eight planets / in our solar system. 여덟 개의 행성이 있다   우리 태양계에는   ❷ But only two decades ago, / there were nine planets. 하지만 고작 20년 전에는   아홉 개의 행성이 있었다   ❸ The ninth planet was Pluto. 그 아홉 번째 행성은 명왕성이었다 ❹ So what happened to it? 그렇다면 그것에 무슨 일이 일어났을까

❺ In 2006, / the IAU officially defined / the term "planet." 2006년에   국제천문연맹은 공식적으로 정의했다   '행성'이라는 용어를 ❻ According to this definition, / a planet must meet three standards. 이 정의에 따르면   행성은 세 가지 기준을 충족시켜야 한다 ❼ First, / it must orbit the sun. 첫째   그것은 태양 주위를 돌아야 한다 ❽ Second, / it must be round. 둘째   그것은 둥글어야 한다 ❾ Third, / it must have cleared / small objects / out of its orbit. 셋째   그것은 없앤 상태여야 한다   작은 물체들을   그것의 궤도에서 ❿ As a planet travels, 행성이 이동할 때 / its gravity pulls other objects / into its orbit / or ⓐ pushes them away. 그것의 중력은 다른 물체들을 끌어당긴다   그것의 궤도 안으로   또는 그것들을 멀리 밀어 버린다 ⓫ Then the objects may crash into the planet / or become moons. 그러면 그 물체들은 그 행성에 부딪힐지도 모른다   또는 위성이 될지도 모른다 ⓬ But Pluto doesn't meet this third standard. / 하지만   명왕성은 이 세 번째 기준을 충족시키지 않는다 ⓭ It isn't ⓑ big enough, / so there 그것은 충분히 크지 않아서   여전히 are still small objects / in its orbit. 작은 물체들이 있다   그것의 궤도 내에 ⓮ Because of this, / Pluto is no longer 이것 때문에   명왕성은 더 이상 행성으로 considered a planet. 여겨지지 않는다

⓯ Now Pluto has a new title: / dwarf planet. 이제 명왕성은 새로운 호칭을 가지고 있다   왜소행성이라는 ⓰ Some scientists don't 어떤 과학자들은 이것에 agree with this. 동의하지 않는다 ⓱ But ⓒ whether Pluto is a planet or not, / nothing about 하지만 명왕성이 행성이든 아니든   명왕성 그 자체에 Pluto itself / has changed! 대한 것은 아무것도   바뀌지 않았다

(70)

구문 해설

❶ there are + 복수명사: ~들이 있다

❻ according to: ~에 따르면 / meet standards: 기준을 충족시키다

❽ Second, *it* must be round.
   ◆ it: a planet을 지칭
   ◆ 조동사 must 뒤에는 동사원형이 오므로 be가 옴

❾ Third, it must have *cleared* small objects *out of* its orbit.
   ◆ have cleared: 현재완료(결과)로 조동사 must(~해야 한다)와 함께 쓰여 '(과거에) 없어진 것이 지금까지 없는 상태여야 한다'는 의미임
      cf. must have p.p.: ~했음에 틀림없다(과거 사실에 대한 강한 추측)
   ◆ clear A out of B: A를 B에서 없애다(치우다)

■ **정답**　　　1 ③　　2 (1) orbits (2) round (3) objects　　3 ③

■ **Self-Study 노트**　핵심 구문 100% 이해하기 | 직독직해 6, 10, 13, 14, 17번 문장
　　　　　　　　글의 내용 100% 이해하기 | 1. 태양　2. 둥근　3. 궤도　4. 위성　5. 왜소행성

문제 해설

1 이 글의 제목으로 가장 적절한 것은?

① Why Does Pluto Orbit the Sun? 명왕성은 왜 태양 주위를 도는가?

② The Planets of Our Solar System 우리 태양계의 행성들

✓③ Why is Pluto No Longer a Planet? 명왕성은 왜 더 이상 행성이 아닌가?

④ Scientists Discovered a New Planet 과학자들이 새 행성을 발견했다

⑤ Pluto Meets the Standards of Planets 명왕성은 행성의 기준들을 충족시킨다

1 명왕성이 예전에는 행성으로 분류되었다가 더 이상 행성으로 여겨지지 않는 이유를 행성의 세 가지 기준과 함께 설명하고 있으므로, 글의 제목으로는 ③이 가장 적절하다.

2 이 글의 내용으로 보아, Pluto에 관한 다음 설명의 빈칸에 들어갈 알맞은 말을 쓰시오.

Pluto (1) _____orbits_____ the sun, and it is (2) _____round_____.
But there are still other (3) _____objects_____ in its orbit.

명왕성은 태양 (1) 주위를 돌고 (2) 둥근 모양이다. 하지만 명왕성의 궤도 안에는 여전히 다른 (3) 물체들이 있다.

2 두 번째 문단에 행성의 기준 세 가지가 제시되어 있다. 명왕성은 이 기준 중 첫 번째와 두 번째는 충족시키지만 마지막 기준을 충족시키지 못해 행성이 아니라고 했으므로, 각각의 빈칸에는 기준의 내용에 맞게 orbits, round, objects가 알맞다.

3 이 글의 ⓐ~ⓒ에 들어갈 말로 어법상 알맞게 짝지어진 것은?

	ⓐ	ⓑ	ⓒ
①	push	big enough	that
②	push	enough big	whether
✓③	pushes	big enough	whether
④	pushes	enough big	that
⑤	pushes	big enough	that

3 ⓐ 주어가 its gravity로 3인칭 단수형이고, 동사구 pulls ~ orbit과 or로 연결된 병렬 구조이므로 pushes가 알맞다.
ⓑ 부사 enough는 형용사 big을 뒤에서 수식한다.
ⓒ 뒤에 or not이 있으므로 '~이든 아니든'의 의미를 나타내는 whether가 알맞다.

71

10 as: ~할 때 / 동사구 pulls ~ orbit과 pushes ~ away가 or로 연결된 병렬 구조

11 Then the objects may crash into the planet or become moons.
　◆ may 뒤에 crash into the planet과 become moons가 and로 연결된 병렬구조

13 형용사 + enough: 충분히 ~한 / there are + 복수명사: ~들이 있다

14 Because of this, Pluto is *no longer* considered a planet.
　◆ Because of + 명사(구): ~ 때문에 / no longer: 더 이상 ~이 아닌
　◆ be considered: ~로 여겨지다 (수동태: be동사 + p.p.)

17 But whether Pluto is a planet or not, *nothing* about Pluto *itself* has changed!
　◆ whether ~ or not: ~이든 아니든 / nothing: 아무것도 (~이 아니다)
　◆ itself: Pluto를 강조하는 재귀대명사

본문 해석

❶ 여러분들 중 많은 수가 Isaac Newton(아이작 뉴턴)의 중력 법칙에 대해 이미 알고 있을지도 모른다. ❷ 하지만, 여러분은 색상의 물리적 특징들에 대한 연구 또한 Newton과 함께 시작되었다는 것을 알고 있었는가? ❸ 어느 날, Newton은 한 지역 박람회에서 프리즘 한 세트를 보고 그것들을 샀다. ❹ 그는 한 쌍의 프리즘을 가지고 집에서 실험들을 하기 시작했다. ❺ 어두운 방 안에서, 그는 한 줄기 햇빛이 첫 번째 프리즘에 오도록 했다. ❻ 흰 빛이 프리즘을 통과하자마자, 스펙트럼, 즉 무지개의 색상들로 분리되었다. ❼ 사람들이 무지개에 대해 잘 알고 있었으므로, 이것에 대해서는 새로운 것이 아무것도 없었다. ❽ 하지만 그가 이 무지개색 스펙트럼의 경로에 두 번째 프리즘을 놓았을 때, 그는 새로운 무언가를 발견했다. ❾ 그 무지개의 색상들은 결합해서 다시 흰색이 되었다. ❿ 그는 흰 빛은 스펙트럼의 색상들을 결합함으로써 만들어질 수 있다고 결론을 내렸다.

직독직해

❶ Many of you may already know / about Isaac Newton's laws of
여러분들 중 많은 수가 이미 알고 있을지도 모른다   Isaac Newton의 중력 법칙에 대해
gravity. ❷ However, / did you know / that the study of the physical
하지만   여러분은 알고 있었는가   색상의 물리적 특징들에 대한 연구가
characteristics of colors / also started with Newton?
또한 Newton과 함께 시작되었다는 것을

❸ One day, / Newton saw a set of prisms / at a country fair / and
어느 날   Newton은 프리즘 한 세트를 봤다   한 지역 박람회에서   그리고
bought them. ❹ He began to do experiments / with a pair of them at
그것들을 샀다   그는 실험들을 하기 시작했다   한 쌍의 프리즘을 가지고 집에서
home. ❺ In a dark room, / he let a ray of sunlight / fall on the first prism.
어두운 방 안에서   그는 한 줄기의 햇빛이 ~하도록 했다   첫 번째 프리즘에 오도록
❻ As soon as the white light passed through the prism, / it separated
흰 빛이 프리즘을 통과하자마자   그것은 스펙트럼
into the spectrum, / or the colors of the rainbow. ❼ There was nothing
으로 분리되었다   즉 무지개의 색상들로   이것에 대해서는 새로운 것이
new about this, / as people were familiar with rainbows. ❽ But when he
아무것도 없었다   사람들이 무지개에 대해 잘 알고 있었으므로   하지만 그가
put the second prism / in the path of this rainbow spectrum, / he found
두 번째 프리즘을 두었을 때   이 무지개색 스펙트럼의 경로에   그는 새로운
something new. ❾ The rainbow colors combined / and became white
무언가를 발견했다   그 무지개의 색상들은 결합했다   그리고 다시 흰색이 되었다
again. ❿ He concluded / that white light can be created / by combining
그는 결론을 내렸다   흰 빛은 만들어질 수 있다고   스펙트럼의 색상들을
the colors of the spectrum.
결합함으로써

(74)

구문 해설

❶ many of + 복수명사: ~의 많은 수가

❷ However, did you know [that the study of the physical characteristics of colors also started with Newton]?
  ◆ [ ]는 know의 목적어로 쓰인 명사절
  ◆ that절의 주어: the study ~ colors, 동사: started

❸ *One day*, Newton saw a set of prisms at a country fair and bought them.
  ◆ One day: (과거의) 어느 날
  ◆ saw ~ fair와 bought them이 and로 연결된 병렬 구조

❺ In a dark room, he let *a ray of* sunlight fall on the first prism.
  ◆ let + 목적어(a ray of sunlight) + 동사원형(fall): ~이 …하게 하다 (5형식)
  ◆ a ray of: 한 줄기의 ~

문제 해설

1 이 글의 주제로 가장 적절한 것은?

① new characteristics of prisms 프리즘의 새로운 특징들

② an experiment that created rainbows 무지개를 만든 실험

③ how Newton came up with the laws of gravity Newton이 중력 법칙을 생각해낸 방법

✓④ Newton's discovery related to the colors of light 빛의 색상과 관련된 Newton의 발견

⑤ the reasons why light can be separated into many colors

빛이 여러 색상들로 분리될 수 있는 이유

1 빛이 분리되고 결합될 때 빛의 색상이 어떻게 변화하는지에 대한 Newton의 실험 내용에 관한 글이므로, 주제로는 ④가 가장 적절하다.

2 빈칸에 들어갈 말로 가장 적절한 것은?

① replacing a prism with a new one 프리즘을 새 것으로 교체함(으로써)

② looking at prisms on a sunny day 프리즘을 맑은 날에 쳐다봄(으로써)

③ separating sunlight through a prism 햇빛을 프리즘을 통해 분리함(으로써)

✓④ combining the colors of the spectrum 스펙트럼의 색상들을 결합함(으로써)

⑤ letting sunlight come into a dark room 햇빛이 어두운 방 안으로 들어오게 함(으로써)

2 프리즘을 통과해서 분리된 무지개 색상을 또 다른 프리즘에 통과시키자 색상들이 결합되어 다시 흰색의 빛이 되었다고 했으므로, ④가 답으로 가장 적절하다.

3 밑줄 친 this가 의미하는 바를 다음과 같이 설명할 때, 빈칸에 알맞은 우리말을 쓰시오.

> 흰 빛이 (1) ___프리즘___ 을 통과할 때, (2) ___무지개(스펙트럼)___ 의 색상들로
> 분리되는 것

3 this는 바로 앞 문장의 내용을 가리키므로 '흰 빛이 프리즘을 통과할 때 스펙트럼, 즉 무지개의 색상으로 분리되는 것'을 말한다.

(75)

❻ As soon as the white light passed through the prism, it separated into the spectrum, or the colors of the rainbow.

◆ as soon as: ~하자마자 / pass through: ~을 통과하다

◆ it: the white light을 지칭

◆ or: 즉 (or 앞에 언급된 내용을 다시 쉽게 풀어 설명할 때 사용)

❼ There was nothing new about this, as people were familiar with rainbows.

◆ nothing new: -thing으로 끝나는 대명사는 형용사가 뒤에서 수식함

◆ as: ~이므로 (이유) / be familiar with: ~을 잘 알다, ~에 익숙하다

❽ something new: -thing으로 끝나는 대명사는 형용사가 뒤에서 수식함

❿ He concluded [that white light can be created by combining the colors of the spectrum].

◆ [ ]는 concluded의 목적어로 쓰인 명사절

◆ by + 동명사: ~함으로써 (수단, 방법)

Reading 4

본문 해석

❶박테리아는 거의 모든 곳에 있다. ❷그것들은 공기, 토양, 그리고 우리의 몸에서도 산다. ❸그것들은 심지어 우리가 먹는 음식들 중 일부에서도 발견된다! ❹하지만 걱정하지 마라! ❺대부분의 박테리아는 사실 우리에게 좋다. ❻일부 박테리아는 우리의 소화기관에 살면서 우리가 음식을 소화시키도록 돕는다. ❼다른 일부 박테리아는 주변 환경에 살면서 우리가 숨쉬는 산소를 만든다.

❽불행히도, 우리를 아프게 만들 수 있는 일부 박테리아가 있다. ❾그것들은 해로운 독소를 만들고 감염을 유발할 수 있다. ❿이런 일이 일어나면, 여러분은 병원에 가서 감염을 억제해줄 수 있는 일종의 약을 받아야 한다.

⓫하지만 이 약은 정확히 무엇이고, 어떻게 박테리아에 맞서 싸우는가? ⓬그 약은 '항생제'라고 불린다. ⓭이 이름은 박테리아의 '생명에 맞서는'이라는 뜻을 의미한다. ⓮항생제는 박테리아를 죽이거나 박테리아가 늘어나는 것을 막는다. ⓯우리의 면역 체계는 보통 박테리아가 퍼지기 전에 그것들을 죽일 수 있다. ⓰하지만, 해로운 박테리아의 수가 증가하면, 면역 체계는 그것들을 모두 죽이지 못할 수도 있다. ⓱이런 상황에서는, 항생제가 유용하다.

직독직해

❶Bacteria are almost everywhere. ❷They live in air, soil, and our
박테리아는 거의 모든 곳에 있다   그것들은 공기, 토양, 그리고 우리의 몸에서도
bodies. ❸They are even found / in some of the foods we eat! ❹But
산다   그것들은 심지어 발견된다   우리가 먹는 음식들 중 일부에서도   하지만
don't worry! ❺Most bacteria are actually good for us. ❻Some live in
걱정하지 마라   대부분의 박테리아는 사실 우리에게 좋다   일부는 우리의 소화
our digestive systems / and help us digest our food. ❼Others live in the
기관에 산다   그리고 우리가 음식을 소화시키도록 돕는다   다른 일부는 주변 환경에
environment / and produce oxygen / for us to breathe.
산다   그리고 산소를 만든다   우리가 숨쉬는

❽Unfortunately, / there are some bacteria / that can make us sick.
불행히도   일부 박테리아가 있다   우리를 아프게 만들 수 있는
❾They produce harmful toxins / and can cause infections. ❿When this
그것들은 해로운 독소를 만든다   그리고 감염을 유발할 수 있다   이런 일이 일어나면
happens, / you need to see a doctor / and get a kind of medicine / that
          여러분은 병원에 가야 한다   그리고 일종의 약을 받아야 한다
can control infections.
감염을 억제해줄 수 있는

⓫But what exactly is this medicine / and how does it fight bacteria?
하지만 이 약은 정확히 무엇인가   그리고 그것은 어떻게 박테리아에 맞서 싸우는가
⓬It is called "antibiotics." ⓭This name means / "against the life" of
그것은 '항생제'라고 불린다   이 이름은 의미한다   박테리아의 '생명에 맞서는'을
bacteria. ⓮Antibiotics either kill bacteria / or stop them from growing.
          항생제는 박테리아를 죽이거나   그것들이 늘어나는 것을 막는다
⓯Our immune system is often able to kill bacteria / before they spread.
우리의 면역 체계는 보통 박테리아를 죽일 수 있다   그것들이 퍼지기 전에
⓰However, / if the number of harmful bacteria increases, / the immune
하지만   해로운 박테리아의 수가 증가하면   면역 체계는
system may not be able to kill them all. ⓱In these situations, / antibiotics
그것들을 모두 죽이지 못할 수도 있다   이런 상황에서는   항생제가
are useful.
유용하다

구문 해설

❸ They *are* even *found* in <u>some of the foods</u> [(that) we eat]!
- be found: 발견되다 (수동태: be동사 + p.p.)
- [   ]는 선행사 some of the foods를 수식하는 목적격 관계대명사절 (목적격 관계대명사가 생략됨)

❻ Some: 일부는 (Others: 다른 일부는) / help + 목적어(us) + 목적격보어(동사원형: digest): ~가 …하는 것을 돕다 (5형식)

❼ *Others* live in the environment and produce <u>oxygen</u> [*for us* to breathe].
- 정확한 수량을 언급할 필요가 없는 경우 일부는 some, 다른 일부는 others 사용함
- for us: to부정사의 의미상 주어 (for + 목적격)
- [   ]는 oxygen을 수식하는 형용사적 용법의 to부정사 (~하는)

❽ Unfortunately, there are <u>some bacteria</u> [that can <u>make</u> us <u>sick</u>].
- [   ]는 선행사 some bacteria를 수식하는 주격 관계대명사절
- make + 목적어(us) + 목적격보어(형용사: sick): ~을 …하게 만들다 (5형식)

1 이 글의 제목으로 가장 적절한 것은?

① Not All Bacteria Make You Sick　모든 박테리아가 여러분을 아프게 만들지는 않는다

② How Do Antibiotics Fight Bacteria?　항생제는 어떻게 박테리아에 맞서 싸우는가?

③ What Kinds of Bacteria Live in Our Bodies?　우리 몸에는 어떤 종류의 박테리아가 사는가?

④ The Importance of a Strong Immune System　강한 면역 체계의 중요성

✓⑤ Roles of Bacteria and How to Fight Bad Ones
박테리아의 역할과 해로운 박테리아에 맞서 싸우는 방법

2 이 글의 내용과 일치하지 <u>않는</u> 것은?

① 박테리아는 음식 안에도 존재한다.　③번 문장

② 일부 박테리아는 우리가 숨을 쉬는 데 도움이 된다.　⑦번 문장

③ 해로운 박테리아는 우리 몸 안에 감염을 일으키기도 한다.　⑨번 문장

✓④ antibiotics는 유익한 박테리아의 성장을 돕는다.

⑤ 우리 몸의 면역 체계만으로는 해로운 박테리아를 상대하기 어려울 때도 있다.　⑯번 문장

3 밑줄 친 우리말과 일치하도록 이 글의 괄호 안의 단어를 바르게 배열하시오.

> 불행히도, <u>우리를 아프게 만들 수 있는 일부 박테리아가 있다.</u>

Unfortunately, _____ there are some bacteria that can make us sick _____.

문제 해설

1 유익한 박테리아와 해로운 박테리아에 대해 설명한 후, 해로운 박테리아에 대처하는 방법인 항생제에 대해 설명하고 있으므로, 글의 제목으로는 ⑤가 가장 적절하다.

2 ④ antibiotics(항생제)는 박테리아를 죽이거나 박테리아의 증식을 막는다.

3 • there are + 복수명사 (some bacteria): ～들이 있다
• 주격 관계대명사 that
• make + 목적어(us) + 목적격보어(sick): ～을 …하게 만들다

(79)

⑩ …, you need to *see a doctor* and *get a kind of medicine* [*that can control infections*].

　◆ need to 뒤에 see a doctor와 get ~ infections가 and로 연결된 병렬 구조

　◆ [ ]는 선행사 a kind of medicine을 수식하는 주격 관계대명사절

⑭ Antibiotics <u>either</u> kill bacteria <u>or</u> *stop* them *from growing.*

　◆ either A or B: A 또는 B / them: bacteria를 지칭

　◆ stop + 목적어 + from + 동명사: ～가 …하는 것을 막다

⑮ be able to + 동사원형: ～할 수 있다

⑯ However, if <u>the number of</u> harmful bacteria increases, the immune system <u>may not be able to kill</u> them all.

　◆ the number of : ～의 수 (단수 취급하므로 뒤에 단수동사 increases가 쓰임)

　　cf. a number of(많은 ～) + 복수명사 + 복수동사

　◆ may not be able to kill: 조동사 두 개를 연달아 사용하지 않으므로 can 대신 be able to가 옴

본문 해석

❶몇몇 종교적인 그림들을 한번 보라. ❷여러분은 아마도 그 사람들 중 일부의 머리 주위에 있는 후광이라고 알려진 빛나는 원들을 보게 될 것이다. ❸후광은 대개 성자들 같은 좋은 사람들에게 주어진다.
❹후광 효과는 이것과 관련이 되어 있다. ❺그것은 한 가지 좋은 특성이 우리의 판단에 영향을 미칠 때 발생한다. ❻예를 들어, 어떤 사람이 매력적이라면, 우리는 그 사람이 또한 친절하고 똑똑하다고 생각할지도 모른다. ❼같은 방식으로, 만일 우리가 우리의 휴대전화에 만족한다면, 같은 상표의 다른 제품들도 좋은 품질을 가지고 있다고 생각할지도 모른다.
❽그 반대되는 일도 일어날 수 있다. ❾이것은 '뿔 효과'라고 알려져 있다. ❿어떤 나쁜 특성을 알아차린 후에, 우리는 그 사람의 부정적인 측면들에만 초점을 맞출지도 모른다. ⓫나중에 그 사람에 대한 몇몇 긍정적인 것들을 발견한다 해도, 우리는 우리의 부정적인 의견을 바꾸지 않을지도 모른다.
⓬여러분이 알 수 있듯이, 후광 효과는 부정확한 인식으로 이어질 수 있다. ⓭따라서 새로운 누군가를 만날 때는 그 사람에 대해 너무 빨리 판단하지 않도록 하라!

직독직해

❶Take a look at / some religious paintings. ❷You'll probably see
  한번 보라   몇몇 종교적인 그림들을   여러분은 아마도 빛나는 원들
glowing circles, / known as halos, / around some of the people's heads.
을 보게 될 것이다   후광이라고 알려진   그 사람들 중 일부의 머리 주위에서
❸Halos are usually given to good people / such as saints.
   후광은 대개 좋은 사람들에게 주어진다   성자들 같은
❹The halo effect is related to this. ❺It occurs / when a single good
     후광 효과는 이것과 관련이 되어 있다   그것은 발생한다   한 가지 좋은 특성이
trait influences our judgement. ❻For example, / if someone is attractive,
우리의 판단에 영향을 미칠 때   예를 들어   어떤 사람이 매력적이라면
/ we may think they are also kind and smart. ❼In the same way, / if we
   우리는 그들이 또한 친절하고 똑똑하다고 생각할지도 모른다   같은 방식으로
are satisfied with our smartphones, / we might think / other products
만일 우리가 우리의 휴대전화에 만족한다면   우리는 생각할지도 모른다   같은 상표의 다른 제품
from the same brand / also have good qualities.
들이   또한 좋은 품질을 가지고 있다고
❽The opposite can also happen. ❾This is known as the "horn effect."
     그 반대되는 일도 일어날 수 있다   이것은 '뿔 효과'라고 알려져 있다
❿After we notice a bad trait, / we may focus only on the negative
     우리가 어떤 나쁜 특성을 알아차린 후에   우리는 그 사람의 부정적인 측면들에만 초점을 맞출지도
aspects of the person. ⓫Even if we find some positive things about them
모른다   우리가 나중에 그들에 대한 몇몇 긍정적인 것들을 발견한다 해도
later, / we may not change our negative opinion.
    우리는 우리의 부정적인 의견을 바꾸지 않을지도 모른다
⓬As you can see, / the halo effect can lead to / inaccurate perceptions.
   여러분이 알 수 있듯이   후광 효과는 이어질 수 있다   부정확한 인식으로
⓭So when you meet someone new, / don't judge them too quickly!
   따라서 새로운 누군가를 만날 때는   그들에 대해 너무 빨리 판단하지 않도록 하라

구문 해설

❷You'll probably see *glowing* circles, [known as halos], ...
- glowing: circles를 수식하는 현재분사
- known as halos: glowing circles를 추가적으로 설명하는 과거분사구가 삽입됨

❸be given: 주어지다 (수동태: be동사 + p.p.) / such as: ~ 같은

❹be related to: ~와 관계가 있다 / this: 앞 문장의 내용을 의미

❻..., if someone is attractive, we may think [(that) they are also kind and smart].
- [ ]는 think의 목적어로 쓰인 명사절 (접속사 that이 생략됨)
- they: 앞에 나온 someone을 지칭 (불특정한 someone, a person 등은 they로 대신함)

┃정답　　　　**1** ⑤　　**2** ①　　**3** ③

┃**Self-Study 노트** 핵심 구문 100% 이해하기 | 직독직해 **2**, **3**, **7**, **11**, **12**번 문장
　　　　　　　　글의 내용 100% 이해하기 | 1. halo　2. positive　3. horn　4. negative　5. inaccurate　6. opinions

문제 해설

1 이 글의 요지로 가장 적절한 것은?

① 종교는 우리의 판단에 많은 영향을 끼친다.

② 부정적인 사고 방식을 갖는 것은 좋지 않다.

③ 긍정적인 판단은 늘 긍정적인 결과로 이어진다.

④ 어떤 것을 판단할 때는 다른 이들의 의견에 귀 기울여야 한다.

✓⑤ 한 가지 특성만으로 성급하게 전체를 판단하지 않는 것이 좋다.

1 후광 효과와 뿔 효과 둘 다 한 가지 측면을 보고 다른 것들을 성급하게 판단하게 되는 부정확한 인식에 대한 것이고 이를 주의해야 한다고 했으므로, 글의 요지로는 ⑤가 가장 적절하다.

2 이 글에 따르면 the halo effect에 해당하지 <u>않는</u> 것은?

✓① 저 제품이 품절 임박이라고 하니 얼른 사야겠어.

② 키가 크고 잘생긴 저 사장님은 리더십도 좋겠군.

③ 신입 사원의 말끔한 용모를 보니 일을 무척 잘하겠어.

④ 이 선물의 포장지가 고급스러운 것을 보니 내용물도 고급이겠는걸?

⑤ 이 브랜드의 의류는 품질이 좋아. 그러니 이번에 출시하는 시계의 품질도 좋을 거야.

2 ①은 유행에 따라 상품을 구매하는 심리 현상인 밴드왜건 효과의 예이다. 특정 상품에 대한 수요가 다른 사람들의 수요에 의해 영향을 받는 현상으로 충동 구매를 유도하는 마케팅 활동으로 자주 활용된다.

3 빈칸에 들어갈 말로 가장 적절한 것은?

① think they are negative 그들이 부정적이라고 생각하지 (않을지도)

② want to know their name 그들의 이름을 알고 싶어 하지 (않을지도)

✓③ change our negative opinion 우리의 부정적인 의견을 바꾸지 (않을지도)

④ find good people around us 우리 주변의 좋은 사람들을 찾지 (못할지도)

⑤ understand the meaning of the halo effect 후광 효과의 의미를 이해하지 (못할지도)

3 후광 효과와 반대되는 개념인 뿔 효과는 하나의 부정적인 측면을 보고 다른 것들도 부정적으로 여기는 것이므로, 빈칸에는 처음 가졌던 부정적인 인식을 유지하는 것과 관련된 ③이 가장 적절하다.

7 ..., we might think [(that) <u>other products from the same brand</u> also have good qualities].

◆ [　]는 think의 목적어로 쓰인 명사절 (접속사 that이 생략됨)

◆ that절의 주어: other products ~ brand, 동사: have

11 *Even if* we find some positive things about <u>them</u> later, we may not change our negative opinion.

◆ even if: (비록) ~라 할지라도

◆ them: 앞 문장의 the person을 지칭

12 as: ~듯이, ~처럼 / lead to: ~로 이어지다

13 So when you meet <u>someone new</u>, don't judge <u>them</u> too quickly!

◆ someone new: -one, -body, -thing으로 끝나는 대명사는 형용사가 뒤에서 수식

◆ them: someone new를 지칭

UNIT 5

Reading 2

정답 확인

▌읽기 전 **비문학 사고력 UP** 다른 사람의 심리나 상황을 조작하려고 할 때, 다른 사람의 생각을 통제하려고 할 때 등
▌읽은 후 **핵심 정리** The term "gaslighting" comes from the 1938 British play *Gas Light*.

본문 해석

❶ "너는 너무 예민해." ❷ "그건 네 잘못이야." ❸ "그런 일은 일어나지 않았어." ❹ 어떤 사람들은 이런 말들로 다른 이들을 지배하려 한다. ❺ 그들의 피해자들은 자신들의 생각, 인식, 기억들을 의심하기 시작한다. ❻ 이것은 '가스라이팅'이라고 불린다.

❼ '가스라이팅'이라는 용어는 1938년작 영국의 연극인 '가스등'에서 유래했다. ❽ 그 연극에서 남편은 그의 아내가 보고 들은 것에 대해 의문을 가짐으로써 아내를 지배한다. ❾ 그는 그녀에게 그녀가 상상을 하고 있다고 말한다. ❿ 마침내, 그녀는 자신이 미쳐가고 있다고 생각하기 시작한다. ⓫ 이런 일이 어떻게 가능할 수 있는가? ⓬ 피해자들은 계속해서 가스라이팅을 하는 사람들의 이야기를 듣게 되면서, 그들에게 더 의존하게 된다. ⓭ 게다가, 가스라이팅은 보통 신뢰, 사랑, 우정을 바탕으로 한 가까운 관계에서 일어난다. ⓮ 따라서 피해자들은 가스라이팅 하는 사람들의 나쁜 의도를 알아차리지 못할지도 모른다.

⓯ 가스라이팅이 계속되면, 피해자들은 혼란스럽고 무력하게 느낀다. ⓰ 그것은 한 사람의 자존감을 손상시킬 수 있는 심각한 문제이다. ⓱ 따라서, 피해자들은 다른 사람들로부터 도움을 구하고 상황이 더 나빠지기 전에 그 상황을 바꾸어야 한다.

직독직해

❶ "You're too sensitive." ❷ "It's your fault." ❸ "That's not what
　"너는 너무 예민해."　　　　"그건 네 잘못이야."　　　"그것은 일어난 것이
happened." ❹ Some people try to control others / with words like these.
아니야."　　　　어떤 사람들은 다른 이들을 지배하려 한다　　　이것들과 같은 말들로
❺ Their victims begin to ⓐdoubt / their own thoughts, perceptions, and
그들의 피해자들은 의심하기 시작한다　　　그들 자신의 생각, 인식, 기억들을
memories. ❻ This is called "gaslighting."
　　　　이것은 '가스라이팅'이라고 불린다
❼ The term "gaslighting" comes / from the 1938 British play *Gas*
　'가스라이팅'이라는 용어는 유래했다　　　　1938년작 영국의 연극인 '가스등'에서
Light. ❽ In it, / a husband controls his wife / by ⓑquestioning what she
　　그 안에서　　남편은 그의 아내를 지배한다　　　그녀가 보고 들은 것에 의문
sees and hears. ❾ He tells her / that she is imagining things. ❿ Finally, /
가짐으로써　　　　그는 그녀에게 말한다　　그녀가 상상을 하고 있다고　　　마침내
she begins to think / that she is going crazy. ⓫ How can this be possible?
그녀는 생각하기 시작한다　　그녀가 미쳐가고 있다고　　　이런 일이 어떻게 가능할 수 있는가
⓬ As the victims keep listening to the gaslighters, / they become more
피해자들이 계속해서 가스라이팅을 하는 사람들의 이야기를 듣게 되면서　　그들은 그들에게 더 의존하게
dependent on them. ⓭ Additionally, / gaslighting often happens in close
된다　　　　　　게다가　　　　　　가스라이팅은 가까운 관계에서 보통 일어난다
relationships / based on trust, love, and friendship. ⓮ So the victims may
　　　　신뢰, 사랑, 우정을 바탕으로 한　　　　따라서 피해자들은 알아차리지
not recognize / the ⓒbad intentions of the gaslighters.
못할지도 모른다　　가스라이팅 하는 사람들의 나쁜 의도를
⓯ If the gaslighting continues, / the victims feel confused and
　　　가스라이팅이 계속되면　　　　　　피해자들은 혼란스럽고 무력하게 느낀다
helpless. ⓰ It is a serious issue / that can damage a person's self-esteem.
　　　　그것은 심각한 문제이다　　　한 사람의 자존감을 손상시킬 수 있는
⓱ Therefore, / victims should seek help from others / and change the
따라서　　　　피해자들은 다른 사람들로부터 도움을 구해야 한다　　　그리고 그 상황을 바꾸
situation / before it gets worse.
어야 한다　　　그것이 더 나빠지기 전에

구문 해설

❸ what: 선행사를 포함한 관계대명사 (~하는 것)

❺ Their victims begin to doubt *their own* thoughts, perceptions, and memories.
- begin + to부정사: ~하기 시작하다
- one's own + 명사: 자신의 ~
- thoughts, perceptions, and memories: A, B, and C (병렬 구조)

❽ In it, a husband controls his wife *by questioning* [what she sees and hears].
- it: 연극 *Gas Light*를 지칭
- by + 동명사: ~함으로써 (수단, 방법)
- [ ]는 questioning의 목적어가 되는 명사절 (what: 선행사를 포함한 관계대명사 (~하는 것))

❾ tell + 간접목적어(her) + 직접목적어(that절): ~에게 …라고 말하다 (4형식)

┃정답   **1** ②   **2** ②   **3** (1) confused (2) helpless (3) self-esteem
┃Self-Study 노트 핵심 구문 100% 이해하기 | 직독직해 ❹, ❽, ⓭, ⓰, ⓱번 문장
                글의 내용 100% 이해하기 | 1. 지배 2. 의심 3. 연극 4. 의존 5. 가까운 6. 자존감

문제 해설

1 이 글의 제목으로 가장 적절한 것은?

① Gaslighting: How to Control Your Feelings 가스라이팅: 당신의 감정을 지배하는 법
✓② Gaslighting: What It Is and How It Happens 가스라이팅: 그것은 무엇이고 어떻게 일어나는가
③ Gaslighting: Stop Depending on Your Friends 가스라이팅: 친구들에게 의존하는 것을 멈춰라
④ Gaslighting: Close Relationships Based on Love 가스라이팅: 사랑에 기반한 가까운 관계
⑤ Gaslighting: The Best Way to Build Good Relationships
가스라이팅: 좋은 관계를 만드는 가장 좋은 방법

1 다른 사람의 생각, 인식, 기억을 지배하는 가스라이팅의 유래와 특성, 가스라이팅의 영향과 그에 대한 대처법에 대해 설명하는 글이므로, 제목으로는 ②가 가장 적절하다.

2 이 글의 ⓐ~ⓒ에 들어갈 말로 문맥상 알맞게 짝지어진 것은?

	ⓐ	ⓑ	ⓒ
①	doubt	accepting	good
✓②	doubt	questioning	bad
③	doubt	questioning	good
④	trust	accepting	bad
⑤	trust	questioning	good

ⓐ의심하기/믿기 ⓑ받아들임(으로써)/의문을 가짐(으로써) ⓒ좋은/나쁜

2 ⓐ 가스라이팅은 피해자가 자신의 생각 등을 '의심하게(doubt)' 만들어 그들을 지배하려 하는 것이다.
ⓑ 남편이 아내가 인식하는 것에 대해 '의문을 가지며(questioning)' 가스라이팅을 하는 과정을 설명하고 있다.
ⓒ 가스라이팅을 하는 사람들은 남을 지배하려는 '나쁜(bad)' 의도를 가지고 있다는 것이 문맥상 알맞다.

3 질문에 대한 답이 되도록 빈칸에 들어갈 말을 이 글에서 찾아 쓰시오.

Q What happens to the victims if the gaslighting continues?

A They feel (1) _____confused_____ and (2) _____helpless_____. Also,
their (3) _____self-esteem_____ can be damaged.

Q 가스라이팅이 계속되면 피해자들에게 어떤 일이 생기는가?
A 그들은 (1) 혼란스럽고 (2) 무력하게 느낀다. 또한, 그들의 (3) 자존감이 손상될 수도 있다.

3 글의 세 번째 문단에서 가스라이팅이 피해자에게 미치는 부정적인 영향을 설명하고 있으므로 빈칸에 해당되는 말을 찾을 수 있다.

(89)

⓬ as: ~하면서, ~함에 따라 / dependent on: ~에게 의존하고 있는

⓭ ..., gaslighting often happens in close relationships [*based on* trust, love, and friendship].
  ◆ [ ]는 close relationships를 수식하는 과거분사구
  ◆ based on: ~을 바탕으로 한, ~에 근거한
  ◆ trust, love, and friendship: A, B, and C (병렬 구조)

⓰ It is a serious issue [that can damage a person's self-esteem].
  ◆ [ ]는 선행사 a serious issue를 수식하는 주격 관계대명사절

⓱ Therefore, victims should seek help from others and change the situation before it *gets worse*.
  ◆ should 뒤에 seek ~ others와 change ~ worse가 and로 연결된 병렬 구조
  ◆ get + 비교급: (점점) 더 ~해지다

Reading 3

■ 읽기 전 **비문학 사고력 UP**　별도 정답 없음

■ 읽은 후 **핵심 정리**　fear of a better option

본문 해석

❶결정을 내리는 것은 어려울 수 있다. ❷아마도 여러분은 최고의 선택지를 고르지 않았다고 걱정할지도 모른다. ❸만일 그렇다면, 여러분은 FOBO로 고통을 받는 것일지도 모른다. ❹FOBO, 즉 '더 나은 선택지에 대한 두려움'은 더 나은 어떤 것이 나타날지도 모른다는 불안감이다. ❺이것은 여러분으로 하여금 모든 선택지들을 열어두고 위험을 무릅쓰는 것을 피하고 싶게 할 수 있다.

❻FOBO는 무엇을 살지 선택하는 것에서부터 새 일자리를 고르는 것까지에 이르는 결정들에 영향을 미칠 수 있다. ❼물건을 살 때, 여러분은 가격들을 비교하는 데 많은 시간을 보낼지도 모른다. ❽그리고 진로를 선택하려고 할 때, 여러분은 동시에 많은 직장에 지원을 할지도 모른다. ❾이것은 여러분이 더 나은 선택지를 놓치는 것에 대해 걱정하기 때문이다.

❿FOBO가 의사결정 마비로 이어질 수 있다는 사실을 아는 것은 중요하다. ⓫그것은 여러분으로 하여금 여러분을 행복하게 만들 수 있는 선택들을 하는 것을 막을지 모른다. ⓬하지만 FOBO를 인식하고 관리하는 법을 배운다면, 여러분은 더 자신감 있고 여러분이 하는 선택들에 만족할 수 있게 된다.

직독직해

❶Making decisions / can be hard. ❷Maybe you worry / that you didn't choose the best option. ❸If so, / you might suffer from FOBO. ❹FOBO, or "fear of a better option," / is a feeling of anxiety / that something better might come along. ❺This can make you want / to keep all your options open / and avoid taking risks. ❻FOBO can affect decisions / ranging from choosing what to buy / to selecting a new job. ❼When you shop, / you might spend a lot of time / comparing prices. ❽And when you try to choose a career path, / you might apply for many jobs / at once. ❾This is because / you worry about missing out / on a better option. ❿It's important to know / that FOBO can lead to decision paralysis. ⓫It may stop you from making choices / that could make you happy. ⓬But if you learn / how to recognize and manage FOBO, / you can become more confident / and satisfied with the choices you make.

구문 해설

❶Making decisions: 주어로 쓰인 동명사구 (make a decision: 결정을 내리다)

❹FOBO, _or_ "fear of a better option," is a feeling of anxiety [_that_ something better might come along].
- ◆ or: 즉 (앞에 언급된 내용을 다시 쉽게 풀어 설명할 때 사용) / that: 동격의 접속사 (~라는)
- ◆ something better: -thing으로 끝나는 대명사는 형용사가 뒤에서 수식

❺This can make you want _to keep_ all your options open and _avoid_ taking risks.
- ◆ make + 목적어(you) + 목적격보어(동사원형: want): ~이 …하게 하다 (5형식)
- ◆ want 뒤에 to keep ~ open과 (to) avoid ~ risks가 and로 연결된 병렬 구조

❻FOBO can affect decisions [ranging from _choosing_ what to buy to _selecting_ a new job].
- ◆ [　]는 decisions를 수식하는 현재분사구
- ◆ range from A to B: (범위가) A부터 B까지 이르다 (choosing과 selecting은 각각 전치사 from과 to의 목적어로 쓰인 동명사)
- ◆ what + to부정사: 무엇을 ~할지

문제 해설

1 이 글의 주제로 가장 적절한 것은?

① how to be more confident 더 자신감을 갖는 법
② how to choose the best option 최고의 선택지를 고르는 법
③ characteristics of people who take risks 위험을 무릅쓰는 사람들의 특징
④ things to consider when we make decisions 결정을 내릴 때 고려해야 할 것들
✓⑤ why some people have difficulty making decisions
　　　　　　　　　　　　　　　　일부 사람들이 결정을 내리는 데 어려움을 겪는 이유

1 글의 중심 소재인 FOBO, 즉 '더 나은 선택지에 대한 두려움'으로 인해 결정을 내리는 것이 어려운 상황에 대한 글이므로, 주제로는 ⑤가 가장 적절하다.

2 빈칸에 들어갈 말로 가장 적절한 것은?

① accidents might happen 사고들이 일어날지 모른다
② you should try new things 여러분이 새로운 것에 도전해야만 한다
③ decisions might be made too late 결정이 너무 늦게 내려질지도 모른다
✓④ something better might come along 더 나은 어떤 것이 나타날지도 모른다
⑤ you should spend more time at work 여러분이 직장에서 더 많은 시간을 보내야만 한다

2 빈칸에는 FOBO, 즉 '더 나은 선택지에 대한 두려움'이 무엇에 대한 불안감인지 설명하는 내용이 와야 한다. 따라서 ④가 답으로 가장 적절하다.

3 밑줄 친 우리말과 일치하도록 이 글의 괄호 안의 단어를 바르게 배열하시오.

> 물건을 살 때, 여러분은 가격들을 비교하는 데 많은 시간을 보낼지도 모른다.

When you shop, _____ you might spend a lot of time comparing prices _____.

3 • 조동사(might)는 일반동사(spend) 앞에 위치함
• spend＋시간(a lot of time)＋동명사(comparing): ~하는 데 시간을 보내다

93

10 It: 가주어, to know 이하: 진주어 / that 이하는 know의 목적어가 되는 명사절

11 It may *stop* you *from making* choices [that could <u>make</u> <u>you</u> <u>happy</u>].
　◆ stop＋목적어＋from＋동명사: ~이 …하는 것을 막다
　◆ [ ]는 선행사 choices를 수식하는 주격 관계대명사절
　◆ make＋목적어(you)＋목적격보어(형용사: happy): ~을 …하게 만들다 (5형식)

12 But if you learn *how to* recognize and manage FOBO, you can *become more confident* and *satisfied* with <u>the choices</u> [(that) you make].
　◆ how＋to부정사: ~하는 법
　◆ become more confident와 (become) satisfied ~가 and로 연결된 병렬 구조
　◆ [ ]는 선행사 the choices를 수식하는 목적격 관계대명사절 (목적격 관계대명사가 생략됨)

본문 해석

❶ 잠자리에 들기 전에, 여러분의 하루에 대해 생각해보는 시간을 가져 보라. ❷ 여러분은 끝마친 일들과 끝마치지 못한 일들 중 어느 것을 더 쉽게 기억하는가? ❸ 자이가르닉 효과에 따르면, 우리는 완료되지 않은 일들을 더 잘 기억하는 경향이 있다. ❹ 이것은 잠재의식적인 마음이 우리로 하여금 완료되지 않은 일들을 그것들이 끝마쳐질 때까지 종종 생각나게 하기 때문이다.

❺ 1920년대에, Bluma Zeigarnik (블루마 자이가르닉)이라는 이름의 한 심리학자가 일들을 끝내지 않은 채로 두는 것의 효과에 대해 썼다. ❻ 그녀는 식당에서 웨이터들을 보는 동안 그것을 알아차렸다. ❼ 그 웨이터들은 주문들을 내오는 동안은 주문들을 쉽게 기억할 수 있었다. ❽ 그들은 심지어 주문들이 매우 복잡할 때조차도 그 주문들을 기억했다. ❾ 하지만, 그들은 그 주문들을 내오는 것을 끝낸 뒤에는 그 주문들을 기억하는 데 어려움을 겪었다.

❿ Zeigarnik은 이 주제에 대해 추가 연구를 진행했다. ⓫ 그녀는 어른들과 아이들 양쪽에게 완성해야 할 퍼즐들을 주었다. ⓬ 그리고나서 그녀는 그 과제들 중 일부가 진행되는 동안 그들을 방해했다. ⓭ 그녀는 어른들과 아이들 양쪽 모두 방해가 있어 완료하지 못한 과제들을 그들이 완료한 과제들보다 더 잘 기억한다는 것을 발견했다.

직독직해

❶ Before going to bed, / take a moment / to think about your day.
잠자리에 들기 전에   시간을 가져 보라   여러분의 하루에 대해 생각해보는

❷ Which do you remember more easily, / the tasks you have completed
여러분은 어느 것을 더 쉽게 기억하는가   여러분이 끝마친 일들

/ or the ones you haven't? ❸ According to the Zeigarnik effect, / we
아니면 여러분이 끝마치지 못한 것들   자이가르닉 효과에 따르면   우리는

tend to remember incomplete tasks better. ❹ This is because / the
완료되지 않은 일들을 더 잘 기억하는 경향이 있다   이것은 ~ 때문이다   잠재

subconscious mind often reminds us / of incomplete tasks / until (a) they
의식적인 마음이 우리에게 종종 생각나게 하기   완료되지 않은 일들을   그것들이 끝마쳐질

are finished.
때까지

❺ In the 1920s, / a psychologist named Bluma Zeigarnik / wrote about
1920년대에   Bluma Zeigarnik이라는 이름의 한 심리학자가   효과에 대해 썼다

the effect / of leaving tasks unfinished. ❻ She noticed it / while watching
일들을 끝내지 않은 채로 두는 것의   그녀는 그것을 알아차렸다   식당에서

waiters in a restaurant. ❼ The waiters could easily remember orders /
웨이터들을 보는 동안   그 웨이터들은 주문들을 쉽게 기억할 수 있었다

while (b) they were serving them. ❽ They remembered the orders / even
그들이 그것들을 내오는 동안   그들은 그 주문들을 기억했다   심지어

when (c) they were very complicated. ❾ However, / they had difficulty
그것들이 매우 복잡할 때조차도   하지만   그들은 그 주문들을 기억하

remembering the orders / after they finished serving (d) them.
는 데 어려움을 겪었다   그들이 그것들을 내오는 것을 끝낸 뒤에는

❿ Zeigarnik did further studies / on this subject. ⓫ She gave both
Zeigarnik은 추가 연구를 했다   이 주제에 대해   그녀는 어른들과 아이들

adults and children / puzzles to complete. ⓬ Then she interrupted (e) them
양쪽에게 주었다   완성해야 할 퍼즐들을   그리고나서 그녀는 그들을 방해했다

/ during some of the tasks. ⓭ She found / that both adults and children
그 과제들 중 일부 동안   그녀는 발견했다   어른들과 아이들 양쪽 모두

/ remembered incomplete tasks with interruptions better / than the ones
방해가 있어 완료하지 못한 과제들을 더 잘 기억한다   그들이 완료한 것들

that they had completed.
보다

(96)

구문 해설

❶ *Before going* to bed, take a moment [to think about your day].
   ◆ before + 동명사: ~하기 전에
   ◆ [ ]는 a moment를 수식하는 형용사적 용법의 to부정사구 (~하는)

❷ Which do you remember more easily, the tasks [(that) you have completed] or the *ones* [(that) you haven't (completed)]?
   ◆ Which ~, A or B?: A와 B 중 어느 것이(을) ~하는가?
   ◆ [ ]는 각각 선행사 the tasks와 the ones를 수식하는 목적격 관계대명사절 (목적격 관계대명사가 생략됨)
   ◆ ones는 앞에 나온 복수 명사 tasks를 대신하는 부정대명사 / haven't 뒤에 completed가 생략됨

❺ In the 1920s, a psychologist [*named* Bluma Zeigarnik] wrote about the effect of leaving tasks unfinished.
   ◆ [ ]는 a psychologist를 수식하는 과거분사구 / named ~: ~라는 이름의
   ◆ leaving ~ unfinished는 전치사 of의 목적어로 쓰인 동명사구
   ◆ leave + 목적어(tasks) + 목적격보어(과거분사: unfinished): ~을 …한 채로 두다

문제 해설

1 이 글의 요지로 가장 적절한 것은?

① 기억은 우리의 잠재의식에 저장된다.

② 수면 전 훈련으로 기억력을 강화할 수 있다.

✓③ 끝내지 못한 일이 끝마친 일보다 더 잘 기억난다.

④ 기억에 큰 영향을 미치는 것은 과제의 난이도이다.

⑤ 과제를 가끔씩 중단하는 것이 기억력 향상에 도움이 된다.

1 완료되지 않은 일을 완료된 일 보다 더 잘 기억하는 현상인 자이가르닉 효과의 이유와 관련 연구에 대한 내용의 글이므로, 요지로는 자이가르닉 효과의 핵심인 ③이 가장 적절하다.

2 밑줄 친 (a)~(e)가 가리키는 대상이 바르게 연결되지 **않은** 것은?

① (a) : incomplete tasks 완료되지 않은 일들

② (b) : the waiters 웨이터들

③ (c) : the orders 주문들

✓④ (d) : the waiters 웨이터들

⑤ (e) : adults and children 어른들과 아이들

2 (d) 앞에 언급된 the orders 를 가리킨다.

3 이 글의 내용으로 보아, 빈칸 (A), (B)에 들어갈 말로 알맞게 짝지어진 것은?

> According to Zeigarnik's studies, we are likely to remember _____(A)_____ tasks with _____(B)_____ better.

자이가르닉의 연구에 따르면, 우리는 (B) 방해가 있어 (A) 완료되지 않은 일들을 더 잘 기억할 가능성이 있다.

(A)	(B)
① finished ·····	orders 끝낸 – 주문들
② ordered ·····	waiters 주문한 – 웨이터들
③ unfinished ·····	puzzles 끝내지 않은 – 퍼즐들
④ complicated ·····	difficulties 복잡한 – 어려움
✓⑤ incomplete ·····	interruptions 완료되지 않은 – 방해

3 마지막 문단의 자이가르닉의 추가 연구에서 방해가 있어 끝마치지 못한 퍼즐을 완성한 퍼즐보다 더 잘 기억한다는 연구 결과를 설명했으므로, 빈칸에는 각각 incomplete와 interruptions 가 알맞다.

(97)

---

6 while (she was) watching: (주어 + be동사)가 생략됨

9 have difficulty + 동명사: ~하는 데 어려움을 겪다 / finish + 동명사: ~하는 것을 끝내다

⑪ She gave both adults and children puzzles [to complete].

◆ give + 간접목적어(both adults and children) + 직접목적어(puzzles): ~에게 …을 주다 (4형식)

◆ [　]는 puzzles를 수식하는 형용사적 용법의 to부정사 (~하는)

⑬ She found [that both adults and children remembered incomplete tasks with interruptions better than the *ones* [that they had completed]].

◆ [that both ~]는 found의 목적어로 쓰인 명사절

◆ ones는 앞에 나온 복수명사 tasks를 대신하는 부정대명사

◆ [that they ~]는 선행사 the ones를 수식하는 목적격 관계대명사절

■ 정답 확인

■ 읽기 전 **비문학 사고력 UP** 홀로그램, 워터마크
■ 읽은 후 **핵심 정리** digital watermark(s)

본문 해석

❶지폐에는 비밀이 있다. ❷지폐를 빛을 향해 들어 보면, 숨겨진 그림이 나타난다. ❸이것은 '워터마크'라고 알려져 있다. ❹그것은 돈이 복제되는 것을 방지한다.
❺오늘날에는 문서, 그림, 음성자료, 영상자료 같은 디지털 자료들에도 워터마크들이 포함되어 있다. ❻이러한 디지털 워터마크는 그 자료들의 저작권을 보호하기 위해 사용된다. ❼예를 들어, 여러분은 인터넷 상의 그림들에 표시된 로고 또는 출처를 볼지도 모른다. ❽그것들은 그 그림의 소유주를 표시한다. ❾그것들은 종종 (그림의) 구석이나 가운데에 있고, 가끔은 심지어 전체 그림을 덮기도 한다. ❿이것들이 눈에 보이는 워터마크의 예이다.
⓫하지만, 어떤 사람들은 그 자료들을 불법적으로 이용하기 위해서 워터마크를 제거하려고 하기도 한다. ⓬이 문제를 해결하기 위해, 어떤 자료들은 눈에 보이지 않는 워터마크를 가지고 있다. ⓭그것들은 숨겨져 있고, 특수 프로그램으로만 읽힐 수 있다. ⓮만일 누군가가 그 자료를 허락 없이 사용하거나 공유하면, 그 자료들의 소유자들은 숨겨진 워터마크를 이용해서 그들을 추적할 수 있다. ⓯눈에 보이는 것이든 아니든, 워터마크는 인터넷 상의 저작권을 보호하는 효과적인 수단이다.

직독직해

❶There's a secret on paper money. ❷When you hold it up to light, / a
지폐에는 비밀이 있다   그것을 빛을 향해 들어 보면
hidden image appears. ❸This is known as a "watermark." ❹It prevents /
숨겨진 그림이 나타난다   이것은 '워터마크'라고 알려져 있다   그것은 방지한다
money / from being copied.
돈이   복제되는 것을
❺Today, / watermarks are also included in digital data, / such as
오늘날에는   워터마크들이 디지털 자료들에 또한 포함되어 있다   문서,
documents, images, audio, and videos. ❻These digital watermarks are
그림, 음성자료, 영상자료 같은   이러한 디지털 워터마크는 사용된다
used / to protect the copyright of the data. ❼For example, / you might
        그 자료들의 저작권을 보호하기 위해   예를 들어   여러분은 로고
see a logo or source / marked on online images. ❽They show the owners
또는 출처를 볼지도 모른다   인터넷 상의 그림들에 표시된   그것들은 그 그림들의 소유주들을
of the images. ❾They are often at the corner / or in the center, / and
표시한다   그것들은 종종 구석에 있다   또는 가운데에   그리고
sometimes they even cover entire images. ❿These are examples of
가끔은 그것들은 심지어 전체 그림을 덮기도 한다   이것들이 눈에 보이는 워터마크의
visible watermarks.
예이다
⓫However, / some people try to remove watermarks / to use the
하지만   어떤 사람들은 워터마크들을 제거하려고 한다   그 자료들을
materials illegally. ⓬To solve this problem, / some data have invisible
불법적으로 이용하기 위해   이 문제를 해결하기 위해   어떤 자료들은 눈에 보이지 않는 워터
watermarks. ⓭They are hidden / and can be read only with a special
마크를 가지고 있다   그것들은 숨겨져 있다   그리고 특수 프로그램으로만 읽힐 수 있다
program. ⓮If someone uses or shares the data / without permission, /
만일 누군가가 그 자료를 사용하거나 공유하면   허락 없이
their owners can track them / using the hidden watermarks. ⓯Whether
그것들의 소유자들은 그들을 추적할 수 있다   숨겨진 워터마크들을 이용해서   그것들이
they are visible or not, / watermarks are an effective means / of
눈에 보이든 아니든   워터마크들은 효과적인 수단이다
protecting online copyrights.
인터넷 상의 저작권을 보호하는

구문 해설

❶ There is + 단수명사: ~이 있다

❹ It prevents money from *being copied*.
  ◆ prevent + 목적어(money) + from + 동명사: ~가 …하는 것을 막다(방지하다)
  ◆ be copied: 복제되다 (수동태: be동사 + p.p.)

❼ …, you might see a logo or source [marked on online images].
  ◆ [   ]는 a logo or source를 수식하는 과거분사구

⓫ However, some people try to remove watermarks *to use* the materials illegally.
  ◆ try + to부정사: ~하려고 애쓰다(노력하다)
  ◆ to use: 부사적 용법의 to부정사 (목적: ~하기 위해)

Self-Study 노트　핵심 구문 100% 이해하기 | 직독직해 ④, ⑦, ⑪, ⑭, ⑮번 문장
글의 내용 100% 이해하기 | 1. protect 2. owners 3. source 4. removed 5. without 6. illegally

문제 해설

1 이 글의 주제로 가장 적절한 것은?

① the difficulty of protecting online data
② special programs used to copy digital data
③ problems caused by sharing data with others
④ how to get permission to use someone else's data
✓⑤ special marks that protect copyrighted digital data

① 인터넷 상의 자료를 보호하는 것의 어려움
② 디지털 자료를 복제하기 위해 사용되는 특별한 프로그램들
③ 자료를 다른 사람들과 공유함으로써 생기는 문제들
④ 다른 누군가의 자료를 사용하는 허락을 받는 방법
⑤ 저작권이 있는 디지털 자료들을 보호하는 특별한 표시들

1 인터넷 상의 디지털 자료를 소유자의 허락 없이 마음대로 사용하여 저작권을 침해하는 것을 막기 위해서 워터마크가 사용된다는 내용의 글이므로, 주제로는 ⑤가 가장 적절하다.

2 글의 흐름으로 보아, 주어진 문장이 들어가기에 가장 적절한 곳은?

> To solve this problem, some data have invisible watermarks.
> 이 문제를 해결하기 위해, 어떤 자료들은 눈에 보이지 않는 워터마크를 가지고 있다.

①　　　　②　　　　③　　　✓④　　　　⑤

2 '눈에 보이지 않는(invisible) 워터마크'가 언급되어 있으므로, 주어진 문장은 눈에 보이는(visible) 워터마크에 대한 두 번째 문단 뒤에 들어가는 것이 적절하다. this problem이 '일부 사람들이 워터마크를 제거하려고 한다'는 내용을 가리키므로, 주어진 문장은 ④에 들어가는 것이 가장 적절하다.

3 이 글의 내용과 일치하면 T, 일치하지 않으면 F를 쓰시오.

(1) watermark는 지폐에서 발견할 수 있다. ①~③번 문장 _____ T
(2) digital watermark는 자료의 일부분 또는 전체에 표시되어 있다. ⑨번 문장 _____ T
(3) digital watermark는 특수한 프로그램을 이용해서만 확인할 수 있다. _____ F

3 (3) 눈에 보이지 않는 워터마크는 특수한 프로그램을 이용해서만 확인이 가능하지만 눈에 보이는 디지털 워터마크는 특별한 프로그램을 사용하지 않아도 확인이 가능하다.

⑫ To solve: 부사적 용법의 to부정사 (목적: ~하기 위해) / this problem: 앞 문장의 내용을 지칭

⑬ They are hidden and can be read only *with* a special program.
　◆ are hidden과 can be read ~ special program이 and로 연결된 병렬 구조
　◆ with: ~로 (수단, 방법)

⑮ Whether *they* are visible or not, watermarks are an effective means of protecting online copyrights.
　◆ Whether ~ or not: ~이든 아니든
　◆ they: 주절의 주어 watermarks를 지칭
　◆ means of + 동명사: ~하는 수단

본문 해석

❶ 여러분은 '튜링 테스트'에 대해 들어본 적이 있는가? ❷ 그 테스트는 컴퓨터가 사람처럼 생각할 수 있는지를 알아보기 위해 사용된다. ❸ 컴퓨터가 그 테스트를 통과하면, 그 컴퓨터는 인공지능을 가지고 있다고 여겨진다. ❹ 그 테스트는 영국의 수학자이자 컴퓨터 과학자인 Alan Turing(앨런 튜링)에 의해 제안되었다.

❺ Turing은 1912년에 태어났다. ❻ 그는 케임브리지 대학에서 수학을 공부했다. ❼ 그는 중요한 수학 문제들을 풀기 위한 효과적인 방법을 찾으려고 애썼다. ❽ 연구 중에 그는 '만능 튜링 기계'를 위한 아이디어를 생각해냈다. ❾ 그는 현대 컴퓨터에 있어 본질적인 개념인 '모든 가능한 과제들을 위한 하나의 기계'를 상상했다.

❿ Turing은 또한 제2차 세계대전 동안 영국 정부를 위해 일했다. ⓫ 독일 정부는 Enigma라고 불리는 특별한 암호 (생성) 기계를 사용했다. ⓬ 독일인들은 Enigma의 암호는 해독할 수 없다고 생각했다. ⓭ 하지만, Turing과 다른 수학자들이 Enigma 암호를 해독했다. ⓮ 이것은 공격을 막고 많은 목숨을 구하는 데 도움이 되었다.

⓯ Turing은 뛰어난 암호 해독가이자 재능 있는 수학자였다. ⓰ 게다가, 컴퓨터 과학에 대한 그의 아이디어들은 오늘날 인공지능을 연구하는 사람들에게 여전히 영감을 주고 있다.

직독직해

❶ Have you heard of the "Turing test?" ❷ It is used to see / if a
여러분은 '튜링 테스트'에 대해 들어본 적이 있는가   그것은 알아보기 위해 사용된다

computer can think like a human. ❸ If the computer passes the test, / it
컴퓨터가 사람처럼 생각할 수 있는지를   컴퓨터가 그 테스트를 통과하면

is considered / to have artificial intelligence. ❹ It was suggested by Alan
그것은 여겨진다   인공지능을 가지고 있다고   그것은 Alan Turing에 의해 제안되었다

Turing, / a British mathematician and computer scientist.
영국의 수학자이자 컴퓨터 과학자인

❺ Turing was born in 1912. ❻ He studied mathematics / at the University
Turing은 1912년에 태어났다   그는 수학을 공부했다   케임브리지 대학에서

of Cambridge. ❼ He tried to find an effective method / for solving
그는 효과적인 방법을 찾으려고 애썼다   중요한 수학

important mathematical problems. ❽ During his work, / he came up with
문제들을 풀기 위한   그의 연구 중에   그는 아이디어를 생각해

the idea / for a "universal Turing machine." ❾ He imagined "one machine
냈다   '만능 튜링 기계'를 위한   그는 '모든 가능한 과제들을 위한 하나의

for all possible tasks," / a concept that is essential to modern computers.
기계'를 상상했다   현대 컴퓨터에 있어 본질적인 개념인

❿ Turing also worked for the British government / during the Second
Turing은 또한 영국 정부를 위해 일했다   제2차 세계대전 동안

World War. ⓫ The German government used a special code machine /
독일 정부는 특별한 암호 기계를 사용했다

called Enigma. ⓬ The Germans thought / its codes were unbreakable.
Enigma라고 불리는   독일인들은 생각했다   그것의 암호는 해독할 수 없다고

⓭ However, / Turing and other mathematicians / broke the Enigma code.
하지만   Turing과 다른 수학자들이   Enigma 암호를 해독했다

⓮ This helped stop attacks / and save many lives.
이것은 공격을 막는 것을 도왔다   그리고 많은 목숨을 구하는 것을

⓯ Turing was a brilliant code breaker and talented mathematician.
Turing은 뛰어난 암호 해독가이자 재능 있는 수학자였다

⓰ Moreover, / his ideas about computer science / still inspire people /
게다가   컴퓨터 과학에 대한 그의 아이디어들은   사람들에게 여전히 영감을 주고 있다

who study artificial intelligence today.
오늘날 인공지능을 연구하는

(106)

구문 해설

❶ Have + 주어 + p.p. ~?: ~한 적이 있는가? (현재완료: 경험) / hear of: ~에 대해 듣다

❷ It *is used* to see [*if* a computer can think like a human].
  ◆ It: Turing test를 지칭
  ◆ be used: 사용되다 (수동태: be동사 + p.p.)
  ◆ to see: 부사적 용법의 to부정사 (목적: ~하기 위해)
  ◆ [ ]는 see의 목적어로 쓰인 명사절 (if: ~인지)

❼ try + to부정사: ~하려고 애쓰다(노력하다) / for solving: solving은 for의 목적어로 쓰인 동명사

❾ He imagined "one machine for all possible tasks," a concept [that is essential to modern computers].
  ◆ "one machine ~ tasks"와 a concept 이하의 내용은 쉼표(,)로 연결된 동격의 관계
  ◆ [ ]는 선행사 a concept를 수식하는 주격 관계대명사절

┃정답   **1** ③   **2** ⑤   **3** ③

┃Self-Study 노트   **핵심 구문 100% 이해하기** ┃ 직독직해 ❷, ❾, ⓫, ⓮, ⓰번 문장

                   글의 내용 100% 이해하기 ┃ 1. 인공지능   2. 컴퓨터   3. 영국   4. 독일   5. Enigma

문제 해설

1 이 글의 제목으로 가장 적절한 것은?

    ① An Essential Concept for AI   인공지능을 위한 본질적인 개념

    ② Why Are Computers Important?   컴퓨터가 왜 중요한가?

 ✓③ The Father of Modern Computers   현대 컴퓨터의 아버지

    ④ The Future of Artificial Intelligence   인공지능의 미래

    ⑤ People Who Passed the Turing Test   튜링 테스트를 통과한 사람들

1 뛰어난 수학자이자 컴퓨터 과학자로서, 현대 컴퓨터의 기반이 되는 기계의 개념을 구상하고 컴퓨터의 인공지능 여부를 판별할 수 있는 튜링 테스트를 개발한 Alan Turing에 관한 글이므로, 제목으로는 ③이 가장 적절하다.

2 Alan Turing에 관한 설명 중 이 글의 내용과 일치하지 않는 것은?

    ① 컴퓨터의 지능 여부를 판별할 수 있는 테스트를 제안했다.   ①~④번 문장

    ② 영국 태생의 컴퓨터 과학자이다.   ④번 문장

    ③ 대학에서 수학을 전공했다.   ⑥번 문장

    ④ 오늘날 컴퓨터의 기반이 되는 기계를 구상했다.   ⑧~⑨번 문장

 ✓⑤ 제2차 세계대전 때 Enigma라는 암호 생성 기계를 개발했다.

2 ⑤ 암호 생성 기계인 Enigma는 독일에 의해 사용되었다. Turing은 Enigma로 생성된 암호를 해독하는 일을 했다.

3 빈칸에 들어갈 말로 가장 적절한 것은?

    ① worked very hard   매우 열심히 일했다

    ② failed to pass the test   그 테스트를 통과하지 못했다

 ✓③ broke the Enigma code   Enigma 암호를 해독했다

    ④ made the Enigma code famous   Enigma 암호를 유명하게 만들었다

    ⑤ helped the German government   독일 정부를 도왔다

3 앞 문장에서 'Enigma로 생성된 암호는 해독할 수 없다고 생각했다'라는 내용이 나온 뒤 However(하지만)가 있으므로, 빈칸에는 암호 해독에 성공했다는 내용인 ③이 들어가는 것이 가장 적절하다.

(107)

⓫ The German government used a special code machine [called Enigma].

   ◆ [ ]는 a special code machine를 수식하는 과거분사구 / called: ~라고 불리는

⓬ The Germans thought [(that) its codes were unbreakable].

   ◆ [ ]는 thought의 목적어로 쓰인 명사절 (접속사 that이 생략됨)

⓮ This helped stop attacks and save many lives.

   ◆ This: 앞 문장의 내용 (Turing과 다른 수학자들이 Enigma 암호를 해독한 것)

   ◆ help + (to) 동사원형: ~하는 것을 돕다

   ◆ helped 뒤에 stop attacks와 save many lives가 and로 연결된 병렬 구조

⓰ Moreover, his ideas about computer science still inspire people [who study artificial intelligence today].

   ◆ 주어: his ideas ~ science, 동사: inspire

   ◆ [ ]는 선행사 people을 수식하는 주격 관계대명사절

정답 확인

■ 읽기 전 **비문학 사고력 UP** 알파벳 순서로 배열되어 있지 않다.

■ 읽은 후 **핵심 정리** The name comes from the first six letters on the top row of the keyboard.

본문 해석

❶ 영어로 타자를 칠 때, 여러분은 자판 위의 글자들이 알파벳 순서로 되어 있지 않다는 것을 알아차릴지도 모른다. ❷ 이런 종류의 자판은 QWERTY 자판이라고 불린다. ❸ 그 이름은 자판의 맨 윗줄의 첫 여섯 글자에서 유래한다.

❹ QWERTY 자판은 19세기에 만들어졌다. ❺ QWERTY 자판 이전에는 자주 사용되는 몇몇 글자들이 서로 가까이에 있었다. ❻ 이것은 사람들이 타자기를 사용할 때 종종 엉킴 현상으로 이어졌다. ❼ QWERTY 배치는 엉키는 것을 방지하기 위해 (E와 O같은) 이런 글쇠들을 떼어 놓았다. ❽ 전자식 타자가 개발되었을 때쯤에는, 이미 수백만 명의 사람들이 QWERTY 타자기로 타자를 치는 것을 배운 상태였다.

❾ 사람들이 이미 QWERTY 자판을 사용하는 것에 익숙했으므로 대부분의 회사들은 그것을 교체하지 않기로 결정했다. ❿ 그 결과, QWERTY 배치는 오늘날 영어 자판들의 표준으로 남아 있다.

직독직해

❶When you're typing in English, / you may notice / that the letters
여러분이 영어로 타자를 칠 때   여러분은 알아차릴지도 모른다

on the keyboard / are not in alphabetical order. ❷This type of keyboard
자판 위의 글자들이   알파벳 순서로 되어 있지 않다는 것을   이런 종류의 자판은 불린다

is called / the QWERTY keyboard. ❸The name comes from the first six
QWERTY 자판이라고   그 이름은 첫 여섯 글자에서 유래한다

letters / on the top row of the keyboard.
자판의 맨 윗줄의

❹The QWERTY keyboard was created in the 19th century.
QWERTY 자판은 19세기에 만들어졌다

❺Before the QWERTY keyboard, / some frequently used letters / were
QWERTY 자판 이전에는   몇몇 자주 사용되는 글자들이

ⓐclose to each other. ❻This often led to jamming / when people used
서로 가까이에 있었다   이것은 종종 엉킴 현상으로 이어졌다   사람들이 타자기를 사용할 때

typewriters. ❼The QWERTY layout ⓑseparated these keys / (like E
QWERTY 배치는 이런 글쇠들을 떼어 놓았다   (E와 O같은)

and O) / to prevent them from jamming. ❽By the time electronic typing
그것들이 엉키는 것을 방지하기 위해   전자식 타자가 개발되었을 때쯤에는

was developed, / millions of people had already learned / to type on
수백만 명의 사람들이 이미 배운 상태였다

ⓒQWERTY typewriters.
QWERTY 타자기로 타자를 치는 것을

❾Since people were already used to using / the QWERTY keyboard,
사람들이 이미 사용하는 것에 익숙했으므로   QWERTY 자판을

/ most companies decided not to ⓓreplace it. ❿As a result, / the
대부분의 회사들은 그것을 교체하지 않기로 결정했다   그 결과

QWERTY layout ⓔremains the standard / on English-language
QWERTY 배치는 표준으로 남아 있다   오늘날 영어 자판들의

keyboards today.

구문 해설

❶ When you're typing *in English*, you may notice [that <u>the letters on the keyboard</u> <u>are</u> not *in alphabetical order*].

　◆ in English: 영어로 / in alphabetical order: 알파벳 순서로

　◆ [ ]는 notice의 목적어로 쓰인 명사절

　◆ that절의 주어: the letters ~ keyboard, 동사: are

❺ Before the QWERTY keyboard, <u>some frequently used letters</u> <u>were</u> *close to* each other.

　◆ 주어: some frequently used letters, 동사: were

　◆ close to: ~에 가까운 / each other: 서로

❼ The QWERTY layout separated these keys (like E and O) <u>to *prevent*</u> them *from jamming*.

　◆ to prevent: 부사적 용법의 to부정사 (목적: ~하기 위해)

　◆ prevent + 목적어(them) + from + 동명사: ~가 …하는 것을 막다(방지하다)

┃정답　　　　　**1** ②　　**2** ③　　**3** ④

┃**Self-Study 노트**　핵심 구문 100% 이해하기 ┃ 직독직해 **1**, **5**, **7**, **8**, **9**번 문장

　　　　　　　　글의 내용 100% 이해하기 ┃ 1. close　2. Jamming　3. separated　4. alphabetical　5. standard

문제 해설

1 이 글의 제목으로 가장 적절한 것은?

　① The Return of Traditional Typewriters　전통적인 타자기의 귀환

✓② The Story Behind the Standard Keyboard　표준 자판의 배경이 되는 이야기

　③ The Changing History of a Popular Keyboard　인기 있는 자판의 변화하는 역사

　④ The Six Most Important Letters on the Keyboard　자판에서 가장 중요한 여섯 개의 글자

　⑤ Where Did the QWERTY Keyboard Get Its Name?
　　　　　　　　　　　　　　　QWERTY 자판은 어디에서 그 이름을 얻었는가?

1 QWERTY 자판이 개발된 이유와 그 이름의 유래, 그리고 현재까지도 QWERTY 자판이 표준으로 남아 있는 이유를 설명하고 있는 글이므로, 제목으로는 ②가 가장 적절하다.

2 다음은 이 글에 나온 전통적인 타자기의 문제점을 설명한 문장이다. 빈칸에 들어갈 말로 가장 적절한 것은?

> On traditional typewriters, the keys of some letters that _____ were close to each other. So when people typed, they often jammed.

　① were vowels　모음들인

　② were replaced　교체된

✓③ were used a lot　많이 사용되는

　④ were on the top row　윗줄에 있는

　⑤ looked similar to each other　서로 비슷하게 생긴

전통적인 타자기에서는, 많이 사용되는 몇몇 글자들의 글쇠들이 서로 가까이에 있었다. 그래서 사람들이 타자를 칠 때, 그 글쇠들이 종종 움직이지 못하게 되었다.

2 글의 두 번째 문단에서 기존에 사용하던 자판에서는 자주 쓰이는 글자들이 가까이 있어서 엉킴 현상이 자주 발생했다고 했으므로, 문장의 빈칸에 들어갈 말로는 ③이 가장 적절하다.

3 밑줄 친 ⓐ~ⓔ 중 문맥상 낱말의 쓰임이 적절하지 않은 것은?

　① ⓐ　　　② ⓑ　　　③ ⓒ　　✓④ ⓓ　　　⑤ ⓔ

3 ⓓ keep → replace
사람들이 이미 QWERTY 자판에 익숙해졌고 이후 오늘날까지 영어 자판의 표준으로 남아 있다고 했으므로, 대부분의 회사가 그것을 그대로 사용했다는 것을 알 수 있다. 따라서 'QWERTY 자판을 유지하지 않기로 결정했다'라는 의미인 keep은 적절하지 않다.

(111)

❽ By the time electronic typing was developed, *millions of* people had already learned to type on QWERTY typewriters.

◆ by the time: ~할 때쯤에는 / millions of: 수백만의

◆ had learned: 과거완료(had + p.p.)로, 전자식 타자가 개발되기 이전부터 그때까지 많은 사람들이 이미 QWERTY 타자기로 타자 치는 것을 배워 왔음을 의미

❾ Since people were already used to using the QWERTY keyboard, most companies *decided not to replace* it.

◆ since: ~이므로 (이유)

◆ be used to + 동명사: ~하는 것에 익숙하다

◆ decide not + to부정사: ~하지 않기로 결정하다 (to부정사의 부정은 to부정사 앞에 not이 옴)

❿ as a result: 그 결과, 결과적으로 / remain + 주격보어(명사: the standard): ~로 남아 있다 (2형식)

본문 해석

❶ 오늘날의 젊은이들은 때로는 '디지털 원주민'이라고 불린다. ❷ 이것은 그들이 디지털 시대에 태어났기 때문이다. ❸ 따라서 그들은 기술과 디지털 기기들을 편하게 생각한다. ❹ 그들은 소셜 미디어를 자주 사용하며 정보를 대부분 인터넷에서 찾는다.

❺ 흥미롭게도, 그 용어는 교육 분야에서 처음 사용되었다. ❻ 2001년에 Marc Prensky(마크 프렌스키)라는 이름의 한 미국인 작가가 디지털 원주민이라는 개념을 도입했다. ❼ 그는 기술을 사용하는 데 있어 교사들과 학생들 간의 격차를 설명했다. ❽ 그는 젊은 사람들은 '디지털 언어의 원어민'이라고 했다. ❾ 따라서 그들은 더 나이든 세대와는 다르게 생각하고 정보를 처리한다. ❿ 그 당시에는, 교사들은 그들의 학생들만큼 기술에 익숙하지 않았다.

⓫ 이제는 상황이 바뀌었다. ⓬ 교육에 있어서 기술의 사용은 더 중요해졌고, 교사들은 학생들이 필요한 기술들을 배우도록 돕고 있다. ⓭ 따라서 '디지털 원주민'이라는 용어는 그 힘(영향력)을 잃어버렸다. ⓮ 하지만 그것은 여전히 우리가 젊은 사람들이 디지털 기술과 맺고 있는 관계를 이해하도록 도울 수 있다.

직독직해

❶ Today's youth are sometimes called / "digital natives."
오늘날의 젊은이들은 때로는 불린다   '디지털 원주민'이라고
❷ This is because / they were born in the digital age.
이것은 ~ 때문이다   그들이 디지털 시대에 태어났기
❸ So they are comfortable / with technology and digital devices.
따라서 그들은 편하게 생각한다   기술과 디지털 기기들을
❹ They often use social media / and find their information mostly online.
그들은 소셜 미디어를 자주 사용한다   그리고   정보를 대부분 인터넷에서 찾는다

❺ Interestingly, / the term was first used / in the field of education.
흥미롭게도   그 용어는 처음 사용되었다   교육 분야에서
❻ In 2001, / an American writer named Marc Prensky / introduced the idea / of digital natives.
2001년에   Marc Prensky라는 이름의 한 미국인 작가가   개념을 도입했다   디지털 원주민이라는
❼ He described the gap / between teachers and students / in using technology.
그는 격차를 설명했다   교사들과 학생들 간의   기술을 사용하는 데 있어서
❽ He said / that young people are "native speakers / of a digital language."
그는 말했다   젊은 사람들은 '원어민'이라고   '디지털 언어의'
❾ So they think and process information differently / from the older generation.
따라서 그들은 다르게 생각하고 정보를 처리한다   더 나이든 세대와는
❿ At that time, / teachers were not as familiar / with technology / as their students were.
그 당시에는   교사들은 익숙하지 않았다   기술에   그들의 학생들만큼

⓫ Now things have changed. ⓬ The use of technology in education /
이제는 상황이 바뀌었다   교육에 있어서 기술의 사용은
has become more important, / and teachers are helping / students learn the necessary skills.
더 중요해졌다   그리고 교사들은 돕고 있다   학생들이 필요한 기술들을 배우도록
⓭ So / the term "digital native" / has lost its power.
따라서   '디지털 원주민'이라는 용어는   그 힘을 잃어버렸다
⓮ But it can still help / us understand / young people's relationship with digital technologies.
하지만 그것은 여전히 도울 수 있다   우리가 이해하는 것을   젊은 사람들의 디지털 기술과의 관계를

구문 해설

❷ This is because *they* were born in the digital age.
  ◆ This is because: 이것은 ~ 때문이다
  ◆ they: today's youth를 지칭 (youth: 집합명사로 복수 취급함)
  ◆ be born: 태어나다 (수동태: be동사 + p.p.)

❻ In 2001, an American writer [*named* Marc Prensky] introduced the idea *of* digital natives.
  ◆ [   ]는 an American writer를 수식하는 과거분사구 / named ~: ~라는 이름의
  ◆ of: 동격을 나타냄 (~라는)

❼ gap between A and B: A와 B 사이의 격차 / in + 동명사: ~하는 데 있어서

❽ He said [that young people are "native speakers of a digital language]."
  ◆ [   ]는 said의 목적어로 쓰인 명사절

문제 해설

1 　빈칸에 들어갈 말로 가장 적절한 것은?

　　① is still correct 　여전히 맞다
　　② began to be used 　사용되기 시작했다
✓　③ has lost its power 　그 힘(영향력)을 잃었다
　　④ has a different meaning 　다른 의미를 가진다
　　⑤ became more popular 　더 인기 있게 되었다

1 앞 문단에 설명했던 digital natives라는 용어가 처음 사용되었던 시기와는 상황이 바뀌었다고 하였으므로, 빈칸에는 그 용어가 이제는 '해당되지 않는다, 맞지 않는다'는 내용이 들어가야 알맞다. 따라서 빈칸에 들어갈 말로는 ③이 적절하다.

2 　이 글에 따르면 digital natives의 특징으로 보기 어려운 것은?

　　① Nick: I use my tablet PC for taking notes.
　　② Amanda: I enjoy trying new digital devices.
✓　③ Susie: I use books when I do my homework.
　　④ Kate: I keep my to-do lists on my cell phone.
　　⑤ Jeff: I post my photos on my blog every week.
　　① Nick: 나는 필기를 하기 위해 태블릿 컴퓨터를 사용해.
　　② Amanda: 나는 새로운 디지털 기기들을 사용해보는 것을 즐겨.
　　③ Susie: 나는 숙제를 할 때 책들을 사용해.
　　④ Kate: 나는 해야 할 일들의 목록을 내 휴대전화에 기록해.
　　⑤ Jeff: 나는 내 사진들을 매주 내 블로그에 게시해.

2 digital natives는 기술과 디지털 기기, 소셜 미디어 사용에 익숙한 사람들을 가리키는 말이다. 따라서, 기술과는 관련 없는 책을 언급한 ③은 digital natives의 특징으로 보기 어렵다.

3 　이 글에서 digital natives를 설명하는 다른 표현을 찾아 쓰시오. (6단어)

　　　　　native speakers of a digital language

3 두 번째 문단에서 미국인 작가 Marc Prensky는 기술에 익숙한 젊은이들을 "native speakers of a digital language(디지털 언어의 원어민)"이라고 설명했다.

(115)

---

⑩ At that time, teachers *were* not as *familiar with* technology as their students were.
　　◆ not as + 형용사 원급 + as ~: ~만큼 …하지 않은
　　◆ be familiar with: ~에 익숙하다, ~를 잘 알고 있다
　　◆ as their students were 뒤에 familiar with technology가 생략됨
⑪ things: (일반적인) 상황을 나타냄 / have changed: 현재완료(have + p.p.)의 결과
⑫ The use of technology in education has become more important, and teachers are helping students learn the necessary skills.
　　◆ 첫 번째 절의 주어: The use ~ education, 동사: has become
　　◆ help + 목적어(students) + 목적격보어(동사원형: learn): ~가 …하는 것을 돕다 (5형식)
⑬ has lost: 현재완료(have + p.p.)의 결과

정답 확인

▌읽기 전 **비문학 사고력 UP** 태양열, 풍력
▌읽은 후 **핵심 정리** produce, reduce

본문 해석

❶ 여러분은 액티브 하우스와 패시브 하우스에 대해 들어본 적이 있는가? ❷ 그것들은 매우 다르게 들릴지도 모르지만, 사실 꽤 비슷하다. ❸ 두 종류의 집 모두 에너지 효율이 좋고, 환경에 미치는 영향을 줄이고, 안락한 실내 환경을 제공하는 것을 목표로 한다. ❹ 하지만, 그 집들은 이러한 목표들을 달성하기 위해 다른 접근법을 취한다.
❺ 액티브 하우스는 집이 사용하는 에너지를 생산하도록 설계되어 있다. ❻ 이것을 하기 위해, 액티브 하우스는 태양 전지판이나 풍력 발전용 터빈 같은 재생 가능 에너지 시스템을 이용한다. ❼ 액티브 하우스의 설계는 또한 더 많은 햇빛과 신선한 공기가 들어올 수 있게 한다. ❽ 따라서 액티브 하우스는 더 건강하고 쾌적한 실내 환경을 만든다.
❾ 반면에 패시브 하우스는 에너지 사용을 줄이는 것에 초점을 맞춘다. ❿ 패시브 하우스는 밀폐된 설계와 더불어 단열 처리가 매우 잘 된 벽과 지붕을 가지고 있다. ⓫ 이런 특징들은 그 집들이 온도를 일관되게 유지하는 것을 가능하게 한다. ⓬ 여름 동안, 이 집들은 외부로부터의 열기를 효과적으로 차단하여 내부를 시원하게 유지한다. ⓭ 겨울에는 열기를 실내에 가둠으로써 열 손실을 최소화할 수 있다. ⓮ 이 때문에 패시브 하우스는 많은 난방이 필요하지 않다.

직독직해

❶ Have you heard of active houses and passive houses? ❷ Although
여러분은 액티브 하우스와 패시브 하우스에 대해 들어본 적이 있는가   그것들은
they may sound very different, / they are actually quite similar. ❸ Both
매우 다르게 들릴지도 모르지만   그것들은 사실 꽤 비슷하다   두 종류의
types of houses aim / to be energy-efficient, / reduce their environmental
집 모두 목표로 한다   에너지 효율이 좋은 것을   환경에 미치는 영향을 줄이는 것을
impact, / and provide comfortable indoor conditions. ❹ However, / they
그리고 안락한 실내 환경을 제공하는 것을   하지만   그것들은
take different approaches / to achieve these goals.
다른 접근법을 취한다   이러한 목표들을 달성하기 위해

❺ Active houses are designed to produce the energy / that they use.
액티브 하우스는 에너지를 생산하도록 설계되어 있다   그들이 사용하는
❻ To do this, / they use renewable energy systems / such as solar panels
이것을 하기 위해 그것들은 재생 가능 에너지 시스템을 이용한다   태양 전지판이나
or wind turbines. ❼ Active house designs also allow / more daylight and
풍력 발전용 터빈 같은   액티브 하우스의 설계는 또한 허용한다   더 많은 햇빛과 신선한
fresh air / to enter. ❽ So they create / healthier and more pleasant indoor
공기가   들어오도록   따라서 그것들은 만든다 더 건강하고 쾌적한 실내 환경을
conditions.

❾ Passive houses, / on the other hand, / focus on reducing energy
패시브 하우스는   반면에   에너지 사용을 줄이는 것에 초점을 맞춘다
use. ❿ They have highly insulated walls and roofs, / along with airtight
그것들은 단열 처리가 매우 잘 된 벽과 지붕을 가지고 있다   밀폐된 설계와 더불어
designs. ⓫ These features enable / them / to keep their temperature
이런 특징들은 가능하게 한다   그것들이 그것들의 온도를 일관되게 유지하는 것을
consistent. ⓬ During the summer, / these houses effectively block / the
여름 동안   이 집들은 효과적으로 차단한다
heat from outside, / so they stay cool inside. ⓭ In winter, / they can
외부로부터의 열기를   그래서 그것들은 내부를 시원하게 유지한다 겨울에는   그것들은 열
minimize heat loss / by trapping the heat indoors. ⓮ Because of this, /
손실을 최소화할 수 있다   열기를 실내에 가둠으로써   이것 때문에
they don't need much heating.
그것들은 많은 난방을 필요로 하지 않는다

구문 해설

❶ Have + 주어 + p.p. ~?: ~한 적이 있는가? (현재완료: 경험) / hear of: ~에 대해 듣다

❷ although: 비록 ~이지만 / sound + 형용사: ~하게 들리다

❸ aim to 뒤에 be energy-efficient, reduce ~ impact, provide ~ indoor conditions가 and로 연결된 병렬 구조

❹ However, they <u>take</u> different <u>approaches</u> *to achieve* these goals.
◆ take an approach: 접근 방법을 취하다
◆ to achieve: 부사적 용법의 to부정사 (목적: ~하기 위해)
◆ these goals: 앞 문장의 aim to ~ 이하의 내용 세 가지

❺ Active houses *are designed to produce* <u>the energy</u> [that they use].
◆ be designed + to부정사: ~하도록 설계되다
◆ [ ]는 선행사 the energy를 수식하는 목적격 관계대명사절

┃정답　　　　　　**1** ②　　**2** (1) energy　(2) environment　(3) comfortable　　**3** ④
┃Self-Study 노트　핵심 구문 100% 이해하기 ┃ 직독직해 **③**, **⑤**, **⑦**, **⑪**, **⑬**번 문장
　　　　　　　　　글의 내용 100% 이해하기 ┃ 1. produce　2. renewable　3. pleasant　4. reduce　5. airtight　6. consistent

문제 해설

1 이 글의 주제로 가장 적절한 것은?

① how cooling and heating work in houses 집에서 냉방과 난방이 작동하는 법

✓② two different types of energy-efficient houses 에너지 효율이 좋은 두 가지 다른 종류의 집

③ things that two types of houses have in common 두 종류의 집이 가지고 있는 공통점

④ different approaches to finding the perfect house 완벽한 집을 찾는 여러 다른 접근법들

⑤ important things to consider when building houses 집을 지을 때 고려해야 하는 중요한 것들

1 에너지 효율이 좋고, 환경에 미치는 영향이 적으며, 실내 환경을 좋게 하는 공통 목표를 가지고 설계되었지만, 목표를 이루기 위한 방법을 다르게 적용하여 지어진 두 가지 종류의 집에 대한 글이다. 따라서, 글의 주제로는 ②가 가장 적절하다.

2 밑줄 친 these goals를 설명한 다음 문장의 빈칸에 알맞은 말을 보기에서 골라 쓰시오.

> 보기
> airtight　　comfortable　　daylight　　energy　　environment

(1) Both types of houses are designed to use ____energy____ more efficiently.
두 종류의 집 모두 에너지를 더 효율적으로 사용하도록 설계되었다.

(2) Both types of houses are designed to do less harm to the ____environment____.
두 종류의 집 모두 환경에 해를 덜 끼치도록 설계되었다.

(3) Both types of houses are designed to make us feel ____comfortable____ indoors.
두 종류의 집 모두 우리가 실내에서 안락하게 느끼도록 설계되었다.

2 글의 첫 문단에 액티브 하우스와 패시브 하우스가 공통으로 추구하는 목표 세 가지가 설명되어 있다.

3 active houses와 passive houses에 관한 설명 중 이 글의 내용과 일치하지 <u>않는</u> 것은?

Active Houses	Passive Houses
① 재생 가능한 에너지를 생산하여 이용한다. ⑤~⑥번 문장	③ 에너지 소비를 줄이는 쪽으로 설계되었다. ⑨번 문장
② 많은 햇빛과 신선한 공기가 실내로 들어오도록 설계되었다. ⑦번 문장	✓④ 외부의 기온에 맞춰 실내 온도가 변동되도록 설계되었다. ┌③~⑭번 문장
	⑤ 겨울에 많은 난방이 필요하지 않다.

3 ④ 패시브 하우스는 여름에는 외부 열기가 들어오는 것을 막아주고 겨울에는 내부의 열이 빠져나가는 것을 막아주도록 설계되어 실내 온도를 일관되게 유지시켜 준다.

(121)

⑥ To do: 부사적 용법의 to부정사 (목적: ~하기 위해) / To do this: 앞 문장의 to produce the energy that they use를 의미

⑦ allow + 목적어(more daylight and fresh air) + to부정사: ~가 …하도록 (허용)하다

⑧ healthier와 more pleasant가 and로 병렬 연결되어 indoor conditions를 수식

⑨ on the other hand: 반면에 / reducing: on의 목적어로 쓰인 동명사

⑪ These features <u>enable</u> <u>them</u> <u>to</u> *keep their temperature consistent*.
- ◆ These features: highly insulated walls and roofs와 airtight designs를 의미
- ◆ enable + 목적어(them) + to부정사: ~가 …하는 것을 가능하게 하다 (5형식)
- ◆ keep + 목적어(their temperature) + 목적격보어(형용사: consistent): ~을 …하게 유지하다 (5형식)

⑫ stay + 형용사: ~인 채로 유지하다

⑬ by + 동명사: ~함으로써 (수단, 방법)

본문 해석

❶ 최근에, 변화하는 날씨는 가장 시급한 전 세계적 문제들 중 하나가 되고 있다. ❷ 더 온화한 겨울을 지냈던 지역들이 이제 혹독한 추위와 폭설을 경험하고 있다. ❸ 이런 극단적인 날씨는 사람들의 생명을 위협한다.

❹ 그 원인은 불안정한 극 소용돌이이다. ❺ 극 소용돌이는 북극과 남극 근처에서 형성되는 강력한 바람의 띠이다. ❻ 극 소용돌이는 지구상에서 가장 차가운 공기 중 일부를 가지고 있다. ❼ 극 소용돌이가 안정적일 때는 제트 기류로 알려진 강력한 움직이는 바람들이 그 차가운 공기를 단단히 가둔다. ❽ 하지만, 지구의 기온이 상승하면서, 북극 근처의 소용돌이가 불안정하고 약해졌다. ❾ 이러한 일이 일어나면, 그것은 제트 기류가 더 구불구불한 모양이 되도록 만들 수 있다. ❿ 그러면 따뜻한 공기는 북쪽으로 이동하게 되고, 반면에 차가운 북극 공기는 남쪽으로 퍼진다. ⓫ 그 결과, 2022년에 미국 일부 지역들에서 기온이 섭씨 영하 50도 이하로 떨어졌다. ⓬ 이런 추운 기온은 심지어 플로리다를 포함한 남부 지역들에도 영향을 미쳤다.

직독직해

❶ Recently, / changing weather has become / one of the most urgent
최근에   변화하는 날씨는 되고 있다   가장 시급한 전 세계적 문제들 중

global issues. ❷ Regions that used to ⓐ have milder winters / are now
하나가   더 온화한 겨울을 가졌던 지역들이   이제 혹독한

experiencing severe cold and heavy snow. ❸ This extreme weather threatens
추위와 폭설을 경험하고 있다   이런 극단적인 날씨는 사람들의 생명을

people's lives.
위협한다

❹ The cause is an unstable polar vortex. ❺ The polar vortex is a
그 원인은 불안정한 극 소용돌이이다   극 소용돌이는 강력한 바람의 띠이다

powerful band of winds / that ⓑ forms near the North and South Poles.
북극과 남극 근처에서 형성되는

❻ It has some of the coldest air on Earth. ❼ When the polar vortex is
그것은 지구상에서 가장 차가운 공기 중 일부를 가지고 있다   극 소용돌이가 안정적일 때는

stable, / strong moving winds / known as the jet stream / tightly lock
강력한 움직이는 바람들이   제트 기류로 알려진   그 차가운 공기를

in the cold air. ❽ However, / as global temperatures have risen, / the
단단히 가둔다   하지만   지구의 기온이 상승하면서   북극

vortex near the North Pole / has become unstable and weak. ❾ When
근처의 소용돌이가   불안정하고 약해졌다   이것이

this happens, / it can cause / the jet stream / ⓒ to have a wavier shape.
일어날 때   그것은 만들 수 있다   제트 기류가   더 구불구불한 모양을 가지게

❿ Then warm air moves to the north, / while cold Arctic air spreads to
그러면 따뜻한 공기는 북쪽으로 이동한다   반면에 차가운 북극 공기는 남쪽으로 퍼진다

the south. ⓫ As a result, / temperatures dropped below −50°C / in some
그 결과   기온이 섭씨 영하 50도 이하로 떨어졌다

parts of the United States / in 2022. ⓬ These cold temperatures / even
미국 일부 지역들에서   2022년에   이런 추운 기온은   심지어

affected southern areas / including Florida.
남부 지역들에도 영향을 미쳤다   플로리다를 포함한

(124)

구문 해설

❶ has become: 현재완료(have p.p.)의 계속 / one of the + 최상급 + 복수명사: 가장 ~한 … 중 하나

❷ Regions [that *used to* have milder winters] are now experiencing severe cold and heavy snow.
   ◆ [   ]는 선행사 Regions를 수식하는 주격 관계대명사절
   ◆ used to + 동사원형: (예전에) ~했었다, ~하곤 했다

❺ The polar vortex is a powerful band of winds [that forms near the North and South Poles].
   ◆ [   ]는 선행사 a powerful band of winds를 수식하는 주격 관계대명사절

정답 **1** ⑤ **2** ③ **3** ③

Self-Study 노트 핵심 구문 100% 이해하기 | 직독직해 **1**, **2**, **5**, **7**, **9**번 문장
글의 내용 100% 이해하기 | 1. 바람 2. 안정적인 3. 차가운(찬) 4. 불안정한 5. 구불구불한(물결) 6. 남쪽

1 이 글의 제목으로 가장 적절한 것은?

① The Polar Vortex: What Is Causing It? 극 소용돌이: 무엇이 그것을 일으키는가?

② It's Time to Save the North and South Poles 남극과 북극을 지켜야 할 때이다

③ The Polar Vortex: The Cause of the Jet Stream 극 소용돌이: 제트 기류의 원인

④ The Jet Stream: Strong Winds Near the North Pole 제트 기류: 북극 근처의 강한 바람

✓⑤ Colder Winters: The Result of a Weakened Polar Vortex
추워진 겨울: 약해진 극 소용돌이의 결과

2 이 글의 ⓐ~ⓒ에 들어갈 말로 어법상 알맞게 짝지어진 것은?

	ⓐ	ⓑ	ⓒ
①	have	form	to have
②	have	forms	have
✓③	have	forms	to have
④	having	forms	to have
⑤	having	form	have

3 polar vortex에 관한 설명 중 이 글의 내용과 일치하지 <u>않는</u> 것은?

① 극지방에서 형성된다. ⑥번 문장

② 가장 차가운 공기로 이루어져 있다. ⑥번 문장

✓③ 안정되어 있을 때, 제트 기류로 인해 찬 공기가 주위로 퍼진다.

④ 지구 온난화로 인해 북극 지방의 소용돌이가 불안정해졌다. ⑧번 문장

⑤ 약해지면 제트 기류의 형태를 변화시키는 원인이 된다. ⑧~⑨번 문장

문제 해설

1 지구 온난화로 인해 극 소용돌이가 불안정하고 약해져 극지방의 찬 공기가 남쪽으로 퍼지게 되어 극심한 추위와 폭설을 가져오는 기후 변화가 일어나고 있다는 내용의 글이므로, 제목으로는 ⑤가 가장 적절하다.

2 ⓐ used to+동사원형: (예전에) ~했었다, ~하곤 했다
ⓑ 주격 관계대명사절의 수식을 받는 선행사가 a powerful band (of winds)로 3인칭 단수이므로, 관계대명사절의 동사는 forms가 알맞다.
ⓒ cause+목적어+to부정사: ~가 …하게 만들다

3 ③ 극 소용돌이가 안정되어 있을 때는 제트 기류가 찬 공기를 단단히 가두어 퍼지지 않다가 불안정해지면 찬 공기가 남쪽으로 퍼지게 된다.

❼When the polar vortex is stable, <u>strong moving winds</u> [*known as* the jet stream] tightly lock in the cold air.

◆ [ ]는 strong moving winds를 수식하는 과거분사구 / known as: ~로 알려진

◆ 주어: strong moving ~ jet stream, 동사: lock in

❽However, <u>as</u> global temperatures *have risen*, <u>the vortex</u> [near the North Pole] *has become* unstable and weak.

◆ as: ~함에 따라, ~하면서

◆ have risen: 현재완료(have p.p.)의 계속 / has become: 현재완료(have p.p.)의 계속

◆ [ ]는 the vortex를 수식하는 전치사구

❾cause+목적어(the jet stream)+to부정사: ~가 …하게 만들다

Reading 3

본문 해석

❶ 1980년대 초반부터, 블랙 프라이데이는 일종의 비공식적인 미국의 휴일이었다. ❷ 그것은 크리스마스 쇼핑 시즌의 시작을 알린다. ❸ 많은 상점들이 할인된 가격을 제공하고, 거리는 사람들과 자동차로 붐빈다. ❹ 그러나 최근 몇 년 동안, 많은 사람들은 블랙 프라이데이가 과소비를 부추긴다고 말하며 블랙 프라이데이를 비난해 왔다. ❺ 그 결과, 그린 프라이데이라고 불리는 운동이 시작되었다.

❻ 이 운동은 휴가 시즌 동안 사람들의 쇼핑 습관이 미치는 영향에 대한 의식을 높이는 것을 목표로 한다. ❼ 쇼핑몰까지 운전하는 것과 수백만 개의 물품들을 배송하는 것에 의해 발생하는 탄소 배출을 생각해 보라. ❽ 또한 과잉 포장으로 인해 발생하는 플라스틱 쓰레기를 고려해 보라. ❾ 그린 프라이데이는 우리의 사고방식을, 가능한 한 많이 구매하는 것에서 선물을 주는 다른 방법들을 찾는 것으로 바꾸는 것에 관한 것이다. ❿ 예를 들어, 우리는 집에서 만든 선물을 줄 수 있다. ⓫ 이는 지구에 더 이상의 손상을 (입히는 것을) 막는 데 도움이 될 것이다.

⓬ 비록 몇 안 되는 사람들만이 그린 프라이데이에 참여한다 하더라도, 그것은 환경을 보호하는 데 있어 중요한 차이를 만들 수 있다.

직독직해

❶ Since the early 1980s, / Black Friday has been a kind of unofficial
1980년대 초반부터   블랙 프라이데이는 일종의 비공식적인 미국의 휴일이었다
U.S. holiday. ❷ It signals the start of the Christmas shopping season.
그것은 크리스마스 쇼핑 시즌의 시작을 알린다
❸ Many stores offer discounted prices, / and streets are crowded / with
많은 상점들이 할인된 가격을 제공하고   거리는 붐빈다
people and cars. ❹ But in recent years, / many have criticized Black
사람들과 자동차들로   그러나 최근 몇 년 동안   많은 사람들은 블랙 프라이데이를 비난해
Friday, / saying it encourages overconsumption. ❺ As a result, / a
왔다   그것이 과소비를 부추긴다고 말하며   그 결과
movement called Green Friday / has begun.
그린 프라이데이라고 불리는 운동이   시작되었다
❻ This movement aims to raise awareness / about the impact of
이 운동은 의식을 높이는 것을 목표로 한다   사람들의 쇼핑 습관의 영향에 대한
people's shopping habits / during the holiday season. ❼ Think of the
휴가 시즌 동안   탄소 배출을 생각해
carbon emissions / produced by driving to the mall / and shipping
보라   쇼핑몰까지 운전하는 것에 의해 발생하는   그리고 수백만 개의 물품들을
millions of items. ❽ Also / consider the plastic waste / produced by
배송하는 것에 의해 발생하는   또한   플라스틱 쓰레기를 고려해 보라   과잉 포장으로 인해
overpackaging. ❾ Green Friday is about changing our mindset / from
발생하는   그린 프라이데이는 우리의 사고방식을 바꾸는 것에 관한 것이다   가능한
buying as much as possible / to finding other ways / to give gifts. ❿ For
한 많이 구매하는 것에서   다른 방법들을 찾는 것으로   선물을 주는   예를
example, / we can give homemade gifts. ⓫ This will help prevent further
들어   우리는 집에서 만든 선물을 줄 수 있다   이것은 더 이상의 손상을 막는 데 도움이 될
damage / to the Earth.
것이다   지구에
⓬ Even if only a few people participate in Green Friday, / it can make
비록 몇 안 되는 사람들만이 그린 프라이데이에 참여한다 하더라도   그것은
a significant difference / in protecting the environment.
중요한 차이를 만들 수 있다   환경을 보호하는 데 있어

128

구문 해설

❶ since: ~부터, ~ 이래로 / has been: ~였다 (현재완료(have p.p.)의 계속) / a kind of: 일종의

❹ ..., many *have criticized* Black Friday, saying [(that) it encourages overconsumption].
• many: many people을 의미 / have criticized: 비판해 왔다 (현재완료의 계속)
• saying ~ overconsumption: ~하면서 (분사구문)
• [ ]는 saying의 목적어로 쓰인 명사절 (접속사 that이 생략됨)

❺ As a result, a movement [called Green Friday] has begun.
• as a result: 그 결과, 결과적으로
• [ ]는 a movement를 수식하는 과거분사구 / has begun: 시작되었다 (현재완료의 완료)

❻ This movement aims to raise awareness about the impact [of people's shopping habits] during the holiday season.
• aim + to부정사: ~하는 것을 목표로 하다
• [ ]는 the impact를 수식하는 전치사구

정답 **1** ① **2** ⑤ **3** consider the plastic waste produced by overpackaging

Self-Study 노트 핵심 구문 100% 이해하기 | 직독직해 **1.6.7.9.12**번 문장
글의 내용 100% 이해하기 | 1. 과소비 2. 탄소 3. 플라스틱 4. 의식 5. 손상

1 이 글의 주제로 가장 적절한 것은?

✓① a movement against Black Friday 블랙 프라이데이에 반대하는 운동
② ideas for enjoying the holidays more 휴일을 더 즐기기 위한 아이디어
③ smart ways to spend less when buying gifts 선물을 살 때 돈을 덜 쓸 수 있는 현명한 방법들
④ impacts of carbon emissions on the environment 탄소 배출이 환경에 미치는 영향들
⑤ why Green Friday is less popular than Black Friday
그린 프라이데이가 블랙 프라이데이보다 덜 인기 있는 이유

1 블랙 프라이데이로 인한 과도한 쇼핑이 환경에 미치는 악영향에 대해 사람들의 의식을 높이기 위해 생겨난 그린 프라이데이에 대한 글이므로, 주제로는 ①이 가장 적절하다.

2 Green Friday에 동참하고 있는 사례로 가장 알맞은 것은?

① Mary: 크리스마스 때는 할인을 많이 해서 쇼핑하기에 최고야.
② Henry: 주말에는 혼잡하니 평일에 쇼핑하러 가자.
③ Jason: 무료 사은품을 받기 위해 상품을 좀 더 구매해야 겠어.
④ Amy: 선물을 사러 가기 전에 인터넷으로 가격을 비교하는 것이 현명해.
✓⑤ Kate: 이번에는 가게에서 선물을 사는 대신 직접 만들어 봤어.

2 그린 프라이데이는 쇼핑에 대한 우리의 사고방식을 바꿔, 물건을 사지 않고 선물을 주고 받는 새로운 아이디어들을 고민해보는 것을 목표로 하고 있으므로, 이와 관련된 ⑤가 가장 적절하다.

3 밑줄 친 우리말과 일치하도록 이 글의 괄호 안의 단어를 바르게 배열하시오.

> 또한 과잉 포장으로 인해 발생하는 플라스틱 쓰레기를 고려해 보라.

Also _____ consider the plastic waste produced by overpackaging _____.

3 • 일반동사의 명령문은 동사원형으로 시작함 (consider)
• by+동명사: ~에 의해, ~로 인해 (by overpackaging)
• 과거분사구 produced by overpackaging이 the plastic waste를 뒤에서 수식함

❼ Think of the carbon emissions [produced by *driving* to the mall and *shipping* millions of items].
 ◆ [   ]는 the carbon emissions를 수식하는 과거분사구
 ◆ driving ~ mall과 shipping ~ items는 by의 목적어로 쓰인 동명사구로, and로 연결된 병렬 구조

❽ Also consider the plastic waste [produced by overpackaging].
 ◆ [   ]는 the plastic waste를 수식하는 과거분사구

❾ Green Friday is about changing our mindset from *buying* as much as possible to *finding* other ways [to give gifts].
 ◆ changing ~ gifts는 about의 목적어로 쓰인 동명사구
 ◆ from A to B: A에서 B로 (buying ~ possible과 finding ~ gifts는 각각 from과 to의 목적어로 쓰인 동명사구)
 ◆ as ~ as possible: 가능한 한 ~하게
 ◆ [   ]는 other ways를 수식하는 형용사적 용법의 to부정사구 (~하는)

⓬ make a difference: 차이를 만들다, 변화를 가져오다 / in + 동명사: ~하는 데 있어

정답 확인

읽기 전 **비문학 사고력 UP** 비닐하우스 재배 농산물 이용
읽기 후 **핵심 정리** the demand for freshness

본문 해석

❶ 과일이나 채소를 구입할 때, 많은 사람들은 신선함이 중요하다고 생각한다. ❷ 신선함이라는 용어는 자연에 가깝게 들리기 때문에 식품 마케팅에서 자주 사용된다. ❸ 하지만, 신선함에 대한 요구는 환경적인 대가를 지니고 있을 수 있다.

❹ 우선, 일년 내내 신선한 농산물을 요구하는 것은 에너지 소비를 증가시킬 수 있다. ❺ 예를 들어, 신선한 과일과 채소를 재배하기 위해 추운 지역에서는 많은 온실들이 사용된다. ❻ 이러한 온실들에서 온도를 따뜻하게 유지하는 것은 엄청난 양의 에너지를 소비한다. ❼ 농산물을 저장하기 위해서도 많은 에너지가 사용된다. ❽ 농산물은 슈퍼마켓에 도착할 때까지 신선하게 유지되어야 한다. ❾ 뿐만 아니라, 신선함에 대한 요구는 음식물 쓰레기에 대한 우려로 이어져 왔다. ❿ '유통 기한' 또는 '판매 시한' 라벨들을 사용하는 것은 식품 제공업체나 슈퍼마켓들에게 식품을 낭비할 수 있는 권한을 주게 된다. ⓫ 너무 많은 음식을 만드는 것도 심각한 문제이다. ⓬ 환경 운동가들은 가게들이 판매할 수 있는 것보다 더 많은 신선한 샌드위치를 주문한다고 주장한다. ⓭ 그들은 단지 매장의 선반에 빈 공간이 있는 것을 원하지 않기 때문에 이렇게 한다. ⓮ 불행히도, 그것은 많은 양의 (음식물) 쓰레기로 이어진다.

직독직해

❶ When buying fruit or vegetables, / many people think / freshness is
과일이나 채소를 구입할 때   많은 사람들은 생각한다   신선함이 중요하
important. ❷ The term freshness is often used in food marketing / because
다고   신선함이라는 용어는 식품 마케팅에서 자주 사용된다   그것이
it sounds ⓐ close to nature. ❸ However, / the demand for freshness / can
자연에 가깝게 들리기 때문에   하지만   신선함에 대한 요구는
have environmental costs.
환경적인 대가를 지니고 있을 수 있다

❹ Firstly, / the demand for fresh produce all year round / can increase
우선   일년 내내 신선한 농산물에 대한 요구는   에너지 소비를
energy consumption. ❺ For example, / many greenhouses are used in
증가시킬 수 있다   예를 들어   많은 온실들이 추운 지역에서 사용된다
cold areas / to grow fresh fruit and vegetables. ❻ Keeping temperatures
신선한 과일과 채소를 재배하기 위해   온도를 따뜻하게 유지하는 것은
warm / in these greenhouses / ⓑ consumes a huge amount of energy.
이러한 온실들에서   엄청난 양의 에너지를 소비한다
❼ A lot of energy is also used / to store produce. ❽ It needs to ⓒ be kept
많은 에너지가 또한 사용된다   농산물을 저장하기 위해서   그것은 신선하게 유지되는 것을
fresh / until it reaches supermarkets. ❾ Furthermore, / the demand for
필요로 한다   슈퍼마켓에 도착할 때까지   뿐만 아니라   신선함에 대한 요구는
freshness / has led to worries about food waste. ❿ ⓓ Using "best before"
음식물 쓰레기에 대한 우려로 이어져 왔다   '유통 기한' 또는 '판매 시한'
or "sell by" labels / gives food providers or supermarkets / permission
라벨들을 사용하는 것은   식품 제공업체나 슈퍼마켓들에게 준다   식품을 낭비할
ⓔ to waste food. ⓫ Making too much food / is also a serious problem.
수 있는 허가를   너무 많은 음식을 만드는 것은   또한 심각한 문제이다
⓬ Environmental activists argue / that stores order more fresh sandwiches
환경 운동가들은 주장한다   가게들이 더 많은 신선한 샌드위치를 주문한다고
/ than they can sell. ⓭ They do this / simply because they don't want
그들이 판매할 수 있는 것보다   그들은 이렇게 한다   단지 그들이 빈 공간을 원하지 않기 때문에
any empty space / on their shelves. ⓮ Unfortunately, / it leads to a large
그들의 선반에   불행히도   그것은 많은 양의 쓰레기로
amount of waste.
이어진다

(132)

구문 해설

❶ When buying fruit or vegetables, many people think [(that) freshness is important].
   ◆ When buying: 시간(~할 때)을 나타내는 분사구문 (= When they buy)
   ◆ [ ]는 think의 목적어로 쓰인 명사절 (접속사 that이 생략됨)
❷ be used: 사용되다 (수동태: be동사 + p.p.) / sound + 형용사: ~하게 들리다 / close to: ~에 가까운
❹ 주어: the demand ~ round, 동사: can increase / all year round: 일년 내내
❺ to grow: 부사적 용법의 to부정사 (목적: ~하기 위해)
❻ *Keeping* temperatures *warm* in these greenhouses consumes a huge amount of energy.
   ◆ 주어: Keeping ~ greenhouses, 동사: consumes (동명사구 주어는 단수 취급)
   ◆ keep + 목적어(temperatures) + 목적격보어(형용사: warm): ~을 …하게 유지하다 (5형식)
❼ to store: 부사적 용법의 to부정사 (목적: ~하기 위해)

|정답　　　　　　**1** ④　　**2** ②　　**3** ②

|Self-Study 노트　**핵심 구문 100% 이해하기** | 직독직해 **2**, **6**, **8**, **10**, **12**번 문장
　　　　　　　　　글의 내용 100% 이해하기 | 1. energy 2. greenhouses 3. store 4. waste 5. order

문제 해설

1 이 글의 요지로 가장 적절한 것은?

① 안전한 먹거리를 위해 유통 기한을 바르게 표기해야 한다.

② 식재료를 신선하게 유지하기 위해 더 많은 노력이 필요하다.

③ 제품의 신선도를 강조하는 것은 성공적인 마케팅에 필수적이다.

✓④ 먹거리의 신선함에 대한 요구가 에너지와 음식 낭비를 가져온다.

⑤ 음식 낭비를 방지하기 위해서는 상품의 양보다 질에 집중해야 한다.

1 신선한 식재료와 음식을 요구하는 것으로 인해 에너지 소비가 증가하고 과도한 음식물 쓰레기가 발생하는 등 환경에 부정적인 영향을 미친다는 내용의 글이므로, 요지로는 ④가 가장 알맞다.

2 빈칸에 들어갈 말로 가장 적절한 것은?

① is growing faster than ever 전보다 더 빠르게 커지고 있다

✓② can have environmental costs 환경적인 대가를 지니고 있을 수 있다

③ increases the amount of energy 에너지의 양을 증가시킨다

④ led to improvements in our health 우리의 건강을 향상시키는 것으로 이어졌다

⑤ introduced new products to markets 시장에 새로운 상품들을 도입시켰다

2 빈칸 이후에 신선함에 대한 요구가 환경에 미치는 부정적 영향에 대한 내용이 설명되어 있으므로, 빈칸에 들어갈 말로는 ②가 가장 적절하다.

3 밑줄 친 ⓐ~ⓔ 중 어법상 틀린 것은?

① ⓐ　　✓② ⓑ　　③ ⓒ　　④ ⓓ　　⑤ ⓔ

3 ⓑconsume → consumes 문장의 주어인 동명사구는 단수 취급하므로 동사는 consumes를 써야 한다.

ⓐ sound+형용사: ~하게 들리다

ⓒ to부정사의 수동태: to+be동사+p.p.

ⓓ 주어로 쓰인 동명사

ⓔ permission을 수식하는 형용사적 용법의 to부정사

(133)

❽ to be kept: 유지되는 것 (to부정사의 수동태: to be + p.p.)

❿ *Using "best before" or "sell by" labels* gives food providers or supermarkets permission [to waste food].

◆ 주어: Using … labels, 동사: gives (동명사구 주어는 단수 취급)

◆ give + 간접목적어(food providers or supermarkets) + 직접목적어(permission): ~에게 …를 주다 (4형식)

◆ [　]는 permission을 수식하는 형용사적 용법의 to부정사구 (~할, ~하는)

⓫ 주어: Making too much food, 동사: is (동명사구 주어는 단수 취급)

⓬ Environmental activists argue [that stores order more fresh sandwiches than they can sell].

◆ [　]는 argue의 목적어로 쓰인 명사절

◆ more + 명사 + than ~: ~보다 많은 (명사)

⓭ do this: 앞 문장의 order ~ sell / simply because: 단지 ~이기 때문에

Reading 1

정답 확인

■ 읽기 전 **비문학 사고력 UP**   주민등록번호와 같은 중요한 개인 정보를 제공하지 않는다, 링크를 누르지 않는다 등
■ 읽은 후 **핵심 정리**   smishing

본문 해석

❶ "당신의 소포가 배송 준비되었습니다. ❷ 주소를 확인해 주세요." ❸ 여러분은 이와 같은 문자 메시지를 받아본 적이 있는가? ❹ 그것은 정상적으로 보일 수도 있지만, 스미싱이라고 불리는 일종의 사기일 수도 있다.

❺ '스미싱'은 'SMS 피싱'의 줄임말이다. ❻ 피싱은 보통 이메일을 통해 발생하지만, 스미싱은 SMS(문자 메시지 서비스)를 이용한다. ❼ 피싱 이메일과 스미싱 메시지는 은행이나 잘 알려진 회사들에서 온 것처럼 보인다. ❽ 그것들은 여러분으로 하여금 은행 정보를 갱신하거나 쿠폰을 받기 위해 링크를 클릭하도록 요청한다. ❾ 하지만 그 링크는 여러분의 개인 정보를 훔치기 위해 고안된 피싱 웹사이트로 연결된다.

❿ 문자 메시지 보내기가 인기 있어져서, 더 많은 사람들이 스미싱 메시지들을 받고 있다. ⓫ 발신자의 전화번호가 숨겨져 있을 수도 있기 때문에 이런 메시지들을 알아보기가 어려울 수 있다. ⓬ 또한, 스미싱 메시지들은 종종 단축된 링크를 포함한다. ⓭ 따라서 그 링크들이 안전한지를 아는 것은 어렵다. ⓮ 그러므로, 의심스러워 보이는 문자 메시지에 있는 어떤 링크들도 클릭하지 않는 것이 중요하다.

직독직해

❶ "Your package is ready for delivery. ❷ Please confirm your address."
당신의 소포가 배송 준비되었습니다   당신의 주소를 확인해 주세요

❸ Have you ever gotten / a text message like this? ❹ It may seem
여러분은 받아본 적이 있는가   이와 같은 문자 메시지를   그것은 정상적으로

ⓐ normal, / but it could be a type of scam / called smishing.
보일 수도 있다   하지만 그것은 일종의 사기일 수도 있다   스미싱이라고 불리는

❺ "Smishing" is short for "SMS phishing." ❻ Phishing typically occurs
'스미싱'은 'SMS 피싱'의 줄임말이다   피싱은 보통 이메일을 통해 발생한다

over email, / but smishing uses SMS (short message service). ❼ Phishing
하지만 스미싱은 SMS(문자 메시지 서비스)를 이용한다   피싱 이메일과

emails and smishing messages / seem to be from banks or well-known
스미싱 메시지는   은행이나 잘 알려진 회사들에서 온 것처럼 보인다

companies. ❽ They ask you ⓑ to click on a link / to update your bank
그것들은 여러분에게 링크를 클릭하도록 요청한다   여러분의 은행 정보를 갱신하기

information / or get a coupon. ❾ But the link leads to a phishing website
위해   또는 쿠폰을 받기 위해   하지만 그 링크는 피싱 웹사이트로 이어진다

/ designed to steal your personal information.
여러분의 개인 정보를 훔치기 위해 고안된

❿ Text messaging has become popular, / so more people are receiving
문자 메시지 보내기가 인기 있어졌다   그래서 더 많은 사람들이 스미싱 메시지들을

smishing messages. ⓫ It can be difficult / to identify these messages, / as
받고 있다   어려울 수 있다   이런 메시지들을 알아보기가

the sender's phone number may be hidden. ⓬ Also, / smishing messages
발신자의 전화번호가 숨겨져 있을 수도 있기 때문에   또한   스미싱 메시지들은 종종

often include shortened links. ⓭ So / it is hard to know / whether the
단축된 링크를 포함한다   따라서   아는 것은 어렵다   그 링크들이 안전

links are safe. ⓮ Therefore, / it is important to avoid / ⓒ clicking any
한지를   그러므로   피하는 것이 중요하다   문자 메시지에 있는

links in text messages / that seem suspicious.
어떤 링크들도 클릭하는 것을   의심스러워 보이는

(154)

구문 해설

❸ Have + 주어 + (ever) + p.p. ~?: ~한 적이 있는가? (현재완료: 경험) / like: ~ 같은

❹ It may *seem normal*, but it could be a type of scam [called smishing].

◆ seem + 형용사: ~하게 보이다 / a type of: 일종의
◆ [ ]는 a type of scam을 수식하는 과거분사구 / called: ~라고 불리는

❼ Phishing emails and smishing messages *seem to be* from banks or well-known companies.

◆ 주어: Phishing ~ messages, 동사: seem
◆ seem + to부정사: ~하는 것처럼 보이다

❽ They ask you to click on a link *to update* your bank information or *get* a coupon.

◆ ask + 목적어(you) + to부정사: ~에게 …하도록 요청(요구)하다 (5형식)
◆ to update: 부사적 용법의 to부정사 (목적: ~하기 위해)
◆ to update ~ information과 (to) get a coupon이 or로 연결된 병렬 구조

문제 해설

1 이 글의 주제로 가장 적절한 것은?

　✓① texting scams and how to avoid them
　② better ways to identify text message senders
　③ advertising companies through text messages
　④ how to avoid getting too many text messages
　⑤ reasons why people prefer text messages to email
　① 문자 메시지 보내기를 통한 사기와 그것을 피하는 방법
　② 문자 메시지 발신자를 알아보는 더 좋은 방법들
　③ 문자 메시지를 이용하여 회사 홍보하기
　④ 너무 많은 문자 메시지를 받는 것을 피할 수 있는 방법
　⑤ 사람들이 이메일보다 문자 메시지를 선호하는 이유

1 '문자 메시지 사기'를 의미하는 스미싱이라는 용어에 대해 알려주고 스미싱의 수법 및 스미싱에 대처하는 방법을 설명하고 있는 글이므로, 주제로는 ①이 가장 적절하다.

2 이 글의 내용과 일치하지 않는 것은?

　① smishing은 문자 메시지를 통해 발생하는 사기를 말한다. ⑤~⑥번 문장
　② smishing 메시지는 믿을 수 있는 기관에서 보낸 것처럼 꾸며진다. ⑦번 문장
　③ smishing 메시지를 받는 사람들의 수가 점차 늘고 있다. ⑩번 문장
　✓④ smishing 메시지는 발신 전화번호를 통해 쉽게 구별할 수 있다.
　⑤ smishing 메시지에는 종종 단축 링크가 포함된다. ⑫번 문장

2 ④ 마지막 문단에 스미싱 메시지는 발신자의 전화번호가 숨겨져 있을 수 있어서 식별하기가 어렵다는 내용이 나와 있다.

3 이 글의 ⓐ~ⓒ에 들어갈 말로 어법상 알맞게 짝지어진 것은?

	ⓐ	ⓑ	ⓒ
①	normal	click	clicking
②	normal	to click	to click
✓③	normal	to click	clicking
④	normally	click	clicking
⑤	normally	to click	to click

3 ⓐ seem + 형용사: ~하게 보이다
ⓑ ask + 목적어 + to부정사: ~에게 …하도록 요청(요구)하다
ⓒ avoid + 동명사: ~하는 것을 피하다

(155)

❾ But the link leads to a phishing website [designed *to steal* your personal information].
　◆ [　]는 a phishing website를 수식하는 과거분사구
　◆ to steal: 부사적 용법의 to부정사 (목적: ~하기 위해)

⓫ It: 가주어, to identify these messages: 진주어 / as: ~이므로, ~ 때문에 (이유)

⓭ So it is hard to know [whether the links are safe].
　◆ it: 가주어, to know ~ safe: 진주어
　◆ [　]는 know의 목적어로 쓰인 명사절 (whether: ~인지)

⓮ Therefore, it is important to *avoid clicking* any links in text messages [that *seem suspicious*].
　◆ it: 가주어, to avoid ~ suspicious: 진주어
　◆ avoid + 동명사: ~하는 것을 피하다 / seem + 형용사: ~하게 보이다
　◆ [　]는 선행사 text messages를 수식하는 주격 관계대명사절

정답 확인

■ 읽기 전 비문학 사고력 UP 비극적인 역사를 가진 장소

■ 읽은 후 핵심 정리 People visit these places to learn about history and to better understand the impact of the events on society.

본문 해석

❶ 여러분은 이번 휴가에 무엇을 할 계획인가? ❷ 대부분의 사람들은 휴가를 재미있게 놀고 휴식을 취하며 보낸다. ❸ 하지만 다른 사람들은 지구상에서 가장 불행한 곳들 중 일부를 방문하는 것을 선호한다. ❹ 그들은 어둡고 비극적인 역사가 있는 장소들을 방문한다. ❺ 이러한 장소들은 대량 학살, 전쟁, 재난, 또는 범죄와 관련되어 있을 수도 있다. ❻ 이러한 현상은 다크 투어리즘이라고 불린다.

❼ 다크 투어리즘 장소의 일부 예로는 폴란드의 아우슈비츠 강제 수용소, 한국의 서대문 형무소 역사관, 그리고 미국의 9/11 테러 추모 기념관인 그라운드 제로가 있다. ❽ 사람들은 역사에 대해 배우고 그 사건이 사회에 미친 영향을 더 잘 이해하기 위해서 이런 장소들을 방문한다. ❾ 그것은 어떤 사람들에게는 잊을 수 없는 특별한 경험이다.

❿ 누구나 다크 투어 여행자가 될 수는 있지만, 미소 짓는 셀피를 찍는 것 같은 일반적인 관광객의 행동은 다크 투어리즘 장소에서는 부적절하다고 여겨진다. ⓫ 이런 장소들이 고통스러운 기억들과 관계가 있다는 것을 기억하는 것이 중요하다. ⓬ 그러므로 이러한 장소들 중 하나에 있을 때는 항상 정중하게 행동하도록 하라.

직독직해

❶ What do you plan to do this vacation? ❷ Most people spend their
여러분은 이번 휴가에 무엇을 할 계획인가   대부분의 사람들은 그들의 휴가를

vacations / having fun and relaxing. ❸ But other people ⓐ prefer to visit /
보낸다   재미있게 놀고 휴식을 취하며   하지만 다른 사람들은 방문하는 것을 선호한다

some of the unhappiest places on Earth. ❹ They visit places / that have a
지구상에서 가장 불행한 곳들 중 일부를   그들은 장소들을 방문한다   어둡고

dark, ⓑ tragic history. ❺ These places may be related / to genocide, war,
비극적인 역사가 있는   이러한 장소들은 관련되어 있을 수도 있다   대량 학살, 전쟁,

disaster, or crime. ❻ This phenomenon is called / dark tourism.
재난, 또는 범죄와   이러한 현상은 불린다   다크 투어리즘이라고

❼ Some examples of dark tourism sites are / the Auschwitz
다크 투어리즘 장소의 일부 예들은 ~이다   폴란드에 있는

concentration camp in Poland, / Seodaemun Prison History Hall in South
아우슈비츠 강제 수용소   한국에 있는 서대문 형무소 역사관

Korea, / and Ground Zero, the 9/11 Memorial, in the USA. ❽ People
그리고 미국에 있는 9/11 테러 추모 기념관인 그라운드 제로   사람들은

visit these places / to learn about history / and to better understand / the
이런 장소들을 방문한다   역사에 대해 배우기 위해   그리고 더 잘 이해하기 위해

impact of the events on society. ❾ It is a special experience / that some
사회에 미친 그 사건들의 영향을   그것은 특별한 경험이다   어떤 사람들은

people can't ⓒ forget.
잊을 수 없는

❿ While anyone can be a dark tourist, / common tourist behavior,
누구나 다크 투어 여행자가 될 수는 있지만   일반적인 관광객의 행동은

/ such as taking smiling selfies, / is considered ⓓ inappropriate / at
미소 짓는 셀피를 찍는 것 같은   부적절하다고 여겨진다

dark tourism sites. ⓫ It is important to remember / that these places are
다크 투어리즘 장소에서는   기억하는 것이 중요하다   이런 장소들이 고통스러운 기억

connected with painful memories. ⓬ So always be ⓔ respectful / when
들과 관계가 있다는 것을   그러므로 항상 정중하게 행동하도록 하라

you are at one of these sites.
여러분이 이러한 장소들 중 하나에 있을 때

158

구문 해설

❷ Most people <u>spend</u> their vacations *having* fun and *relaxing*.
- ◆ spend + 시간(their vacations) + 동명사: ~하면서 (시간)을 보내다
- ◆ 동명사구 having fun과 relaxing이 and로 연결된 병렬 구조

❸ prefer + to부정사: ~하는 것을 선호하다 / some of the + 최상급 + 복수명사: 가장 ~한 …들 중의 일부

❹ They visit <u>places</u> [that have a dark, tragic history].
- ◆ [ ]는 선행사 places를 수식하는 주격 관계대명사절

❼ 주어: Some examples of dark tourism sites, 동사: are, 보어: the Auschwitz concentration camp ~ the USA

❽ People visit these places *to learn* about history and *to better understand* the impact of the events on society.
- ◆ to learn, to better understand: 부사적 용법의 to부정사 (목적: ~하기 위해)
- ◆ to부정사구 to learn ~ history와 to better understand ~ society가 and로 연결된 병렬 구조

Self-Study 노트 핵심 구문 100% 이해하기 | 직독직해 **2**, **3**, **8**, **9**, **11**번 문장

글의 내용 100% 이해하기 | 1. tragic 2. memories 3. history 4. impact 5. respectful 6. inappropriately

문제 해설

1 이 글의 제목으로 가장 적절한 것은?

① The Worst Season to Take a Trip 여행을 가기에 가장 나쁜 계절

② Dos and Don'ts for Your Vacation 휴가 때 해야 할 일과 하지 말아야 할 일들

✓③ Trips to Learn about Unhappy Events 불행한 사건들에 대해 배우는 여행

④ The Dark Side of Taking Trips Abroad 해외로 여행을 가는 것의 어두운 면

⑤ Make Unforgettable Memories During Your Trips
여행 동안 잊을 수 없는 추억을 만들도록 하라

1 비극적인 역사가 담긴 장소들로 여행을 가서 역사에 대해 배우는 다크 투어리즘에 대해 설명한 글이므로, 글의 제목으로는 ③이 가장 적절하다.

2 밑줄 친 ⓐ~ⓔ 중 문맥상 낱말의 쓰임이 적절하지 <u>않은</u> 것은?

① ⓐ　　　　② ⓑ　　　　③ ⓒ　　 ✓④ ⓓ　　　　⑤ ⓔ

2 ⓓ appropriate → inappropriate
누구나 다크 투어리즘 장소를 여행할 수 있지만 일반적인 관광객의 행동은 적절하지 않다.

3 빈칸에 들어갈 말로 가장 적절한 것은?

① happy 행복한 　　　　　　② recent 최근의

✓③ painful 고통스러운　　　　④ different 다른

⑤ childhood 어린 시절의

3 다크 투어리즘은 불행한 역사와 관련이 있으므로 빈칸에는 이와 관련된 ③이 가장 적절하다.

(159)

9 It is a special experience [that some people can't forget].
  ◆ [　]는 선행사 a special experience를 수식하는 목적격 관계대명사절

10 while: ~하는 반면에 (역접) / 주어: common tourist behavior, 동사: is considered, 보어: inappropriate

11 It is important to remember [that these places *are connected with* painful memories].
  ◆ It: 가주어, to remember ~ memories: 진주어
  ◆ [　]는 remember의 목적어로 쓰인 명사절 / be connected with: ~와 관계가 있다

12 So always *be respectful* when you are at one of these sites.
  ◆ be respectful: 명령문 (~하라)
  ◆ one of + 복수명사: ~들 중의 하나

본문 해석

❶ 약 12,000년 전, 농업은 사람들이 사는 방식을 변화시켰다. ❷ 농업이 시작된 후, 이전 어느 때보다도 사람의 수가 더 많아졌다. ❸ 농업은 많은 농작물을 생산할 수 있었고, 이러한 농작물들은 더 많은 사람들에게 식량을 제공할 수 있었다. ❹ 동시에, 밭에서 일하기 위해 더 많은 사람들이 필요해졌다. ❺ 증거는 인구가 수백만 명에서 수억 명으로 늘어났다는 것을 보여준다.

❻ 그러나, 더 많은 인구가 생기는 것은 몇 가지 문제들을 발생시켰다. ❼ 사람들은 필요한 것보다 더 많은 식량을 재배하고 저장할 수 있었다. ❽ 어떤 사람들은 다른 사람들보다 더 많이 가졌기 때문에, 그들은 더 부유해지고 더 영향력이 있게 되었다. ❾ 이것이 사회적 불평등을 만들었다.

❿ 게다가, 더 많은 인구는 더 많은 종류의 질병으로 이어졌다. ⓫ 사람들은 더 큰 집단을 이루어 살기 시작했고 이동해 다니는 것을 멈췄다. ⓬ 이로 인해 질병이 더 빨리 퍼질 수 있었다. ⓭ 또한, 사람들은 때때로 소와 같은 자신들이 키우는 동물들로부터 질병을 옮기도 했다.

직독직해

❶ About 12,000 years ago, / agriculture changed the way / humans
약 12,000년 전에   농업은 방식을 변화시켰다   사람들이
lived. ❷ After it began, / there were more people / than ever before.
사는   그것이 시작된 후   더 많은 사람들이 있었다   이전 어느 때보다도
❸ Agriculture could produce a lot of crops, / and these crops could feed
농업은 많은 농작물을 생산할 수 있었다   그리고 이러한 농작물들은 더 많은 사람
more people. ❹ At the same time, / more people were needed / to work
들을 먹일 수 있었다   동시에   더 많은 사람들이 필요해졌다   밭에서
in the fields. ❺ Evidence shows / that the human population increased /
일하기 위해   증거는 보여준다   인구가 늘어났다는 것을
from several million / to a few hundred million.
수백만 명에서   수억 명으로
❻ However, / having a larger population / caused some problems.
그러나   더 많은 인구를 가지는 것은   몇 가지 문제들을 발생시켰다
❼ People could grow more food / than they needed / and store it.
사람들은 더 많은 식량을 재배할 수 있었다   그들이 필요한 것보다   그리고 그것을 저장할 수 있었다
❽ Because some had more than others, / they became wealthier and more
어떤 사람들은 다른 사람들보다 더 많이 가졌기 때문에   그들은 더 부유해지고 더 영향력 있게 되었다
powerful. ❾ This created social inequalities.
            이것이 사회적 불평등을 만들었다
❿ Moreover, / larger populations led to more types of diseases.
게다가   더 많은 인구는 더 많은 종류의 질병들로 이어졌다
⓫ People began to live in larger groups / and stopped moving around.
사람들은 더 큰 집단으로 살기 시작했다   그리고 돌아다니는 것을 멈췄다
⓬ This allowed / the diseases / to spread faster. ⓭ Also, / people
이것은 허용했다   질병들이   더 빨리 퍼지는 것을   또한   사람들은
sometimes caught diseases / from the animals they raised, / such as
때때로 질병에 걸렸다   그들이 키우는 동물들로부터   소와 같은
cows.

162

구문 해설

❶ About 12,000 years ago, agriculture changed the way [humans lived].
   ◆ [   ]는 선행사 the way를 수식하는 관계부사절 (방법을 나타내는 선행사 the way와 관계부사 how는 둘 중 하나를 반드시 생략함)

❷ there were + 복수명사: ~들이 있었다 / more + 명사 + than ever before: 이전 어느 때보다 더 많은 (명사)

❹ to work: 부사적 용법의 to부정사 (목적: ~하기 위해)

❺ Evidence shows [that the human population increased from several million to a few hundred million].
   ◆ [   ]는 shows의 목적어로 쓰인 명사절
   ◆ from A to B: A에서 B로

❻ 주어: having a larger population (동명사구), 동사: caused

❼ 조동사 could 뒤에 grow ~ needed와 store it이 and로 연결된 병렬 구조

문제 해설

1 이 글의 주제로 가장 적절한 것은?

  ✓① impacts of agriculture on human society   농업이 인간 사회에 미치는 영향들

  ② the increasing demand for food over time   시간이 지남에 따라 늘어나는 음식에 대한 수요

  ③ better ways to prevent the spread of diseases   질병의 확산을 막기 위한 더 나은 방법들

  ④ various factors that caused population growth   인구 증가를 유발시킨 다양한 요인들

  ⑤ changes in farming methods throughout history   역사에 걸친 농사 방법에서의 변화들

1 농업이 시작되면서 인구가 대폭 증가하게 되었지만, 이로 인해 사회적 불평등과 질병 확산 같은 문제점도 함께 생겨났다는 내용의 글이므로, 주제로는 ①이 가장 적절하다.

2 빈칸에 들어갈 말로 가장 적절한 것은?

  ① part of their society   그들 사회의 일부가

  ② parents with more kids   더 많은 자녀를 둔 부모가

  ✓③ wealthier and more powerful   더 부유하고 더 영향력 있게

  ④ bored with their daily activities   그들의 일상 활동들에 싫증나게

  ⑤ more serious about social problems   사회적 문제들에 대해 더 진지하게

2 일부 사람들이 다른 사람들보다 더 많은 식량을 가질 수 있게 되었고, 이로 인해 '사회적 불평등'이 야기되었다고 했으므로, 빈칸에는 식량을 많이 가짐으로써 나타나는 결과로 볼 수 있는 ③이 가장 적절하다.

3 다음은 인구 증가로 인해 질병에 취약하게 된 이유를 설명한 것이다. 빈칸에 알맞은 말을 쓰시오.

(1) Diseases spread at a faster rate, as people didn't _____ move _____ _____ around _____ anymore and started to settle down.

(2) Diseases sometimes passed from _____ animals _____ to people.

(1) 사람들이 더 이상 돌아다니지 않고 정착해서 살기 시작했기 때문에 질병들이 더 빠른 속도로 퍼졌다.

(2) 질병들이 때때로 동물들에게서 사람에게로 옮겨졌다.

3 글의 마지막 문단에 인구가 증가하고 정착 생활을 하게 되면서 질병이 빨리 퍼지고 키우던 가축들로부터 질병을 얻게 되었다는 내용이 나온다.

(163)

8 Because <u>some</u> had more than <u>others</u>, they became *wealthier* and *more powerful*.

  ◆ some: 몇몇, others: 다른 몇몇 (정확한 수량을 언급할 필요가 없는 경우 일부는 some, 다른 일부는 others 사용)

  ◆ wealthier: wealthy의 비교급 (-y → i + er) / more powerful: powerful의 비교급 (more + -ful로 끝나는 2음절 이상의 형용사)

11 People *began to live* in larger groups and *stopped moving* around.

  ◆ begin + to부정사: ~하기 시작하다 / stop + 동명사: ~하는 것을 멈추다(그만두다)

  ◆ 두 개의 동사구 began ~ groups와 stopped ~ around가 and로 연결된 병렬 구조

12 This: 앞 문장의 내용을 지칭 / allow + 목적어(the diseases) + to부정사: ~가 …하는 것을 허용하다

13 Also, people sometimes caught diseases from <u>the animals</u> [(that) they raised], such as cows.

  ◆ [ ]는 선행사 the animals를 수식하는 목적격 관계대명사절 (목적격 관계대명사가 생략됨)

정답 확인

■ 읽기 전 비문학 사고력 UP 기분이 좋아진다, 마음이 너그러워진다 등
■ 읽은 후 핵심 정리   food

본문 해석

❶ 한 유명한 스페인 속담에 "배가 마음을 지배한다"라는 말이 있다. ❷ 그것은 음식이 우리가 생각하는 방식에 영향을 미칠 수 있다는 것을 의미한다. ❸ 이것은 입증된 사실이다. ❹ 우리가 먹을 때, 우리의 뇌는 많은 다양한 화학물질들을 받아들인다. ❺ 이러한 화학물질들은 우리의 호르몬에 연쇄 반응을 일으킨다. ❻ 이것은 우리가 생각하는 방식에 직접적으로 영향을 미친다.

❼ 많은 연구들에 따르면, 좋은 식사 후에 사람들은 더 긍정적으로 느끼는 경향이 있다. ❽ 따라서, (좋은 식사 후에는) 그들을 설득하는 것이 더 쉽다. ❾ 그들은 또한 식사를 제공한 사람에게 보답해야 한다고 느낀다. ❿ 이것이 사업가들이 종종 회의와 식사를 결합하고 로비스트들이 정치인들을 점심과 저녁 식사에 초대하는 이유이다. ⓫ 그것은 또한 큰 정부 행사들에 엄청난 양의 음식이 거의 항상 제공되는 이유이기도 하다. ⓬ 윈스턴 처칠은 이것을 '식사 외교'라고 불렀다. ⓭ 사회학자들은 그것이 여러 다양한 문화에서 강력한 도구가 될 수 있다고 말한다. ⓮ 다른 사람들에게 음식을 제공하는 것은 오랫동안 사회적 상호 작용의 중요한 부분이 되어 왔다. ⓯ 그것은 신뢰를 쌓고, 유대감을 형성하며, 의사소통을 향상시킬 수 있다.

직독직해

❶ A famous Spanish proverb says, / "The belly rules the mind." ❷ It
한 유명한 스페인 속담은 말한다   "배가 마음을 지배한다"라고   그것은

means / that food can influence the way / we think. ❸ This is a ⓐ proven
의미한다   음식이 방식에 영향을 미칠 수 있다는 것을   우리가 생각하는   이것은 입증된 사실이다

fact. ❹ When we eat, / our brains receive many different chemicals.
             우리가 먹을 때   우리의 뇌는 많은 다양한 화학물질들을 받아들인다

❺ These chemicals cause chain reactions / in our hormones. ❻ This
이러한 화학물질들은 연쇄 반응을 일으킨다   우리의 호르몬에   이것은

directly affects the way / we think.
방식에 직접적으로 영향을 미친다   우리가 생각하는

❼ Many studies have found / that after a good meal, / people tend
많은 연구들은 알아냈다   좋은 식사 후에   사람들은 더 긍정

to feel more ⓑ positive. ❽ Therefore, / it is easier ⓒ to persuade them.
적으로 느끼는 경향이 있다는 것을   따라서   그들을 설득하는 것이 더 쉽다

❾ They also feel / they have to repay the person / who provided the meal.
그들은 또한 느낀다   그들이 그 사람에게 보답해야 한다고   식사를 제공한

❿ This is why / businesspeople often combine meetings with meals / and
이것이 이유이다   사업가들이 종종 회의를 식사와 결합하는

lobbyists invite politicians / to lunches and dinners. ⓫ It is also why / big
그리고 로비스트들이 정치인들을 초대하는   점심과 저녁 식사에   그것이 또한 이유이다

government events almost always have / an impressive amount of food.
큰 정부 행사들이 거의 항상 가지고 있는   엄청난 양의 음식을

⓬ Winston Churchill called / this / "dining diplomacy." ⓭ Sociologists
윈스턴 처칠은 불렀다   이것을   '식사 외교'라고   사회학자들은

say / that it can be a powerful tool / in many different cultures.
말한다   그것이 강력한 도구가 될 수 있다고   여러 다양한 문화에서

⓮ ⓓ Offering food to others / has been an important part of social
다른 사람들에게 음식을 제공하는 것은   사회적 상호 작용의 중요한 부분이었다

interactions / for a long time. ⓯ It can build trust, / create bonds, / and
                오랫동안   그것은 신뢰를 쌓을 수 있고   유대감을 형성할 수 있고

ⓔ improve communication.
그리고 의사소통을 향상시킬 수 있다

(166)

구문 해설

❷ It means [that food can influence the way [we think]].
  ◆ [that ~]는 means의 목적어로 쓰인 명사절
  ◆ [we ~]는 선행사 the way를 수식하는 관계부사절 (방법을 나타내는 선행사 the way와 관계부사 how는 둘 중 하나를 반드시 생략함)

❻ This directly affects the way [we think].
  ◆ [ ]는 선행사 the way를 수식하는 관계부사절 (방법을 나타내는 선행사 the way와 관계부사 how는 둘 중 하나를 반드시 생략함)

❼ Many studies have found [that after a good meal, people tend to *feel* more *positive*].
  ◆ have found: 현재완료(have p.p.)의 완료
  ◆ [ ]는 have found의 목적어로 쓰인 명사절
  ◆ tend + to부정사: ~하는 경향이 있다 / feel + 형용사: ~하게 느끼다

❽ it: 가주어, to persuade them: 진주어

문제 해설

1 이 글의 요지로 가장 적절한 것은?

① 식사 외교에서는 메뉴 선정이 중요하다.

② 식량을 둘러싼 외교 문제가 자주 발생하고 있다.

③ 정치에 있어 신뢰를 쌓는 것은 무엇보다 중요하다.

④ 나라마다 식사를 대접하는 문화에 있어 차이점이 있다.

✓⑤ 음식은 긍정적인 사회적 상호 작용을 이루는 데 도움이 된다.

1 음식을 제공함으로써 상대방의 마음을 움직이기가 쉬워져 신뢰와 유대감을 쌓고 의사소통을 향상시킬 수 있다는 내용의 글이므로, 요지로는 ⑤가 가장 적절하다.

2 밑줄 친 ⓐ~ⓔ 중 어법상 틀린 것은?

① ⓐ   ② ⓑ   ✓③ ⓒ   ④ ⓓ   ⑤ ⓔ

2 ⓒ improve → to improve it이 가주어이므로, ⓒ는 진주어인 to부정사가 되어야 한다.

ⓐ proven: 입증된

ⓑ feel + 형용사: ~하게 느끼다

ⓓ 주어로 쓰인 동명사구: Offering food to others

ⓔ can 뒤에 build ~, create ~, improve ~가 and로 연결된 병렬 구조

3 이 글의 내용으로 보아, 빈칸 (A), (B)에 들어갈 말로 알맞게 짝지어진 것은?

> Food can be _____(A)_____ when trying to persuade others, since it affects not only their thoughts but also their _____(B)_____.

음식은 사람들의 생각뿐만 아니라 (B)기분에도 영향을 미치기 때문에, 다른 사람들을 설득하려고 할 때 (A)매우 유용할 수 있다.

	(A)		(B)	
①	stressful	·····	behavior	스트레스가 될 – 행동
②	dangerous	·····	health	위험할 – 건강
③	confusing	·····	hormones	혼란스러울 – 호르몬
✓④	very useful	·····	mood	매우 유용할 – 기분
⑤	important	·····	lifestyle	중요할 – 생활 방식

3 음식을 먹는 것은 우리가 생각하는 방식에 영향을 미칠 수 있고 더 긍정적으로 느끼도록 하기 때문에 음식을 제공함으로써 상대방을 설득하기 더 쉬워진다는 내용이므로, ④가 가장 적절하다.

(167)

❾ They also feel [(that) they *have to* repay the person [who provided the meal]].

◆ [they ~]는 feel의 목적어로 쓰인 명사절 (접속사 that이 생략됨)

◆ have to: ~해야 한다 (의무, 필요)

◆ [who ~]는 선행사 the person을 수식하는 주격 관계대명사절

⓬ call + 목적어(this) + 목적격보어(명사: "dining diplomacy"): ~을 …라고 부르다 (5형식)

⓮ 주어: Offering food to others (동명사구), 동사: has been (동명사구는 단수 취급하므로 has 사용)

⓯ can 뒤에 세 개의 동사구 build trust, create bonds, improve communication이 A, B, and C의 형태로 연결된 병렬 구조

Memo

Memo

Memo

수능시작

READING

수능시작